JIAJIAO SHI JIANG

家教十讲

李宏伟 著

河南大学出版社
HENAN UNIVERSITY PRESS

·郑州·

图书在版编目(CIP)数据

家教十讲 / 李宏伟著. -- 郑州：河南大学出版社，2023.5

ISBN 978-7-5649-5456-7

Ⅰ.①家… Ⅱ.①李… Ⅲ.①家庭道德-中国 Ⅳ.①B823.1

中国国家版本馆 CIP 数据核字（2023）第 082131 号

责任编辑　林方丽
责任校对　郑华峰
封面设计　郭　灿

出版发行	河南大学出版社
	地址：郑州市郑东新区商务外环中华大厦 2401 号　　邮编：450046
	电话：0371-86059750（高等教育与职业教育分公司）
	0371-86059701（营销部）
	网址：hupress.henu.edu.cn
排　版	河南大学出版社设计排版中心
印　刷	河南大美印刷有限公司
版　次	2023 年 5 月第 1 版　　印　次　2023 年 5 月第 1 次印刷
开　本	710 mm×1010 mm　1/16　　印　张　17.5
字　数	278 千字　　定　价　50.00 元

（本书如有印装质量问题，请与河南大学出版社营销部联系调换。）

序　言

2017年初春,刚开学,一个陌生的中年男士来学校找我,态度非常诚恳恭敬。他说两年前在县城一所中学听过我的家教讲座,收获很大。现在,他的孩子上初三,出现了厌学情绪,也不和父母好好交流,还热衷于玩电脑游戏,想让我给想个办法,指指路子。我抽空和他交流了一个小时,他若有所得,满意地离开了。

近几年,类似的情况不少,大都是学生家长慕名而来,求教家庭教育中出现的问题。我从这些经历中意识到了两点:一是现在的家长对家教知识有很大的需求,二是我的家教理论和实践水平得到了群众的认可。

2017年9月,我作为班主任,带了一班学生。按学校制度,这个班我要一带三年。为了提高学生家长的家教水平,我发挥自己的特长,从2017年9月30日到2017年12月29日,利用星期五放学后的时间,给本班学生家长做了十场家庭教育知识讲座。

这十场讲座被我定名为"家教十讲",其中每场的题目分别是:

第一讲　家庭教育的重要性及基本方法

第二讲　影响人一生的十二个好习惯及其培养(一)

第三讲　影响人一生的十二个好习惯及其培养(二)

第四讲　和孩子熟记一本家教经典

第五讲　科学认识孩子成长的不同阶段

第六讲　培养责任心的意义和方法

第七讲　介绍一套优质的学习方法

第八讲　阅读让人幸福一生

第九讲　家教家风的培养

第十讲　家庭教育与智力开发及专注力培养

"家教十讲"一开始就受到了绝大多数家长的欢迎,大家参与的热情很高,到了讲座的中后期,我看到他们的眼睛都闪着喜悦和希望的光芒,大家个个摩拳擦掌,跃跃欲试,对孩子的教育充满了信心。

家长的变化也带来了孩子们的变化,我带的这一班学生整体表现很好,个个热情、礼貌、上进。一年后,他们中的每个人都取得了很大的进步,其中有十来个同学还发生了质的飞跃,他们彬彬有礼,勤奋向上,成绩优异。这十来个同学有个共同点:他们的父母参加家教讲座出勤率高,听讲认真,听后和老师有深入的互动。这让我对家教讲座的作用更加有信心。后来经过六年多的创作历程,我把当年讲座的内容演化成了一篇篇小文章。每一篇文章既完整独立,又能组合成一个有机的整体。其主旨是讲家庭教育的重要性、家庭教育的具体做法、家庭教育深层的理论基础。

我为什么要传播家教理念和方法?为什么要写家教文章?一方面是出自对家庭成员的热爱,另一方面是出自对国家和人民的热爱。我觉得,唯有学习成长,才能解决自己身上以及家庭中存在的问题,才能让家庭更和谐,才能让家人更具亲和力,更具创造力,进而让家庭中的每一个人更幸福。个人及家庭幸福和谐了,这个社会就好了,国家就好了。反过来,社会和国家好,每个人和每个家庭又能更好。怀抱着上述信念,我夜以继日,充分利用工作、生活之外的时间,竭尽心智,完成此书。

书的正文部分系统讲家教的理念和方法:既有家教家风培养之宏观,又有孩子智力开发之微细;既有亲身经历的家教故事,又有对心理学和生理学知识在家教中运用的认知和剖析;既有较多篇幅的谈习惯培养的文章,又有对人心理意识思想"大厦"构造的观念和方法。本书对很多家长关注的孩子学习问题,也给予了较为细致的启发和指导。篇篇文章犹如珍珠,都是我心血的结晶。其适用于父母对孩子的教育,也适用于爷爷奶奶对孙辈的培养,即使即将进入婚姻家庭的青年男女,或者是少年儿童,读一读,看一看,也会有利于自身的学习和成长。我有一个希望,《家教十讲》能成为众多家庭的必备之书、常读之书。

书中有三个附录。附录一记录了一个儿子对父亲言传身教的深刻记忆,附录二倾注了一个父亲对即将进入成人世界的女儿深沉的爱,附录三写

序　言

的是我的一些教育思想和成长历程。这些既是对正文的印证,又是对正文的补充。这三个附录的加持,使整本书更加丰富,更加厚重。

本书创作前后,我的初中老师丁老师及我的大女儿提出了重要建议;我的爱人刘嘉平女士对每篇文章都进行了细致的文字校对;很多亲友,包括身边的,以及未曾谋面的,也都提供了很多帮助。感激在心,深深致谢!

殷切地希望这本书广泛传播,衷心地祝愿祖国和人民更加美好。

目 录

第一讲 家庭教育的重要性及基本方法

为孩子,也是为自己 …………………………………… 1

无限可能 ……………………………………………… 2

狼孩给我们的启示 …………………………………… 3

家长的教育素质 ……………………………………… 4

认识儿童,尊重孩子 …………………………………… 6

将心比心 ……………………………………………… 7

了解是尊重的前提 …………………………………… 8

一个老故事 ………………………………………… 10

漫谈亲子关系 ……………………………………… 12

树立正确的成功观 ………………………………… 13

一位老兄的教子观 ………………………………… 15

奶奶的智慧 ………………………………………… 17

莫让杂树长成林 …………………………………… 18

博士生和他的父母 ………………………………… 19

习惯的培养(一) …………………………………… 21

习惯的培养(二) …………………………………… 23

习惯的培养(三) …………………………………… 24

欣赏和鼓励的意义 ………………………………… 26

坏习惯的形成及消除 ……………………………… 27

郭天戒网瘾 ………………………………………… 29

身教的力量(一) …………………………………… 31

身教的力量(二) …………………………………… 32

让孩子在体验中成长	34
认识自己	35
悦纳自己	37
控制自己（一）	38
控制自己（二）	39
父亲的微笑	41
良好的生活方式	42
建峰和金港	44
和谐的家庭关系	46
夫妻情重	47
一个有关家教的案例	49
各尽其职	50
家庭关系中的两条线（一）	51
家庭关系中的两条线（二）	53
W君打孩子（一）	54
W君打孩子（二）	56
W君打孩子（三）	58
W君的教子观	60

第二讲　影响人一生的十二个好习惯及其培养（一）

影响人一生的十二个好习惯	63
漫谈真诚待人	64
漫谈诚实守信	65
灵哥卖苹果	67
灵哥的子女们	69
我跟灵哥卖西瓜	71
谈遵守规则习惯的培养	73
有关效率的话题	74
培养讲究效率习惯的几点建议	76

第三讲　影响人一生的十二个好习惯及其培养(二)

- 谈培养友善合作的习惯(一) ……………………… 79
- 谈培养友善合作的习惯(二) ……………………… 80
- 谈培养合理消费的习惯(一) ……………………… 82
- 谈培养合理消费的习惯(二) ……………………… 83
- 有关学习的话题 …………………………………… 85
- 谈主动学习习惯的培养(一) ……………………… 87
- 谈主动学习习惯的培养(二) ……………………… 89
- 独立思考习惯的培养(一) ………………………… 92
- 独立思考习惯的培养(二) ………………………… 94
- 学用结合 …………………………………………… 95
- 阿娟的日记 ………………………………………… 97
- 谈总结反思习惯的培养 …………………………… 98

第四讲　和孩子熟记一本家教经典

- 《三字经》里的大道理 …………………………… 101
- 开篇金句(一) ……………………………………… 102
- 开篇金句(二) ……………………………………… 103
- 《三字经》里看世界(一) ………………………… 104
- 《三字经》里看世界(二) ………………………… 105
- 中国谣 ……………………………………………… 106
- 《三字经》中提到的经典书籍 …………………… 108
- 历史是一面镜子 …………………………………… 110
- 王应麟劝学的启示 ………………………………… 111

第五讲　科学认识孩子成长的不同阶段

- 一句扎心的话 ……………………………………… 113
- 三岁前的孩子(一) ………………………………… 115
- 三岁前的孩子(二) ………………………………… 117

三岁前的孩子(三)	118
学龄前期的孩子(一)	120
学龄前期的孩子(二)	122
家有小学生(一)	123
家有小学生(二)	125
善待人生三个我(一)	126
善待人生三个我(二)	127
善待人生三个我(三)	129
科学认识青春期的孩子	130
人的发展是终身的	131
爷爷是个鬼	132

第六讲　培养责任心的意义和方法

一个藏在生活里的秘密	135
责任心的三重作用	136
人身责任	137
家庭责任和社会责任(一)	138
家庭责任和社会责任(二)	139
培养责任心的十六条建议	141
生产队走出个大老板	142
永远并不远	145

第七讲　介绍一套优质的学习方法

学习是个事	147
重阳节登山的启示	148
豪车模型	150
开门七件事	152
吴卓能的学习目标	154
编码记忆	156
达尔文成长之谜	157

难易之辨	159
黄金两分钟	161
弱化动机	163
游泳教练	165

第八讲　阅读让人幸福一生

何以阅读	168
冬夜读书	169
"儿寒乎？"	171
种葡萄的老王	173
杨士奇读书（一）	175
杨士奇读书（二）	176
萧先生学沟通	177
书柜的背后	179
读书六法	180
十年澡堂一本书	182

第九讲　家教家风的培养

不做支流，就做源头	184
家庭三论	185
家教家风之我见	186
一言之德	188
两棵柏树	189
藏在节日里的家教秘密	192
家规之规	194
四字家训	196
豪宅传家	197
悠悠我心	199

第十讲　家庭教育与智力开发及专注力培养

智叟与笨汉	202

韦老师教子 ··· 204

吴家成课余三件事 ······································· 206

竖鸡蛋 ··· 208

两棵桐树 ··· 209

对词游戏及其他 ··· 211

压了二十年的话 ··· 213

附录一 小明的爸爸

一斤棉花和一斤铁 ····································· 215

神奇的魔术 ·· 215

神童的故事 ·· 216

《有趣的数学》 ··· 216

飞快的自行车 ··· 216

校长办公室里的爸爸 ·································· 217

重点中学 ··· 217

奶奶叫小明 ··· 218

爸爸叫小明 ··· 218

爸爸的一句话 ·· 218

擒拿术 ··· 219

教打架 ··· 219

为难小明 ··· 220

一本书 ··· 220

理发 ·· 220

阴阳头 ··· 221

一个笔记本 ·· 221

一首诗 ··· 221

爸爸的日记本 ··· 222

一个精致的布袋 ······································ 222

写字的姿势 ·· 223

学推自行车 ·· 223

教小明学走路 …………………………………… 223
两张地图 …………………………………………… 224
爸爸的奖状 ………………………………………… 224
讲故事 ……………………………………………… 224
收音机 ……………………………………………… 225
秋天的沙梨 ………………………………………… 225
正月十五的起火 …………………………………… 225
一场讯问 …………………………………………… 226
三唱机 ……………………………………………… 226
印字 ………………………………………………… 226
小明的心思 ………………………………………… 227
沉重的担子 ………………………………………… 227
父子间的交流（一） ……………………………… 228
父子间的交流（二） ……………………………… 228
父子对弈 …………………………………………… 229
小明三十岁 ………………………………………… 229
深夜的烟头 ………………………………………… 230
没被摔坏的碗 ……………………………………… 230
捆麦个 ……………………………………………… 231
放牛的长绳子 ……………………………………… 232
走路的姿势 ………………………………………… 232
割鸡眼 ……………………………………………… 233
抓住"鬼难捉" ……………………………………… 233
气枪打气球 ………………………………………… 234

附录二　写给二十岁的女儿

致二十岁的女儿 …………………………………… 235
红蜻蜓 ……………………………………………… 235
灰灰菜和麦莲子 …………………………………… 236
一天（人生三篇之一） …………………………… 237

黑夜降临(人生三篇之二)	237
坟(人生三篇之三)	238
摔瓶子的故事	239
拾金子的梦	239
走路的梦	240
《梁祝》	241
一段学习经历	241
五毛钱	243
妈妈的桑叶	243
二伯的鞭子	244
朋友	245
一本书的影响力	246

附录三　心路历程

人生不易	247
说点题外话	248
王家三兄弟和珍珠果树	248
新年献礼篇——致粗糙的生活	249
中考、高考的应对策略(一)	251
中考、高考的应对策略(二)	252
中考、高考的应对策略(三)	253
母亲,母亲——致我的祖国	254
在家学习的智慧	257
好的教育之我见	259
面对孩子高考,家长如何做好自身的心理建设	260
一天和一年	262

第一讲　家庭教育的重要性及基本方法

为孩子,也是为自己

孩子一出生,就和我们朝夕相伴。等到孩子长大外出求学、创业,仍和我们息息相通,让我们日夜牵挂。

孩子还是我们晚年幸福生活的保障。人到了老年,会和儿童一样脆弱、敏感,需要有人关心和悉心照料。谁来关心和照料我们的老年生活呢？子女是最好的人选。

和孩子的相处是否愉快？晚年生活是否幸福？那要看我们怎样养育孩子,养育了什么样的孩子。从这个角度看,我们养育孩子,是为孩子,也是为自己。

"前三十年看父敬子,后三十年看子敬父。"这是一句老话,说的是一个人在三十岁以前,人们会因为尊敬他的父母而尊敬他。他到了三十岁以后,有了作为和成就,人们会因为敬重他而敬重他的父母。

我相信很多人都看过朱德元帅写的文章——《回忆我的母亲》。我们从中可以知道朱德元帅的母亲宽厚、仁慈、勤劳、善良,支持孩子读书,支持孩子参加革命,因而对这位母亲产生敬重之情。这就是"后三十年看子敬父"的典型例子。不要只认为因为朱德元帅有了作为,人们才知道他的母亲。大家想想看,如果没有母亲的生养、教育以及支持,哪有朱德元帅后来的成就？水有源,树有根,这中间是有因果关系的。

生活中,也有一些父母受到了孩子的连累,不但不欢心,还不省心,甚至焦心。

后三十年,我们是富足、舒服、有面子,还是窘迫、焦心、灰头土脸,这往往取决于孩子的成长情况。从这个角度看,我们培养和教育孩子,是为孩子,也是为我们自己。

还是那句话,重视家教,就是重视未来。重视未来,心中就有希望,生活就有光亮,我们的前途,就会有无限可能。

无限可能

2009年国庆节,我和妈妈一起看电视。当时电视上正在播出国庆节招待会的新闻。画面上,国家领导人和社会各界精英汇聚一堂,精神抖擞,容光焕发。

我正看得起劲,妈妈忽然问我:"你啥时候也能上到这里面?"我听了,想了想,对妈妈说:"我要想上,得再干二十一年。干到退休,教出一大批优秀人才,让人发现,这么多优秀人才都曾出自我这个老师,并且发现我教过的学生无论干啥,都是好人。那样我就可以上去了。"妈妈听了说:"你一定能去!"我说:"那到时咱俩一起去,我对记者们说,是妈妈鼓励我这样做的。"

这是我们母子俩的日常闲话,却引起了我的思考。我想,参加国庆节招待会无疑是人生的成就和荣耀。那究竟怎样才能做到呢?二十年后能参加的人,也许现在是社会各界的普通干部和员工。三十年后能参加的人,也许正在读大学或者大学刚刚毕业。他们也可能已经在各自的领域小有成就,崭露头角。那么四十年后能参加的人也许在上初中或者高中,五十年后能参加的人也许在上幼儿园或者小学。这些人在哪里?会是谁?会不会就是我们的邻家孩子,或者就是我们自家的孩子?

有可能,很有可能。青少年正如八九点钟的太阳,每一个孩子都有无限的可能。

郭文召是我教过的一个学生,他的父母我也非常熟悉。文召十二岁那年,因成绩不佳只能上一所普通初中,这所初中每年能有一个学生考上普通高中就是奇迹。他十五岁那年上初中毕业班时,因英语成绩只有二十多分,排在班里后几名。十九岁那年,他参加高考,因分数不高上不了本科。复读一年后,上了一所二本学校。

而今他二十九岁了。取得一所名校的博士学位的他,在西安的一所"985"高校任教。文召曾经对我说过,他学的专业是水利方面的,和很多中央领导人的专业一样。看到他那样自信,我仿佛已经看到了他光辉的未来。

文召为什么会有这样的成绩?他的父母,一对普通的农村夫妇,除了种地,只能在农村的集会上摆摊卖田字格本。他们一天赚几十元钱,还不是天天有。(这是21世纪初的事)在这种情况下,生活还给这个家庭开了个玩笑。有一年,文召的父亲发生意外,受了伤,他家的日子更加窘迫拮据了。

在这种情况下,文召的父母一直支持孩子上学,一直对孩子充满信心,提起孩子,总是眉飞色舞,喜气洋洋。我想,父母的期望、欣赏和支持虽然不是文召学习就业成功的全部因素,但绝对是一个重要因素。再看文召的许多伙伴,有很多在文召上高中时就辍学在家,或外出打工了。

别人也许把我们的孩子当根草,父母却要把孩子当成宝,始终欣赏他,相信他,支持他。这对你,对孩子,都很重要。

我希望每个父母都要对孩子寄予厚望,不要认为自己没有大成就,孩子也不行。孩子正因为小,所以才有无限可能。

人生的远大理想不一定能实现,它的作用如同灯塔,指引着我们前进的路,让我们在黑夜里不迷茫。幸福的生活都是奋斗出来的,而奋斗的过程本来就是幸福的。

狼孩给我们的启示

20世纪20年代,在印度等地发现了一些狼孩。

这些孩子虽有八九岁大,却只有一两岁孩子的智力。他们不会说话,不爱穿衣服,喜欢吃生肉,爬行,有攻击性,具有狼的一些特征。人们称这些孩子为狼孩。

狼孩的遭遇让人怜惜,也给人类带来了启示。人的成长,特别是智力、语言、文化、行为意识等方面的成长,离不开适合人类生活的环境和教育。

我讲这件事,是想给那些认为孩子是自然长大的,只提供给孩子吃喝等物质条件,而在孩子的思想、行为习惯等方面的培养上很少下功夫的父母提个醒。

人的成长只靠适合人类生活的环境不行,必须有适当的培养和教育,我们不能对孩子放任自流。

有不少人认为,父母负责生养,学校和老师负责教育。这个观点是不正确的。

学校教育,包括社会教育,固然很重要,但这两者都有很大的局限性。它们面对的是一个群体,对个体的针对性和连续性都不强。只有家长对孩子的教育是自始至终的,既有针对性,又有连续性。

教育界有句这样的话:"爱自己的孩子的是人,爱别人的孩子的是神。"我不否认大多数老师都是关爱学生的,但老师在从教生涯中往往会面对几千甚至上万名学生,怎么可能会像学生父母一样去关爱和教育学生呢?

由以上两点可以看出,家长对孩子的教育对一个人的成长来说是最根本的,也是最关键的。

我曾听一个校长说,那些品学兼优的孩子,往往是家庭教养好的孩子。他们在学校不但不让老师费劲,还能帮助老师带动并引导其他孩子。这个观点我非常赞同,这也是我近几年一直重视并致力于家庭教育知识传播的一个原因。

如何搞好家庭教育,其关键在丁家长的教育素质。

家长的教育素质

怎样才能教育好孩子?要回答这个问题,我们需要思考一下影响孩子家庭教育效果的因素有哪些:是父母的权势地位,还是父母的学历文凭?是家财万贯的家庭环境,还是贫穷艰难的家庭环境?

现实世界里,位高权重的家庭,纨绔子弟不少,但也出了不少杰出人才;高学历的知识分子,他们的孩子有子承父业,青出于蓝而胜于蓝者,也有不学无术,辱没门风,贻笑大方者;巨富之家的子弟,确实有一些骄奢淫逸的败家子,但也有一些精明能干的理财高手;贫苦之家确实培养出了许多贤士俊才,但自甘堕落、穷困潦倒的孩子也不在少数。

由此可见,决定家庭教育效果的重要因素并不是上述那些方面。父母的学历、社会地位以及家庭的物质条件,都可能会影响家庭教育的具体路径和方法,但不会决定家庭教育的最终结果。

近几年,教育研究者通过对大量教育案例的研究分析,得出了这样的结论:决定家庭教育效果的核心因素是家长的教育素质。而影响一个家长教育素质的元素有以下五个方面:一是教育理念,二是教育方法,三是心理素质,四是生活方式,五是家庭关系。这五个元素相互交融,综合构成了一个家长的教育素质。

前几年,我邻村的一个孩子考上了清华大学。这件事让乡里乡亲兴奋异常,非常关注,随后就传出了他家的一些事。

一是说他家条件不好,他整年穿的都是旧衣服。上高中交学费,有时还需要向邻居借个一百二百。二是说他的父亲身体不好,外出打工挣钱很少,勉强顾住生活。三是说他父亲对他常说的一句话是:"你长大后可是要靠自己的,不要指望我。"四是说他的父母都很"懒",孩子从上初中起,每次回家,衣服得自己洗,饭得自己做。

近几年,有人又挖掘出他家的一件事,说他的爷爷是一个老教师,在他刚上小学时就给他讲了许多故事和知识。

通过对上面这些说法的了解和分析,我得出这样的结论:家庭教育在这个孩子的学业成就上起到了两点作用:一是爷爷的启蒙教育让孩子产生了对知识的兴趣和向往,种下了理想的种子;二是父母正确而又坚定地培养了孩子独立自主的意识和能力。

以上两点在家庭教育中都很重要。特别是第二点,现在的父母很多都做不到。我见过一些父母,家里条件不好,自己很辛苦,却对孩子很娇惯,从没让孩子洗过衣服,更不要说让孩子干家务了。孩子已经很大了,还是只知道享受,只知道索取,让家长苦不堪言又无能为力。这真是一种悲哀。

那么,我们要如何正确地对待孩子?

认识儿童，尊重孩子

随着社会的发展和进步，教育理念也在不断地发展更新。现如今，人们在儿童观、亲子观、人才观、教子观等方面都有了新的理解和认识。作为家长，我们应该与时俱进，学习这些现代的教育理念，然后结合家庭教育的传统观念和自己家庭的现状，分析整理，合理取舍，形成自己的家教思想和方法。

儿童也是人，是一个独立的生命体，有被尊重的需求，有发展的渴望，有学习的能力。我们要尊重孩子，即使孩子还未成年，我们也要像尊重一个成人一样尊重他。不要轻视孩子，更不要把孩子当成自己的附属物。不要过度娇纵孩子，这是不尊重孩子的发展权；也不要随心所欲地支配孩子，这是对孩子个人尊严的践踏。

儿童是独立的人，但也是正在成长发展中的人。有很多常识和道理他还不知道，有很多基本的生存生活的能力他还不具备。这就需要我们对没有长大成人的孩子有足够的爱心和耐心，去呵护他、引导他。要接受他学习的过程，要允许他说错话、做错事。在孩子说错话或做错事时，要心平气和地指出他的错误，并帮助他纠正错误，不要去指责他、批评他。即使同一个错误一犯再犯，我们仍应该和颜悦色地指出和纠正，不应该有过激的反应。纠正错误和学习新知识一样，需要一个过程，很难做到一劳永逸或者一蹴而就。至于批评和惩戒，在家庭教育中不是不能用，但要慎之又慎。

上述观点汇成一句话，就是要尊重孩子。

尊重孩子，做到了，孩子自尊自信，其人格、智商、情商发展充分，亲子关系和谐，家庭幸福；做不到，孩子可能会自卑怯懦或多疑暴躁，其人格、智商、情商发展受限，亲子关系出现隐患，家庭很难幸福。

尊重孩子，说着容易做着难。为了写这篇文章，我已经九易其稿，心中唯恐不能准确表达出尊重孩子的重要性，希望它能引起大家的重视。

就在刚才，我在班里的学生中做了一个简单的调查，了解有没有学生家长不尊重孩子的情况。结果发现大多数家庭都有家长不尊重孩子的现象。

那么，怎样才能做到尊重孩子呢？

将心比心

如何做到尊重孩子？一句话：将心比心。通俗地说，就是你不希望别人对你做的事，你也不要对孩子做；你希望孩子对你做到的事，你也要对孩子做到。

比如，人们都不喜欢别人当着众人的面批评自己，或者给自己负面评价。那么，我们也不要这样对孩子。

上周五的班会上，我在学生中做调查，问了学生几个问题：

你的家长有没有当着众人的面说你学习不努力？

你的家长有没有当众说你某个学科成绩不好？

你的家长有没有当众说你很懒？

你的家长是否经常有上面的情况？

结果，班里四十五个学生，每个问题都有近四十个学生举手说"有"或"是"。不知大家平时是否这样对待过孩子？

我们试想一下，如果你单位的领导或者你的一个长辈当众说你"×××干活好偷懒"，你会怎样想？如果他经常这样当众说你，你又会有怎样的情绪？将心比心，你的不良感觉孩子也会有，并且会更严重。

大家不要认为孩子还是个小孩子，自己又是孩子的生身父母，并且认为自己这样说是希望孩子改正，就随意当众宣扬孩子的不足。其实，这样做是对孩子的不尊重，会对孩子造成很重的隐性伤害，既不利于解决问题，还会对亲子关系造成潜在的不良影响。如果要纠正孩子的问题，可以单独和他交流，给孩子讲明道理。最好的做法是先指出孩子相关的优点，再指出孩子的不足之处。这样做体现了对孩子的尊重，孩子会容易接受和改进。

再比如，我们希望孩子外出时告知我们，也需要他在外不能按时回家时告知我们。那么，我们也要对孩子做到这些。

我的一位教育界同行曾给我分享过他的一件往事。他的孩子七岁的时候，和奶奶一起生活，他和爱人在一个离家较远的小山村教书，每逢周末才能回家。

有一次周末下班,他和爱人因一件特殊的事没有回家,也没有告诉家人,结果孩子在家门口眼巴巴地从下午等到黄昏。孩子因为担心他们的安危,晚上还做了噩梦。第二天,他们回到了家,他给自己的妈妈说明了事情的经过。由于还有其他事情,就忽视了孩子,没有给孩子解释。孩子当时想问他,却又天真地认为爸爸妈妈会给他解释,就没有开口。时间一长,孩子就把这件事压在了心底。

这件事过去半年后,孩子因一件小事和他争吵,让他很恼火。他质问孩子:"我和你妈对你这样关心,这样重视,你为什么要惹我们伤心?"他的孩子大声地回应道:"你们重视我吗?我觉得在你们眼里我还不如一条狗。"孩子的话让他大吃一惊。他觉得孩子话里有话,就冷静下来和孩子交流,弄清了事情的原委。原来,孩子在那件事以后,就对爸爸妈妈有很大意见,觉得爸爸妈妈根本就不把他当回事。

事情弄清楚以后,我的这位同行连同他的爱人,一起给孩子解释了情况,并诚恳地道了歉。孩子也接受了父母的道歉,他们的亲子关系恢复了正常状态。

我的这位同行对我说,幸亏这件事发现得早,否则对孩子和家庭造成的伤害简直不可估量。

"千万不要轻视小孩子,他们有着和成人一样的内心,甚至比成人还心细。"这是我的这位同行对我的忠告。在这里,我把这句话送给读到此文的每一位家长。我衷心地希望天下每一个父母都能真正尊重自己的孩子,希望每一个孩子都能健康幸福,希望每一个家庭都快乐祥和充满希望。

了解是尊重的前提

要做到尊重孩子,首先要了解孩子:一是要了解自己的孩子,二是要了解少年儿童的身心特点和成长规律。

少年儿童的身心特点及成长规律大家可以通过书本或网络来了解学习,我也会在今后择要给大家介绍。至于了解自己的孩子,就要大家多用心,不要盲目乐观,还是要悉心体察才好。

上个周末的中午,我和四岁多的孩子一块儿参加了一个婚礼,带回一个大雪碧瓶子,瓶子里还有大半瓶雪碧。到了家,孩子让奶奶喝雪碧,奶奶不喝,让孩子把雪碧瓶子放起来。孩子听了奶奶的话,就把瓶子放下了。

接下来的一个多小时,孩子看电视,口渴了就去喝雪碧,不知不觉喝了半瓶。我发现这个情况后,就给孩子讲道理,说雪碧不能多喝。孩子也发觉喝多了肚子胀,认同了我的观点,又一次放下雪碧瓶子,答应以后不再多喝。

临近晚上,我和孩子要回单位附近的住处。在要出门的时候,孩子抱住只有一瓶底儿雪碧的瓶子,对我说:"爸爸,我要带上雪碧瓶子。"

我说:"你不是不喝了吗,不带吧?"

这时奶奶也说:"放下吧,明天你的小表哥来咱家,让他喝一点儿。"

奶奶说的"小表哥"是我妹妹的孩子,他在我们村子里上小学一年级。我听我妈这样说,就轻柔地对孩子说:"听奶奶的话,让你的小表哥明天喝一点儿。"

谁知,孩子却抱紧了瓶子,说:"不,不,不。"

我看事情没那么简单,就耐下性子劝说孩子。没等我说几句,孩子大声而又坚决地说:"不,不,倒掉,倒掉。"

我一听孩子这样说,火了,心想:"孩子咋这样不讲道理?自己不喝,也不让别人喝。我这几年对她的教育都白白浪费了。"

在我怒火中烧,就要发作的时候,我平时了解的一些有关儿童成长的知识发挥了作用。我明白自己这时候不能着急。尽管古有"融四岁,能让梨"的例子,但少年儿童的身心发展有连续性,也有不平衡性,个体之间也存在着差异,不能强求一律,也不能强行拔高,否则就会适得其反,对孩子造成伤害。因此我只好压住火气,思考解决问题的办法。

还没等我想出办法,奶奶对孩子说:"中,倒到一个小瓶子里,让你的小表哥明天喝,你把大瓶子拿走。"

我听了我妈的话,心里觉得好笑,看孩子这架势,还会把雪碧让给别人喝?

可接下来却发生了让我吃惊的转变。孩子听了奶奶的话,说:"中。"然后配合着奶奶,把雪碧倒进了一个小瓶子,正好盛满了一小瓶。

看着这个结果,我既庆幸,又惭愧。庆幸的是我用理智控制住了情绪,没有对孩子造成伤害;惭愧的是孩子整天在我身边,可我对她的了解竟不如我的妈妈。

回单位的路上,孩子对我说:"爸爸,我想用这个瓶子做实验,在里面做一个大冰块。"我听了,连声说好。就在那时,我忽然明白,刚才孩子说"不,不,倒掉,倒掉"的时候,是认为只要有雪碧在,瓶子她就拿不走,而她又太想拿走瓶子了,情急之中,就大声说出了那句话,亮明了她的态度,又说出了她的方法。这正是一个四五岁的儿童思维和语言的特点。我想到这些,不由从心里感叹道,了解一个人不容易,了解一个孩子也很难呀。

亲爱的家长朋友,你觉得你了解自己的孩子吗?了解孩子,除了对孩子悉心体察,和孩子沟通交流外,还要和自己的爱人交换意见,也应通过其他亲人及孩子的老师、伙伴等对孩子的看法做一些侧面了解。当然,做侧面了解要讲究方式,不要引起孩子的误解和反感。

请务必记住,只有真正地了解孩子,才能做到真正地尊重孩子,也才能教育好孩子。简要地说,了解是尊重的前提,也是教育的前提。

一个老故事

中华民族的祖先很善于用讲故事的形式来教育世人。有一个在民间流传很广的老故事,情节是这样的:

有一个富翁,祖居豪宅一座,坐拥家财万贯、良田千顷。其生活本应该幸福美满,可美中也有不足,他的孩子因从小娇生惯养,不但没有什么本事,还沾染了不少恶习。他整日担心这样的孩子将来会败了家。

这个富翁到了老年,算定在自己百年之后,孩子会因恶习而欠债,继而卖掉良田,再卖掉贵重的家具,最后卖掉世代祖居的房子。因此他设巧计在家门内建了一面影壁墙,墙内暗设机关,藏着许多金银财宝。

他设想,自己的孩子卖完田地再卖家具时,会发现影壁墙的阻碍使家具抬不出门,便会毁掉这面影壁墙。到那时,孩子就会发现墙内的金银财宝。

这样既可让孩子因先父的良苦用心而悔悟，又可让孩子用这些金银财宝还清债务，买回良田，重新过上富足幸福的生活。

这个富翁去世后，他的孩子果然如父所料，不理家务，整天吃喝玩乐，欠下了债务，卖掉了良田。只是因为他败落的过程太迅速，没有像他父亲设想的那样在卖房子以前先卖家具，而是直接卖掉了房子及家具，结果让影壁墙内的金银财宝白白落入了买家之手。

这个故事到这里就没了下文，让听的人和讲的人都不由得在内心发出一声叹息……

小时候，听这个故事，我认为是劝天下做子女的。现在看来，这个故事不仅是在劝天下做子女的，也是在劝天下做父母的。

孩子无能，不要说留下万贯家财，即使留下很好的人缘很高的声望，又有何用？

亲子关系是一种特殊的关系，最终要走向分离。父母终究要老，终究要走，而孩子终究要独立地面对这个世界。这是谁也左右不了的现实。

爱子深者为其计长远。做父母的应在孩子小的时候就注重对其进行能力的培养、思想道德的培养，以及规则和法律意识的培养。否则的话，就会像故事中的那位富翁一样，只落得世人的一声叹息。

君不见，多少人因从小父母娇宠而丧失劳动意识和能力，年过三十还在啃老；君不见，多少人因从小父母娇惯而养成自私狭隘的品格，因而融不进社会和人群，或被人指责厌恶，或自嫌孤独烦恼；君不见，多少人因从小父母娇纵而无视规则法律，成年后虽功名显赫却因违法乱纪而入"高墙"。

亲爱的朋友，以上这些哪个没有活生生的例子，还用本文提到的老故事来警醒吗？

我们让孩子做家务，不是因为我们老了做不了，而是为了培养孩子的责任意识、担当精神和劳动能力。就算孩子做得慢，就算光引导孩子做我们也不少费劲，就算看着孩子的嫩手嫩脚我们于心不忍，也要坚持让孩子做。因为不是这家务需要孩子来做，而是孩子需要通过家务来培养和锻炼自己。大家看，是不是这个理儿？

我们和孩子亲子一场，究竟应该怎样相处？

漫谈亲子关系

亲子关系如何处？像封建社会一样，父母有绝对的权威尊严，为子女的只有顺从屈服？这种观点已被当今社会摒弃。完全打破界限，亲子双方互相直呼其名，无拘无束？恐怕只有极少数家庭会这样做，大多数人都不会接受这种做法。

正确的亲子关系是在以上两种极端做法之间找一个合适的度。至于如何把握，各人有各人的看法，各家有各家的情况，不便强求一律，故本文只能是漫谈亲子关系。

三年前的一天，我结识了一位五十多岁的建筑工人。在劳动的间隙，他真诚地问我："你是教师，你说说，为什么我的孩子和我就没话，整年说不了几次话，每次就几句，还很不愉快。并且据我所知，我周围大部分人家的孩子都是这样。"

我问他："你的孩子多大了？"

他说："二十多岁了，已经结婚了。"

我又问他："你的孩子从啥时候开始不太和你说话了？"

他说："从十二三岁吧，以前他还是很喜欢和我说话的。"

我问："以前他整天围着你，和你说话的时候，你啥态度？"

他说："那时我年轻，活重，每天很累。孩子的话题又多，我不大喜欢和他说话。"

我笑了笑，对他说："你的孩子很正常。以前你不理他，现在他不理你，中间是有关联的。慢慢来吧，以后他每次和你说话，你态度好些，少批评指导，多肯定支持，应该会好起来的。"

他听了我的话，说："试试看吧。"然后我们就各自忙各自的事了。

人的行动大都是跟着意识走的。在这里，和这个人，干这样的事，说这样的话，能让人舒服，人们就会喜欢在这里，和这个人，干这样的事，说这样的话。反之亦然，强求不得。亲子关系由亲密到疏远，再由疏远到亲密，不只是表面形态的变化，同时还伴随着心情或心境的变化。

孩子小的时候,父母应该俯下身子,对孩子多了解、多陪伴、多倾听,引导孩子培养有益的、健康的兴趣爱好。有可能的话,培养些亲子间共同的兴趣爱好,为亲子关系的亲密、稳定、和谐打下基础。

为人父母者,不要像那位建筑工人朋友一样,孩子小时候需要你,你没时间没心情。当孩子长大了,他的心适应了和你疏离的生活,而你又需要他的陪伴。亲爱的朋友,这样的事,放在你身上,你怎么办?

为人父母者,还应该向孩子学习,和孩子共同成长进步。现代社会,知识更新快,网络科技发展迅速,孩子会的东西,父母却不熟悉或根本不会。向孩子学习,可以使我们便捷地掌握新知识新技能,还可以增强孩子的自信心和成长动力,融洽亲子关系,同时培养孩子虚心的学习态度,好处多多。

记得我十六岁的时候,父亲向我求教调电子表的方法,让我非常兴奋。我当时原本也不太熟练,但看父亲这样看重我,就用了半天时间彻底掌握了调电子表的方法。当我和父亲一起调电子表的时候,父亲那赞许的微笑让我感到格外快乐幸福。

父母向孩子学习,不要摆架子,事后要表示欣赏和认可。切记,你的一言一行都是在给孩子做榜样。

亲子关系应该是什么样的?我觉得应该是平等的、和谐的、亲密的、温暖的,既能体现长幼有序,又能够互相学习、共同成长。亲爱的朋友,你觉得呢?

树立正确的成功观

很多家庭的亲子关系由最初的亲密和谐走向后来的疏离别扭,不是因为父母没有用心陪伴孩子、倾听孩子,而是因为不满意孩子的学习成绩。

大多数父母在孩子很小的时候就教孩子数数、认字,孩子一上学,更是下足了劲,用足了心。小学一、二年级,大多数孩子的学习成绩还不错,后来就有了差距,到了小学高年级、初中、高中,差距逐渐变大,等到上大学,差距更是天上地下。

在这个过程中,学习成绩落后的孩子,其父母的心境就有了变化:开始揪心，开始焦虑，最后变成悲痛的失望或麻木的失望。伴随着父母心境的变化，父母对孩子的态度也在变化，一开始还比较有耐心，比较和气，后来就开始埋怨、批评、斥责，脸色越来越难看，最后发展到对孩子恶语相加或彻底放弃对孩子的管教。许多孩子就是在这一过程中被打击，被伤害，渐渐失去了尊严和自信，变成了一个个有心灵创伤的失败者，亲子关系也因此变得疏离和别扭。相信许多孩子都曾在心里发出这样的疑问：学习究竟为了什么？为了自己的前途，还是为了父母的面子？

目前，优质高等教育的招生只能通过考试来选拔，它能最大程度地体现社会的公平。可只要有考试就会有排名先后，最后能上名牌大学的人只是少数。如果我们把上名牌大学当成孩子成功的唯一标准，那么因一味追求学习成绩造成的人生悲剧还会一次次重演。

为什么会这样？这应该引起我们的深思。我们是追求成功，还是追求幸福？我们都喜欢追求成功，但成功的最终目的应该是人生的幸福。如果追求成功让我们不幸福，那么这种追求还有什么意义？

我们支持孩子学习，要求孩子学习，这没有错。学习可以使孩子提高文化素质，扩展知识面，开阔视野，为人生道路提供更多的选择。但问题的关键在于，我们应该明白，学习成绩固然重要，但它不是人生幸福的主要因素，更不是唯一因素。

我有一位朋友，他和自己的爱人识字都不多，他们两口在家门口经营了一家很小的饭店，有空他还去打一些零工，生活虽不算富裕，但能自给自足。这位朋友人缘特别好，他性格开朗，待人真诚，孝顺父母，关爱子女。

他的父亲年近七十，衣来伸手，饭来张口，夏天乘凉，冬天晒暖儿，被他两口侍奉得像过去的老太爷。他的三个孩子，老大在家务农，老二二本院校毕业在省城上班，老三正在上职专，三个孩子个个阳光自信、健康快乐。

像我的这位朋友这样的人，生活中有许多。他们有良好的道德品质，有健康的身体，有积极乐观的生活态度，有与人和谐相处的技巧和本领，有一技之长，能自食其力，能为社会服务，能让家人和自己幸福。他们的人生不就很成功吗？他们不正是这个社会所需要的人才吗？可这与他们当年上学时学习成绩又有什么直接的关系呢？

我们每个人都可以怀揣梦想,去追求更高更远的目标,这是追求的幸福、奋斗的幸福。但我们必须脚踏实地,悦纳自己,这是实在的幸福,也是自信的幸福。这两者并不矛盾,让这两者并生并存,是人生的智慧。

尽管让我们和我们的孩子成为像我的那位朋友一样幸福的人,也是不容易的事,也需要我们用心,也需要我们去努力,去奋斗,尽管我们或许执意让自己的孩子有更大的才能、更大的作为,这也无可厚非,但我们要树立正确的成功观、人才观,千万不要因一味地追求学习成绩去伤害我们的孩子。

亲爱的朋友,人生有限,亲子一场不易。今生和孩子相遇,是我们的缘,是我们的福,我们要且行且珍惜。

一位老兄的教子观

我的一位老兄,在省城某中学任教。他博学睿智,性情直率。我和他在一次家教理论培训班上结识,同住一个宿舍。他年长我一岁,我称其为兄。

有一次我们闲谈,我问他:"老兄,将来孩子大学毕业,你想让他干什么?"

他说:"他大学毕业干什么,由他自己决定。我只是给他建议,希望他毕业后先打几年工,积累些经验,然后自己创业,开一家小公司,哪怕是一个小作坊,只要有自己的技术、自己的产品,能挣钱就行。当然了,最好是形成自己的企业文化,能长久干下去,代代相传。"

他的这一番话,让我耳目一新。我忽然想起他对我说过,他曾关注一个牛肉作坊二十多年,这个作坊历经两代人,生意长盛不衰,让他非常佩服。

想到这些,我问他:"如果他将来想卖牛肉,开一个牛肉作坊,你也会同意?"

他说:"只要他愿意,我当然会同意,也会支持。你不要小看那些干小作坊的人,他们只要能长年在社会上立住脚,都非常不简单。我给你说过的那家卖牛肉的作坊,人家的牛肉几十年品质一直不减,价钱比同行都高,却供不应求,别人家的牛肉卖不完,他家的牛肉不够卖。你说这容易吗?收入会少吗?这家牛肉作坊的老掌柜,既技艺精湛又吃苦耐劳,既精明能干又讲规则,有定力,既朴素善良又聪明睿智,同时具有超前的品牌意识。你觉得他是一般人?我觉得他远远超过你我,是个了不起的人才。"

我看他说得头头是道,就又问他:"你孩子要是真的卖牛肉,那大学不是白上了吗?你就不怕别人说,一个重点大学的大学生,最后却去卖牛肉,真掉价?"

他说:"一个和你不相干的外人私下对你和你的家事指指点点,品头论足,你会在乎吗?有必要在乎吗?至于上大学的目的,这你还不清楚?上大学是为了拓展知识面,拓宽视野,让人更清楚、更深刻、更全面地认识社会,认识自己,然后选择好适合自己的人生道路。咋能说大学白上了呢?"

我听他这样说,连忙答道:"你说得很有道理。可你就没想过让孩子考研读博,将来做一个大学教授或科学家?"

他说:"这个话题我们父子探讨过。他对考研没兴趣,不想再费脑筋坐在那里长时间看书刷题。其实,他这点随我,我喜欢运动,好打篮球,不喜欢坐,他也是。至于他毕业后干什么,他还没决定,先打工再自主创业的设想只是我给他的建议。"

我接着又问:"你就真甘心他重点大学毕业后直接去上班?"

听我这样说,他看了我一眼,然后笑了笑说:"你认为我说的不是真心话?鞋合不合脚,只有脚知道。既然孩子不想考研读博,我们何必要委屈孩子去做违心的事呢?让孩子自主地去选择自己的人生道路,我又有什么不甘心的呢?"

他说到这里,看我陷入了沉思,没有答话,就继续说:"父母对孩子教育的过程,其实就是渐渐放手的过程。这句话你再好好揣摩揣摩。"

我听到这里,连连点头称是。

和这位老兄谈话以后,他的教子观念让我思考了很多,我深受启发。他自主创业的思路、对上大学意义的认识、对人才标准的看法,以及他对孩子的尊重、理解和包容,特别是他最后那句话——"父母对孩子教育的过程,其实就是渐渐放手的过程",都让我受益匪浅。

奶奶的智慧

初生的孩子已经有了本能和意识，但他对世界的认识几乎是一张白纸，有很多常识需要学，有许多观念需要树立。

从婴儿到青少年时期，是一个人学习常识和树立观念的关键时期，人生的许多第一次都在这个时期发生，而这些第一次对人的影响总是深刻而牢固的。

我七岁那年，在村里小学上一年级，那时学生都上早自习。有一天晚上，我和奶奶在一个屋休息，我让奶奶早上叫我起床上学。

到了早上该上学的时候，奶奶叫我起床。我透过窗户看外面还不太亮，就说再睡会儿。结果等到睡醒，天大亮了，上学的人都放学回来了。

我看到这种情况，心中生起了我记事以来的第一个歪心思，埋怨奶奶没有叫醒我。奶奶说："咋没叫你？你自己说再睡会儿。"说完便不再理我。

我看埋怨奶奶不行，就向奶奶提了个要求，让奶奶上午送我上学，替我向老师求求情，因为我太害怕老师批评我，说我旷课了。

谁知奶奶说："我不去。你自己上学，你自己去。"说完便去忙自己的事了。我看这事没任何求助的可能，便硬着头皮去了学校。

到了学校，老师询问并批评了我，但没有我想象中严重。事情就这样解决了。从那儿以后，小学五年期间，我没有再迟到过，更没有旷过课，学习也很努力，因为我知道，上学是我自己的事，我自己要牢记。

这件事对我的影响非常大，让我在心里树立了一个牢固的观念，那就是自己的事情自己干，自己的责任自己担。

这个观念让我的人生多了一些辛苦，但也多了一些体面。前一段儿，我从教早期教过的学生和我闲聊，说我有两个特点：一是干工作不遗余力，二是会向学生道歉。我听后想了想，认为学生所说的我的两个特点，都与当年奶奶帮我树立的那个观念有关。

在几十年的人生历程中，我常常庆幸，在我人生第一次面对过错与责任的时候，奶奶果断地帮助我，让我树立了正确的观念。

假如当年奶奶接受了我的无理要求,把我的过错揽到她自己身上,并帮我向老师求情,替我解决问题,那么我很可能会形成一种有错误推给别人,有责任让别人扛的意识。而这个意识会让我在青少年时期遭受很多白眼,荒废很多成长和学习的时间。如果这个错误的观念到了成年还转变不了,我真不知道自己将怎样做人。

亲爱的朋友,在你的孩子上高中以前,你最好陪伴在孩子身边,悉心地呵护孩子人生的每一个第一次,抓好教育的契机,引导孩子树立正确的观念,走上正确的道路。这样的教育是最高效的教育,往往会起到事半功倍的效果。正如《道德经》中所说,"其安易持,其未兆易谋,其脆易泮,其微易散"。

如果你实在做不到每天都和孩子在一起,请每天和孩子通话,交流彼此的感受,给孩子以适时适当的引导。千万不要等到孩子错误的观念和不良的行为习惯已经形成,你才去关注孩子的教育问题,到那时则会事倍功半,悔之晚矣。

莫让杂树长成林

在农村生活的经验让我知道,一块一亩大的庄稼地,如果撂荒一两年,便会杂草丛生。要想整理好这块地,得花费一家人一整天的时间。如果这块地撂荒十来年,那它便基本上回归大自然了。

我见过这样的一块地,主人十几年没种庄稼,结果地里长满了杂树。一种是构树,丛生的构树。它们的枝条有一人多高,根系遍布整块地,树和树之间互相影响,哪棵也长不成高大的乔木。另一种是酸枣树。那酸枣树上布满刺不说,主干竟长得像大擀面杖一样粗细,一般人很难把它们除掉。

这样的地人基本上进不去,经常出入其中的是野兔、山鸡和黄鼠狼。看着这样的曾经的庄稼地,我的心里隐隐酸痛。我仿佛感觉到,地也在痛。

我常常这样想,疏于陪伴、疏于引导的孩子如同撂荒的庄稼地。在父母不知不觉间,错误观念和不良的行为习惯便如同荒草杂树一样占据了孩子这块地。面对这样的孩子,父母的心该多痛啊!其实,这样的孩子,他的心也不舒坦，也很痛。

20世纪80年代末和整个90年代，我在一所乡镇的重点初中教书。这个学校的学生，大都是经过考试选拔出来的，绝大多数学生都聪明、勤奋、好学、守纪。但偶尔会有这样的学生，他们也很聪明，却有以下不好的特点：一是学习态度不好，上课听讲不专心，平时作业不认真，星期天作业潦草应付或干脆不做；二是经常违纪，不是迟到旷课，就是在宿舍捣乱；三是屡教不改。学生犯错很正常，一般经过交流谈心、批评教育就改正了。可这些同学不行，无论老师如何开导，总是收效甚微。

我当时对这些学生的家庭很好奇，心想，是什么样的家庭会教育出这样的孩子？经过几年的调查研究，我有了一个发现，这些孩子的家长大都是赶会卖东西的。

这些赶会的学生家长，非常辛苦。他们往往夫妻两人结伴，每天早早出发，开着简易车，拉着批发来的商品到各个乡镇的集会上去卖，晚上很晚才回家。平时和孩子不见面，星期天也没工夫和孩子交流，每星期给孩子的只是放在孩子床头柜上的生活费。

这样家庭的孩子，上学时老师管理教育，到了家便没人管了，久而久之，就如同撂荒的庄稼地，荒芜了。

当时，我很想找到这些孩子的父母，和他们说说孩子的教育问题，告诉他们，挣钱和教育孩子同等重要。可受当时的条件限制，没能如愿。

亲爱的朋友，现在的你忙不忙？有没有时间陪伴尚未上高中的孩子？如果陪在孩子身边，你有没有悉心地呵护孩子，正确地引导孩子？

请记住李老师的提醒，如果你需要的是一块充满希望的庄稼地，就要每天用心耕耘，适时除草施肥，切莫让它杂草丛生，更莫让杂树长成林。

博士生和他的父母

三年前的一天，我作为女方亲属参加了一个订婚仪式。其间和准新郎的叔叔做了深入的交流，收获很大。

准新郎叫刘迪（化名），是一所知名大学理工科的博士生。他不但聪明睿智,勤奋钻研,学业有成,而且知书达理,待人真诚,很会处事。

刘迪的叔叔是一位非常健谈的小学教师,我们俩在订婚宴席上正好坐邻桌,我找机会和他做了一番交谈。

寒暄过后,我问他:"咱这个村子有多少口人?"

他说:"七千多口。"

我又问:"咱村像刘迪这样的博士生有几个?"

他想了想,说:"有三四个。"

我说:"不少。刘迪也算是千里挑一了。"

他听后笑了笑,点点头,没说话。

我接着问他:"你们咋把刘迪培养得这么优秀?这经验得让我好好学学。"

他答道:"我哥和我嫂子读书不多,也没咋培养。这孩子学习习惯好。自上小学一年级起,每天放学回到家后,总是自觉地先完成作业,才出去玩。这一点左邻右舍的人都知道。"

我又问他:"他为啥从一上学就养成了这么好的习惯?"

他又想了想说:"这孩子从小自尊心就强,凡事不想比别人差。他上小学第一次就考了前三名,以后基本上都是这样,考不到前三名他心里就不舒服。"

我接着追问了一句:"你觉得刘迪的自尊心来自哪里?"

他沉思了一会儿说:"我觉得刘迪的自尊心是来自我哥哥嫂子的影响。我的哥哥嫂子虽然是普通的农民,但他们非常要强,非常讲究。比方说,这几十年,他们两口就算平时再忙,活再累,家里家外总是拾掇得整整齐齐、干干净净。干活以外的时间,他们无论是出门串亲戚,还是平常在家,衣服无论新旧,无论贵还是便宜,也总是打理得整整齐齐、干干净净。据我观察,我们这一块像我哥哥嫂子这样讲究的人可不多。"

我听他这样说,问:"你哥嫂爱干净与自尊心有啥关系?"

他说:"有关系。我哥嫂在家里常说的一句话是'人穷志不短,干净的衣服代表的是人的面子和尊严'。"

我听后,连忙点头称是。

习惯成自然。养成习惯的人,你不让他按习惯来,他心里反倒不舒服。所以说,"教子千遍,不如培养一个好习惯"。

有的人,因从小养成了做事善始善终的好习惯,在事业上克服了重重难关,取得了常人难以取得的成功;有的人,比如文章中提到的刘迪,因从小养成了自觉学习的好习惯,在学业上一直高歌猛进,成绩骄人;等等。生活中这样的例子不胜枚举。

反之,生活中也有很多人因养成了坏习惯而对自己的生活和事业造成了负面影响,这样的人和事就不再一一列举了。

那么,在家教的过程中,如何培养孩子的好习惯?又如何防止孩子养成坏习惯呢?

习惯的培养(一)

习惯是人的一种自觉行为,而教育孩子的过程就是慢慢放手,让孩子自觉自发地成长、生活和发展的过程。因此培养孩子的好习惯不仅仅是教育孩子的一种重要方法,而且是教育好孩子的必由之路。

今天,我以培养孩子自觉完成周末作业的好习惯为例来说说培养孩子好习惯的具体办法。

这个办法分六步或六个环节,依次说明如下:

第一步,提高认识。学习有连续性,记忆有规律。如果孩子每星期在学校学五天,周末在家玩两天,不复习巩固所学知识,很多知识就遗忘了。这样,孩子下星期学新知识时,新旧知识就连接不上,容易形成知识断层。久而久之,学习成绩就会严重下滑。

另外,有的孩子自制力差,周末作业没有做,或突击应付,完成质量低。到校教师批评,勒令补写,补旧知和学新知同时进行,致使学习负担加重。连续这样几星期,孩子苦不堪言,容易产生厌学情绪。由此可见,培养孩子自觉完成周末作业的好习惯非常重要。

家长要和孩子耐心地沟通交流,帮孩子树立养成自觉完成周末作业的好习惯的决心和信心。

第二步，明确行为规范。家长和孩子确定好培养自觉完成周末作业的习惯后，就要立马明确做作业的时间、地点和标准。一般星期六、星期天要各安排两个小时左右的时间来完成周末作业。可以先复习上周学过的知识要点，再做老师布置的作业。如果孩子学有余力，可以安排孩子预习下周的学习内容。

对作业的质量要有要求，必须书写认真，独立完成。同时要定下规矩，孩子要接受父母的帮助、督促和奖惩。细则各家自定。

第三步，适时进行榜样教育。选择一个孩子熟悉且认可的人做榜样，或名人，或文学作品中的人物，或孩子身边的人。选择的榜样要有通过自觉学习走向成功的经历。

第四步，坚持不懈地进行行为训练。行为规范既然已经确定，就要坚持执行，切忌三天打鱼，两天晒网。孩子在刚开始的几星期会不适应，之后成绩提高，老师表扬，受到鼓励，劲头就会更足。

一般情况下，形成一个长期习惯需九十天。由于一周只有两个休息日，因此要想让孩子养成自觉完成周末作业的好习惯，家长要和孩子共同坚持训练一学年左右的时间。

第五步，及时评估和奖惩。从孩子第一天照规定做起，就要及时对孩子进行表扬和肯定，以后每一次都要给予欣赏和鼓励。如果孩子没照规定做或做得不好，一定要及时纠正。对孩子的奖励要切合实际，不要太过，但有承诺就要兑现。

对孩子的惩戒要有言在先，要按规定执行。比如，如果规定当天作业没完成就不能吃晚饭，那么在孩子作业没完成时就要坚决执行规定。家长可以和孩子一起，先不吃晚饭，直到孩子完成作业。这样做既可以让孩子体会到家长对孩子的重视，又可以让孩子认识到培养自觉完成作业的习惯的重要性。

第六步，形成良好的风气。这一步一开始就要进行。家里要有充足的照明、合适的书桌、安静的环境。家长不要在家里搞不适合的娱乐活动，最好也能养成每天抽出一定的时间看书学习的好习惯。有可能的话，可以创造条件，让孩子和几个学习习惯好的同学在一起做作业，互相鼓励，共同进步。

对于其他好习惯的培养,大家可以参照上面的方法和步骤进行。

培养好习惯贵在坚持,贵在认真,做到非常不容易。可你一旦做到了,那成效是相当喜人的。比如,如果你帮助孩子培养了自觉完成周末作业的好习惯,孩子不但会受到老师表扬,其学习成绩也会进步,还能增强自信心,多好啊。

亲爱的朋友,如果你有培养孩子好习惯的想法,就赶紧行动吧。培养好习惯,要趁早,要抓小,最好在孩子的坏习惯没形成以前就进行。

习惯的培养(二)

好习惯的培养只要趁早、抓小,其形成就可以顺理成章,自自然然。可在现实生活中,很多家长是在孩子坏习惯已经形成时才想到去培养孩子的好习惯,让培养孩子好习惯的过程困难重重,格外耗时费力。

比如,有很多家长是在孩子形成了学习不自觉不主动的坏习惯后,才想到去培养孩子自觉学习的好习惯。在这个过程中,既要培养好习惯,还要克服坏习惯,好比是从山谷出发登上山顶,自然要比从平地出发登上山顶困难得多。

那么,怎样让孩子的好习惯一开始就自然地形成呢?我经过长期观察和分析,发现孩子好习惯的形成过程往往是这样的:源于兴趣,事发偶然;细心体察,欣赏鼓励;有意引导,适时助力;养成习惯,终身受益。

我朋友的孩子,从小就养成了爱观察、爱思考、爱动手的好习惯,其智力发展水平远远超过同龄孩子,小小年纪就立志长大做一个科学家,专门搞发明创造。

这个孩子三岁时,有一次玩吹泡泡的游戏,可爸爸给他买的泡泡液用完了,瓶子里只残存了一点点。他不甘心,往瓶子里灌自来水,看能不能用它继续吹泡泡。结果他发现瓶子里升起了很多泡沫,这让他很惊奇很开心。他急忙拿着瓶子让爸爸看。这件常人觉得很普通的事,却让他的爸爸很激动,爸爸笑着说:"孩子,你真棒,小小年纪就会做实验了。谢谢你让我看到这样神奇的变化。"然后抱着孩子亲吻了一下。

孩子听到爸爸的鼓励，高兴地说："爸爸，我就是想做实验。"

从此以后，这个孩子就经常摆弄着做一些小实验，他的爸爸妈妈每次都给予他肯定和赞美，并有意给孩子创造机会让孩子做实验。我的这位朋友，还经常给孩子讲一些科学家小时候的故事。这个孩子六岁时，爸爸妈妈带着他参观了省会城市的科技馆，极大地激发了孩子搞科技发明的兴趣和动力。

通过这个例子，大家可以看出来，培养孩子的好习惯其实并不难，只是需要家长多用心而已。在孩子的成长过程中，会有很多精彩的瞬间，我们要善于观察，善于发现，及时给孩子以肯定和赞美，并创造条件，有意引导，让孩子的精彩能够持续，最终形成让孩子受益终身的好习惯。

有人会说，习惯的培养过程既然"源于兴趣，事发偶然"，是不是说习惯的培养是不可控的？答案是习惯的培养是可控的，我们可以创造条件，用启发诱导的方法来激发孩子的兴趣。

比如，你想培养孩子爱读书的兴趣和习惯，就可以在孩子刚记事起，在家里布置一个书柜，在家里的床头、案边摆放一些书。然后你和你的家人一有空闲就拿起书看，并经常给孩子讲书上有趣的故事。那么你的孩子自然会对读书产生兴趣，那时，你要及时给孩子以肯定和鼓励，这样坚持下来，就可以自然地培养出孩子爱读书的兴趣和习惯。

亲爱的朋友，也许你还会说，既然培养孩子的好习惯如此简单，为什么有好多人却做不到呢？答案是因为很多人不用心。

习惯的培养（三）

去年深秋的一个星期天，我去一个风景区登山。走到一个向阳的陡坡前，发现了一棵酸枣树。这棵酸枣树上面挂着许多红红的干透的小酸枣，在阳光的照耀下格外醒目。

我看到这棵奇异的酸枣树，不由得感叹，山区的气候真特别，这个季节还有长满果实的酸枣树。这时走过来一对父子，孩子大概十一二岁，他看到这棵酸枣树,兴奋地喊道:"酸枣!爸爸,快看,酸枣!"

这个孩子的爸爸听到孩子的叫声,瞪了孩子一眼,说:"傻瓜,这时候还会有酸枣?"说着,就走过去了。那孩子看爸爸这样,只好悻悻地跟着爸爸走了。

当天下午,我在风景区的卫生间见到了一个六七岁的小男孩。这个小男孩对卫生间的立式自动感应冲水小便器很感兴趣。他似乎想搞明白这个小便器为啥会自动冲水。只见他对着一个小便器看了一会儿,然后把身子闪到一边,用一只手伸到小便器前上下来回移动,可能是想找一找感应点在哪里。

我看到这个情景,心里很为这个男孩的好奇心和求知欲叫好。正想上前去夸夸他,这时一个男子急匆匆地走了过来。这个男子看样子是这个小男孩的爸爸,他看到小男孩把手伸到小便器前,生气地说:"傻瓜。"然后拉着小男孩走了。

一天竟然碰到两个"傻瓜",让我很有感触。这两个孩子的举动,无论是观察发现酸枣树,还是思考探索自动感应冲水小便器的原理,虽然只是他们思想中一闪而过的小小火花,但都是非常可贵的。如果能得到长辈的欣赏和鼓励,他们可能会养成勤于观察、勤于思考、勤于探索的好习惯,这些好习惯对他们将来的学习、生活、工作都会大有益处的。可是,他们这些可贵的举动不但没有得到欣赏和鼓励,反而被他们的父亲粗暴地阻止了。真可惜呀!

生活中有许多这样的例子,长辈的自负和麻木掐灭了孩子幼年时思想的火花,让孩子失去了养成好习惯的机会。孩子长大后,这些家长可能还会在心里埋怨孩子的平庸无能。岂不知,孩子成年后的平庸正是当年父母的不当教育造成的。

亲爱的朋友,每一个幼年的孩子都有着丰富的想象力和创造力。作为孩子的父母,请细心地观察他们,欣赏他们,及时地肯定和鼓励他们,帮助他们养成一个个好习惯。这对孩子的成长和发展是非常有用的。

欣赏和鼓励的意义

如果把孩子比作一个花园,把父母比作园丁,那么我们前面所提到的以及后面要涉及的家教方法,比如尊重、陪伴、习惯的培养、身教等等,如同在花园里翻土、浇水、施肥、除草、剪枝,而对孩子的欣赏和鼓励,就如同阳光普照,给整个花园带来温暖、光亮和源源不断的能量。这就是父母对孩子欣赏和鼓励的意义。

大概三十年前,一个知名的作家把他的孩子视为自己的老师,用一系列的文章写他的孩子,写他从自己的孩子身上得到的感悟和道理。当时,我读这些文章时,武断地认为这个作家有点夸张和做作。

五年前,我听上海的一位教授谈起他上职校的儿子,赞美欣赏之情溢于言表,对他孩子给他做的一个小课件,评价之高,简直就像一个国家级别的科技成果。当时,我认为这个教授太偏爱他的儿子了。

然而现在,我觉得他们都是对的。每一个孩子都是父母精心培育的果实。他们身上蕴藏着无尽的潜能。他们来到世上,感受到的是一个全新的世界,这是他们父母在幼年时期所没有感受到的。他们对世界的感知真切而又敏锐,并且没有任何成见。这更是作为成人的我们所不具备的。他们还具有成人很难拥有的强烈的好奇心、求知欲和创新精神。因此,每一个孩子都值得我们欣赏和鼓励,都值得我们学习和赞美,都可以作为我们的老师。

我结识了一位年长我十岁的朋友,他是一位事业有成的技术人员。他对自己的儿子一直赞赏有加。他经常和儿子交流,甚至经常向儿子学习,学习儿子对为人处世的看法。他的儿子,初中学业平平,高中学业平平,大学上的是一所三本学校,成绩也平平,就业起点也很低。但渐渐地,他儿子的事业之路越走越宽,现在成了单位一个部门的主管,不但薪水高,而且受人尊敬。我这位朋友的儿子,总是那么从容不迫,总是那么自信。他何以具备这样的特质呢?我想,这些来自他父亲对他的欣赏和鼓励。

我还认识一个孩子,他天生眼睛有问题,视力不好,但他的父母从未对他抱有任何偏见。他的父母坚信,"上帝为你关上一扇门,必定为你打开一扇窗"。他的父母很快发现,自己孩子的声音很好听,因此很为孩子的这个优点而骄傲,并帮助孩子发展自己的特长。后来,这个孩子在一次校级朗诵比赛中获得了第一名的好成绩。看着这个孩子领奖时开心的样子,我感受到了他父母对他欣赏和鼓励的力量。

天不生无用之人,地不长无用之草。每一个孩子来到人世间,都有他的优点,都有他的长处,都有他的用途,都有他发展的空间和前景。欣赏和鼓励孩子,让他自觉地发展和成长,是家庭教育中重要的方法,也是一个家长的必备素质。如果一个家长不能欣赏和鼓励他的孩子,那对孩子不但无益,反而是一种深深的伤害。

亲爱的朋友,欣赏和鼓励你的孩子,你做到了吗?

坏习惯的形成及消除

好习惯让人受益,坏习惯让人受害。我们在培养孩子的好习惯的同时,也很有必要防止孩子形成坏习惯。

"小时偷针,长大偷金。"这是一句俗话,也是一个故事。它讲了坏习惯形成的过程和危害性,应引起广大家长的重视。

我经过长期观察、分析,认为坏习惯形成的过程是这样的:源于好奇,事发偶然;疏忽大意,纠正不力;环境影响,渐成问题;养成恶习,悔之莫及。

我曾关注过初中学生吸烟现象。那些吸烟的孩子,最初吸烟大都源于好奇心。如果家长发现及时,立即对其引导教育,孩子还是容易改正的。可是由于家长疏忽大意,或是没有发现,或是发现了不重视,轻描淡写地说一两句,没有起到教育作用,结果孩子吸烟越来越厉害,以至于上瘾。

有一个家庭,男主人经常给别人家帮忙办红白事,得到不少香烟。他自己不吸,都放到家里的柜子里。不料这家上初中的孩子不知不觉学会了吸烟,偷偷地把这些香烟一盒盒都拿出去吸了,然后又把空香烟盒都放回去了。

等到家长觉察这件事,孩子不但已经吸烟上瘾,还出现了偷家里的钱买烟吸的严重问题。

　　这些吸烟的孩子,往往有一个小群体。他们经常背着家长和老师,在角落里聚众吸烟。他们互相壮胆,互相攀比,互相炫耀,以至于在形成吸烟的坏习惯的错误道路上越走越远。等到他们意识到吸烟的危害性,想改正时,坏习惯已经形成,想消除很不容易。

　　"防患于未然""勿以善小而不为,勿以恶小而为之",要想消除坏习惯,最好的办法是抓早、抓小、从源头上下功夫。

　　一是借鉴"孟母三迁"的故事,尽量给孩子创造良好的成长环境,不给孩子沾染上坏习惯的机会。二是根据孩子的身心发展特点和社会现实,提前给孩子讲明孩子可能沾染的不良习惯的危害性,给孩子打打预防针。三是要悉心呵护孩子、观察了解孩子,一旦孩子有了坏习惯的苗头,要及时地引导教育,批评指正,将坏习惯消除在萌芽状态。

　　然而,如果坏习惯已经形成,我们应该怎样办?大家可以参照我在《习惯的培养(一)》中提到的习惯培养六步法,用递减的办法一步一步去消除。

　　消除坏习惯要比培养好习惯难。难就难在培养好习惯往往是让人在一定的地点一定的时间做适当的事,这基本上是可控的。而消除坏习惯往往是让人在任何地点任何时间都不做不适当的事,这是很难控制的。

　　比如,在消除孩子吸烟这个坏习惯上,家长和老师可以限制孩子,不让孩子在家里、校园等处吸烟,但很难做到不让孩子躲到角落里吸烟。

　　不过,消除坏习惯难是难些,却并非不可行。有一所学校,和家长联手整治部分孩子吸烟的坏习惯,取得了很好的效果。他们的做法主要有以下几点:第一,整体施治,全面化解学生中的吸烟群体;第二,从经济上断绝孩子的香烟来源;第三,分工合作,全面管控一切孩子可能吸烟的时间和地点;第四,长期坚持,不达目的不收兵。

　　好习惯的养成过程往往是相似的,坏习惯的消除方法却各有各的不同。对于不同孩子不同的坏习惯,其消除方法应具体问题具体分析,具体问题具体对待。下一篇,我给大家分享一个消除网瘾的案例,希望能给大家一些启示。

郭天戒网瘾

郭天(化名),男,从上小学五年级开始痴迷于网络游戏,一直到上初三,从没有间断过。他的父母把他从网吧里找回来的次数已经难以计数。他还经常到有电脑的同学家玩网络游戏,一玩就是一个通宵。

最典型的一次是他上初一时,拿着春节时长辈给的压岁钱跑到县城的网吧玩游戏,整整一个星期都没回家。他的父母找不到他,只好报警。等到把他从网吧里找出来时,他已经饿得浑身瘫软,少气无力。他竟然怀疑自己得了病,快不行了,让他的父母哭笑不得。

郭天的父母为了帮孩子消除痴迷网络游戏的坏习惯,采取了很多办法,给郭天讲了很多道理,也曾对他进行过一两次惩戒教育,可都收效甚微。

在帮郭天消除痴迷网络游戏的坏习惯这个问题上,他的父母曾经因意见不一致,发生了激烈的争吵,还闹出了矛盾。

到了上初三时,事情发生了转机。在初三上学期期末的一次全县统考中,郭天考了全县两千五百多名。这本是他超水平发挥考出的成绩,郭天却心有不甘。

原来他一直认为自己能考上本县的省示范高中,可上本县的省示范高中得考到全县前一千六百名。他现在的成绩与这个标准相差太远了,因此郭天心里比较烦。

郭天的父母看出了孩子的心思,就抓住了这个机会,请郭天的小学老师刘老师来做郭天的思想工作。

刘老师是郭天小学六年级的班主任,是郭天心目中最好的老师,没有之一。因为刘老师教郭天时,无论郭天犯多大的错误,成绩多落后,刘老师总是鼓励他、相信他、帮助他,让郭天很受感动。在郭天的心里,刘老师是和父母一样的亲人。

刘老师是个热心人,她接到郭天父母的求助后,了解了情况,就找机会和郭天进行了一番谈话,打动了郭天。

刘老师和郭天的谈话表达了三个意思:

第一，你的父母因对你失望而决定离婚，我觉得这是不对的。他们离不离婚是他们自己的问题，不能把原因推到孩子身上。但你可以努力成为一个优秀的孩子、一个有作为的人，让你的父母因此而舒心幸福，进而挽回他们的婚姻。这是你对父母恩情的回报，也是对自己和家庭的贡献。男子汉，就要把命运掌握在自己手中。

第二，你的问题是管不住自己，可管不住自己是一个人最大的毛病。你要有意识地锻炼自控能力，让自己能够管住自己，成为一个真正的人。我相信你能够做到。

第三，你想上省示范高中，这并非不可能。可你已经和目标相差太远，时间又紧迫，很多人都不看好你。他们认为你想上省示范高中，是做白日梦。我希望你能争口气，让那些不看好你的人大跌眼镜。但实现这个愿望的前提是：你必须改掉痴迷于网络游戏的毛病，全力以赴，投入复习备考中去。对此，你要有信心。

郭天对刘老师来帮助他本来就心存感激，刘老师诚恳地说的这些话更让他觉得入情入理。因此，他决心在中考之前尽量减少去网吧玩游戏的次数，全力以赴学习，争取中考考出好成绩，证明自己，回报父母，回报老师。

郭天经过一番思考，向父母提出了一个要求，让父母给他买一部手机，白天由他父母保管，晚上他睡觉前玩一个小时，但绝不超过十点半，到时间由父母收回，不影响第二天上早自习。另外，休息日他在家学习一天，去网吧玩一天。

提出这个要求后，他诚恳地对父母说："爸、妈，我知道我做不到完全不玩网络游戏，但我的规划我保证能做到，也不会影响我的学习。请你们相信我。"

郭天的父母根据郭天以往的表现和现在的态度，知道完全不让郭天玩网络游戏是不可能的，郭天如果能做到他所说的，就是最好的结果了，因此就同意了他的要求。

在这以后的半年多时间里，尽管也发生了一些小小的波折，但郭天基本上遵守了他的诺言。中考成绩揭晓，郭天后进赶先进，被县里的省示范高中录取，创造了一个升学奇迹。

高中以后,一方面因为学习氛围浓,一方面因为学校管理严,郭天上学期间没再玩电脑游戏,也没有玩手机。星期天回家,郭天会去网吧玩一两个小时,但也不再痴迷,到时间就离开。

郭天的网瘾算是戒掉了。

亲爱的朋友,我觉得郭天的父母和老师在帮郭天消除痴迷网络游戏这个坏习惯上有四点做得很好:一是长期坚持不放弃,二是抓住了时机,三是正面激励,四是合理疏导。

身教的力量(一)

20世纪80年代初的一天,我的两个年迈的姑姑来到我家。她们见过我的奶奶,打过招呼,然后走到后院,来到一个在我家做木匠活的老木匠面前,先递上一个盛满油条和白蒸馍的篮子,接着双膝跪地,给这个老木匠叩头。

这个老木匠是应我二伯父之请,来给我的奶奶做喜棺的。当时农村有提前给老人做喜棺的风俗,俗称"盖大屋"。

我的两个姑姑给老木匠叩头,原因有两点:一是为表达对这个老木匠为我奶奶盖大屋的感激之情,二是希望他把大屋盖好,让我的奶奶百年之后能住得舒服些。

姑姑的行为给年幼的我留下了终生难忘的印象,让我明白了父母在一个人心目中的地位之重。

在我幼年的家庭中,不仅仅是姑姑,我的伯父、伯母、父亲、母亲,对我奶奶都很孝敬。

在我童年的记忆里,我的二伯父,一个很威严的老人,每天晚上都会走到我奶奶窗前,轻声地问安,然后才离去。他那又轻又柔叫"娘"的声音,他那慢慢转身离开的身影,都深刻在我和众堂兄弟姊妹的心中。

受长辈的身教影响,我的堂兄弟姊妹十人,每一个对长辈都极为尊敬,极为孝顺。

前几年,我堂哥为方便照顾我二伯母,把我二伯母接到他所在的学校去住。有一天,我到学校办事,见到二伯母在宿舍楼前闲坐,急忙走过去和她打招呼,拉家常。由于我站着太高,就半蹲下来,依偎在二伯母面前,听她问话,给她说一些日常家事。

这情景被一个路过的熟知我们关系的中年女士看见,她竟大感惊奇,大加赞叹。她赞我二伯母的德高望重,也赞我的孝心真挚。

其实,对于我和我的堂兄弟姊妹来说,这位女士大加夸赞的事是我们感觉很自然平常的事。父母和其他长辈在平常对我们的教育中,并没有给我们说过一个"孝"字,但他们做到了,我们也自然做到了。

上周末在家,我和母亲及四岁的女儿在一起吃饭。我看到母亲第一碗饭已经吃完,就要给母亲盛第二碗饭。母亲却心疼我,执意不让我盛。我说:"妈妈,您辛苦了,歇歇吧。"然后帮母亲盛了饭。

我盛完饭刚坐下,四岁的女儿立即站起来,走到我身后,用两只小手给我捶背,一边捶一边说:"爸爸,您辛苦了。"原来,我刚才的一举一动,女儿在一旁尽收眼底。

这就是身教的力量。

身教的力量(二)

前几天,一位我早年教过的学生问我:"老师,为了让我的孩子爱上读书,我买了很多书,家里几乎摆满了书,可我的两个孩子一个也不喜欢读书,这是为什么?"

我问她:"你现在还读书吗?"

她说:"平时工作生活太忙,我已经十几年都不读书了。"

我说:"最好的教育是身教,要让孩子喜欢上读书,'藏书三千不如日读一篇'。"

她听了,非常认可。

我的一位多年的好友,极爱读书。平时无论工作生活多忙,总要找出时间来看一些书。他对文化见解深刻,是个有品位的人。

他的儿子却从小喜动不喜静,不爱看书。这在他看来也很自然,毕竟各人有各人的秉性,父子也会有不同。

然而前几年,我听朋友说,他的年近二十岁的儿子忽然喜欢上了看书,还非常认真,看的书非常有文艺范儿,和他喜欢的书很接近,并且经常主动和他探讨书里的内容。

我想,这就是身教的力量。

父母是孩子的第一任老师,也是孩子的终身之师。父母的一言一行都会给孩子留下极深的印象,成为孩子做人做事的参照。

"西山猴不敢见人头"这句流传在我们这里的俗语,说的是猴,实际也是在说孩子。模仿是孩子的天性。父母想让孩子做到什么,自己首先要做到什么;父母想要孩子成为什么样的人,自己首先要成为什么样的人。父母的所作所为,都是对孩子无声却有力的指引。

你可能会说,我想让孩子成为科学家,可我现在不是,我也做不到,这怎么办?这个问题,我是这样看的:你可以做到追求上进、尊重知识、勤于思考、行事严谨。如果你在平时的为人处世中做到了这些,就是对孩子成为科学家的有力带动。如果你对孩子有其他期望,可以以此类推。

有一些中年人,有"船到码头车到站"的思想,工作上缺乏追求,生活上安于现状,行事懒散,牢骚不断,对自己的一些不良习惯也不加以控制。他们这样对他们本人来说也许不算什么,毕竟他们以前努力过,奋斗过,有一定的物质和精神财富的积累,但这种消极的工作生活状态对孩子的影响是极为不利的。

大家想一想,在衣食无忧的前提下,如果父母不努力、不勤奋、不积极、不上进,却希望孩子努力、勤奋、积极、上进,这可能吗?现实的答案是,可能性很小。

在物质贫乏的年代,少年儿童之所以努力上进,除了受父辈身教的影响,很多人是为了追求温饱舒适的生活。而现在,生活条件已经普遍好转,要想让孩子积极向上,勤奋努力,最好的办法就是父母的言传身教。

亲爱的朋友,即使为了孩子,你也要持续努力上进,做最好的自己,请相信身教的力量。

让孩子在体验中成长

孩子在成长过程中,有很多知识需要切身体验才能领会,有很多本领需要切身体验才能掌握,有很多素质需要切身体验才能具备。

1988年深秋的一个星期天下午,我路过府店镇东管茅村,在村口看到了一位母亲送儿子上学的情景,留下了深刻的印象。

在这对母子面前,是高高的渡槽和渡槽上一条长长的人行便道,渡槽下面是深深的沟。那孩子背着书包,大概十一二岁。他似乎不想离开母亲,或是不想一个人走上那高高长长的人行便道,就对母亲说:"妈妈,你送我过去。"

他母亲说:"男子汉,要有勇气。你自己过。"

那孩子见母亲语气坚决,只好一个人走上了那高高长长的人行便道。他走了一小段,回过头看着母亲,用眼光央求母亲,想让母亲改变主意,去送他。那位母亲看着孩子,一动也没动,也没有说话。他的孩子,只好回过头,向前走去。

我当时看到上述情景,非常佩服这位母亲,觉得她是一位坚强而又智慧的母亲。她适时地让孩子体验到了什么是勇敢坚强,怎样才能做到勇敢坚强。

大家试想一下,如果一位母亲总是护着孩子,总是不放手,那她的孩子什么时候才能独立自主,什么时候才能学会勇敢坚强?

记得小学上自然课,我最初理解不了杆秤的原理。后来按书上的提示用柿树棍做了一杆秤,在这个过程中我终于把其中的原理搞懂了。到上初中学物理,学到杠杆的知识,我因为有了小学时自己动手做杆秤的体验,领会得又快又透彻。

我也见过这样一些学生,他们只注重书本,只知道死记硬背,很少有生活体验,也很少动手去做实验,因此他们对知识的领会很肤浅。这种人,遇到程式化的习题还能解决,遇到一些结合生活的实际问题,往往束手无策。

以上这些事例,都说明了体验在孩子成长过程中的重要性和必要性。

下面,我根据自己的体会向各位家长提出几点建议。

家长应在保证孩子生命和身心安全的前提下,放手让孩子去体验,去经历。不要怕他弄脏了衣服,不要怕他衣服上沾了水,不要怕他吃亏,不要怕他尴尬,不要怕他经历挫折和失败,不要怕他交到坏朋友。如果孩子在体验和经历的过程中遇到了问题,就让他自己试着去解决。解决不了的,家长再给他适当的指导和帮助。这样做既顺应了孩子主动探求外部世界的天性,又能高效地促进孩子的成长。

家长还要多带孩子接触大自然,让孩子感受日月星辰的变幻,让孩子体验山川湖海的秀美,让孩子感知各种生命和自然现象。这些很好的体验机会,都是单纯学书本知识所不能替代的。

家长还要带孩子多去博物馆和科技馆,让孩子去了解和体验历史、科学和艺术。这些设施地市级及以上城市都有,是国家为青少年教育投资兴建的公益性设施,我希望每个家长都不要让自己的孩子错过。

家长还要鼓励孩子做一些实验,给孩子提供一些必要的器材。这对培养孩子的动手能力和实践分析能力作用是巨大的。

生活中有一些体验是破坏性的,不能让孩子亲身去体验,但我们可以让孩子去观察现实的场景。比如观看消防安全纪录片,参观交警队的车祸模拟现场,等等,这些都对孩子的健康成长有着积极的意义。

亲爱的朋友,请运用你的智慧,创造各种条件,让孩子在体验中成长吧。

认识自己

在家庭教育中,家长的心理素质不仅影响着家教的过程和效果,还直接对孩子的心理素质起着潜移默化的影响。

什么是健康的心理素质?健康的心理素质包括三个层面的标准:一是认识自己,二是悦纳自己,三是控制自己。

我今天重点来谈谈如何认识自己。认识自己包括认识自己的身体状况、文化水平、能力特长、兴趣爱好、脾气性格、优点缺点、人缘威望等等。

认识自己就是要对自己有一个全面而相对准确的了解,这是一个人心理健康的基础。

有一个寓言故事,说世上的每个人都背了一个钱褡子,钱褡子里放着自己的优点和缺点。这种钱褡子有两个口袋,一个在胸前,一个在背后。人们总是习惯把优点放在前面的口袋里,把缺点放在后面的口袋里,所以人们总是容易看到自己的优点,却不容易看到自己的缺点。

这个寓言故事所讲的道理很有普遍意义,我们一定要引以为戒,在认识自己时要全面客观,不能忽视自己的缺点,盲目自大。

生活中还有一种人,遇到挫折就自轻自贱,盲目自卑。这也是不可取的。

我认识一位学生家长,他上学时很努力,成绩也不错,考初中时因发挥失常,以一分之差没能考上当时的镇重点初中。后来,他从一所普通初中毕业后没能考上高中,随后就回家务农。自此他就认为自己不是学习的料,整日郁郁寡欢。

他的这种消极的自我认识也影响了孩子。他孩子在学校,自我定位明显太低,学习动力严重不足。我曾听这位家长当年的同学评价他,说他智商很高,学习反应能力很强,小学升初中考试失常只是一场意外。但没想到他竟因一次考试失利而变得如此消极,真是让人惋惜。

认识自己既要通过自我观察、自我反思、自我评判来实现,又要通过周围人对自己的反应和看法来校正对自己的认识。正所谓,"以铜为镜,可以正衣冠;以人为镜,可以知得失"。

一位朋友和我分享了这样一件事。前几年,他发现自己的爱人和两个孩子都对他敬而远之,都不喜欢和他交流看法,就主动诚恳地和爱人交流,征求爱人的意见,这让他发现了自己在家庭中有自以为是、固执己见的毛病。

这位朋友的做法我很认可,认识自我就要有客观认真的态度。

亲爱的朋友,认识自己,你做到了吗?

悦纳自己

悦纳自己就是接纳自己，喜欢自己。一个人悦纳自己应建立在认识自己的基础之上。它既是一个人健康心理素质的重要标准，又是一个人自信心的源泉和基础。

悦纳自己的人就像一个小太阳，既能照亮和温暖自己，又能照亮和温暖别人；不能悦纳自己，自怨自艾的人，就像一个冰窖，自己阴暗寒冷，也让周围的人阴暗寒冷。

为人父母者，一定要悦纳自己，这对孩子的重要性不言而喻。下面我就怎样做到悦纳自己谈谈自己的看法。

一个人来到世间，有很多东西是不能改变的，却又是我们必须接受的，比如身材、容貌、家世等。

如果你觉得自己不够美，请多微笑，微笑就是这个世界上最美的容颜；如果你觉得自己不够高大，请让自己健壮结实，这同样会彰显你的力量；如果你觉得自己家世平凡，请努力演绎一个白手起家的故事，这同样能让你赢得尊重；如果你天生有缺陷，请发掘你的特长，并把它发挥到极致，这样你的精彩同样会把自己和周围的世界照亮。

每个人都会有自己的兴趣和爱好、优点和长处。请尽情享受它们给你带来的欢乐、财富和荣耀，并用它们去为社会和家庭创造更多的价值，同时带动和感染更多的人，这样做会让你感觉自己更加可爱。

每个人都会有自己的缺点和不足，都会有自己的薄弱环节。对此，我们能改进的，就要尽力改进；不能改进的，可以在生活和工作中尽量扬长避短。

"金无足赤，人无完人"，面对不足，有时我们自嘲一下也未尝不可。

如果上面的道理你都懂，但你还是不喜欢自己，怎么办？嫌自己钱少，那你就努力慢慢挣，钱会多起来的；嫌自己文化水平低，那你就每天用心读书，你的文化水平会提高的；嫌自己社会威望低，那你就努力改善自己，提升自己，并用心培养下一代，你的梦想会实现的。

真正悦纳自己的人，既是一个知足的人，又是一个奋斗的人。知足让他愉快地接受现实,奋斗又让他对未来充满希望。

最后,用我十二年前张贴在校园的镜子上,用以激励我和周围的人的一段话与大家共勉:

站在你面前的,是唯一能伴你终生的朋友。请善待他(她),让他(她)安全,让他(她)健康,让他(她)快乐,让他(她)高尚,让他(她)拥有一生的幸福。人生只有一次,请做最好的自己。

控制自己(一)

控制自己,主要是指控制自己的欲望、嫉妒心和情绪,把它们限制在一个适当的范围内。它是一个人必备的素质和能力,和悦纳自己一样,是一个人具有健康心理素质的重要标准,同时对一个人一生的安危成败起着决定性的作用。

每个人都有欲望、嫉妒心和情绪,此三者的作用具有非常明显的两面性。一方面,它们是一个人乃至整个人类生存、生活、发展、进步的源泉和动力,具有重要的正向功能;另一方面,它们一旦失控,超出界限,则会给个人乃至整个人类带来伤害甚至灾难。

从字面上理解,一个能控制自己的人应该是不自由的,其发展是受限制的,其实不然。一个不能控制自己的人会遭到两种类型的打击:一是道德的谴责,以及纪律和法律的制裁;二是自身的失败、挫折或事故。"欲速则不达""冲动是魔鬼""上帝想让谁灭亡,就先让谁疯狂",说的就是这些道理。一个能控制自己的人,恰恰能避开这些打击,使自己的发展道路更顺利,使自己的发展空间更广阔。

一个人的成功,不仅仅是看他做了什么,还看他没有做什么,这两者往往同等重要。有时,后者反倒会起关键作用。古往今来,有多少风云人物,败在了一念之差,做了不该做的事,何况芸芸众生。由此可见控制自己之重要。

在家庭生活中,如果父母双方中的一方不能控制自己的不良情绪,过度发泄,不仅会伤害对方,还会伤害到孩子。如果经常让自己的情绪失控,就会给孩子的心理健康造成严重的不良影响。

为人父母者,在控制自己,特别是在控制自己的情绪上,一定要给予足够的重视,用心提高自己这方面的能力和修养。

一个人要想提高自控能力,有两个途径:一是通过看书、和外界接触、总结反思等方式来增长知识、开阔视野、拓展胸怀;二是有意地用一些具体的方法培养和锻炼自己的自制能力。关于第二条途径,我在本书另一篇文章《五毛钱》里谈了自己的做法,大家可以参考一下。

控制自己(二)

有一次,我和一位朋友交流孩子的教育问题,发现了一个有趣的现象,我们周围有几个品学兼优的孩子,他们有一个共同的特点:都有一个严厉的母亲。

这位朋友的儿子就是一个优秀的孩子。他今年刚上初一,活泼开朗、品行端庄、学习主动、自律性强,自小学三年级以来,每年期末考试都稳居全校前两名。

我朋友说,他的爱人对孩子从小要求就很严。从孩子五岁起,为了帮孩子养成早睡早起的好习惯,保障孩子充足的睡眠,要求孩子晚上八点必须开始洗漱,然后上床休息。

刚开始这样要求,孩子不适应,不接受,总想多玩一会儿,多看一会儿电视,或者多看一会儿书。但他爱人坚决不同意。她一方面给孩子讲明道理,一方面坚持让孩子按时休息。孩子总拗不过妈妈,只好被动服从。后来,时间长了,孩子慢慢适应了母亲的要求,由被动变为主动,学会了每天自觉按时作息。

这位朋友认为,他的孩子之所以优秀,是他从小就在妈妈的引导下学会了自律。他的孩子最大的优点就是能管住自己,该学习时学习,该玩耍时玩耍,能干的事情干,不能干的事情不干。

我也有培养孩子自控能力的经历。我的孩子三岁时就开始看动画片,我认为这是孩子成长过程中不能回避的问题,就让她看。

有一天,她看的时间很长,自己都觉得眼睛不舒服。我观察到这些,就适时地对她说:"电视能不能多看?"

她说:"不能。"

我说:"为什么不能多看?"

她说:"眼睛不舒服。"

我说:"那以后就不能长时间看。"

她说:"好。"

第二天,她又要看动画片。我问她:"看几集?"

她说:"看两集。"

我说:"好。说到就要做到。"

我陪她看了两集后,要关掉电视,她不肯。我说:"不行,必须关,说看两集就看两集。"

她说:"我眼睛不疼。"

我说:"等到疼就晚了,必须关。"说完就坚决地关掉了电视。

她见我关掉了电视,就哭闹。我不理她,她只好作罢。

以后,她又看电视。到了约定的集数,她知道该关了,就说:"爸爸,关电视。"

我说:"你自己关,你自己要管住自己。"

她说:"我不会关。"

我说:"我教你。"

说完,我拿上遥控器,递给她,教她关掉电视。然后,我夸她说:"孩子真棒,学会管住自己了。"

就这样,经过了三个多月,孩子看电视有节制了,不再痴迷了。更让我感到欣慰的是,孩子初步具有了管住自己的意识和能力。

亲爱的朋友,培养孩子健康的心理素质,一方面要靠身教的影响,一方面要有意识地训练和培养。以上案例,都与培养孩子控制自己的意识和能力有关,希望对你有所启发,有所帮助。

父亲的微笑

一个人一生中难免会遭遇一些挫折和困难。面对挫折和困难,有的人悲观绝望,消极应对,甚至一蹶不振;有的人却坦然处之,临危不乱,积极应对,最终把挫折和困难化为又一次崛起的起点。可以说,挫折和困难是一个人心理是否健康的试金石。能勇敢面对挫折和困难的人,往往具有积极乐观、阳光向上的心理素质。

如何培养孩子积极乐观、阳光向上的心理素质?关键在于父母的身教。"爹的精神妈的胆"虽是一句俗话,却有着深刻的道理。

我在学生时代看过一篇文章——《妈妈的银行》。文章说的是一个家庭在经济危机时期生活遇到了前所未有的困难,不仅交不起几个孩子的学费,就连一日三餐也难以保证。面对这种状况,这个家庭的女主人临危不惧,积极想办法应对。她为了提振孩子的信心,告诉孩子们说,她有一笔巨额存款,是家庭经济的备用金,不到关键时刻不能取出来。她以此给孩子们壮胆,激励孩子们勤工俭学,为家庭开源节流。孩子们在妈妈的激励下,和父母一道渡过了难关。后来,等到孩子们都长大各有所成时,才知道妈妈当初说的那笔巨额存款根本不存在。

当初看到这篇文章时,我被这位妈妈的智慧和爱心打动。现在从家庭教育的角度来分析,我觉得这位妈妈的可贵之处是她用自己的智慧和爱心培养了孩子们积极乐观、奋发向上的心态。这是帮孩子们度过幼年时期心灵危机的关键,也是孩子一生受用不尽的财富。

在现实生活中,我们不排除有这样的孩子,他们大大咧咧,觉察不出家庭的困难和父母的难处。面对这样的孩子,父母需要适时适度地提醒他们,让他们有些压力,同时引导他们把压力变成向上的动力。

但大多数孩子是相当敏感的,他们能体察到家庭及父母几乎所有的微细变化,特别是当家庭遭遇挫折和困难的时候。

在挫折和困难面前,父母如果情绪低落,应对无措,甚至唉声叹气,怨天尤人,就会对年幼的孩子造成心理压力,容易让孩子形成消极悲观的心理素质。反之,父母如果毫不畏惧,积极应对,把挫折和困难视若等闲,和平时一样谈笑自若,就会给年幼的孩子以极大的鼓舞,潜移默化地引导孩子形成积极乐观、不畏艰险的心理素质。

我幼年时期是20世纪七八十年代,当时农村的生活条件普遍不好,我的家庭由于遭遇了一些变故,显得尤其困难。这对我的内心造成了不小的压力。有一段时间,我的心情很压抑,有时会不由自主地叹气。然而,父母奋发向上、积极乐观的生活态度很快把我的不良情绪扫除得干干净净。他们密切配合,勤奋劳动,想方设法改善生产,增加收入,很快就让家庭呈现出一种向上的状态。

在家庭经济紧张的情形下,父母把我们兄妹三人照顾得很好,不但没有让我们受过一点儿委屈,还经常用各种办法给我们的童年带来了不少的乐趣。

记得我上初中时,每星期需要两毛钱的零用钱。每次上学前,父亲总是没等我要,就把钱递给我,不是两毛钱,而是五毛钱。父亲递给我的五毛钱,每次都让我感到温暖,每次都让我受到激励。

对我影响最大的是父亲的微笑。无论是在平时,还是在家庭最困难的时候,抑或是在父亲遭遇了一场大病的时候,我总能看到父亲的微笑,那么坚定,那么迷人!在父亲的微笑里,我看到了勇敢与坚强、豁达与大度、积极与乐观,这些给年幼的我注入了巨大的精神动力,也引导我形成了积极乐观、不畏艰险的良好心理素质。

亲爱的朋友,良好的心理素质对一个人的生存和生活、成长和发展的作用很大。如何在家庭教育中培养孩子良好的心理素质,是每一个父母都需要重视的课题。希望我的分享能给你带来些启示。

良好的生活方式

一个家庭的日常生活方式不仅关系着家人的身体健康,还体现着家长的教育素质,同时对孩子的培养和教育起着潜移默化的作用。

良好的生活方式应该包括合理膳食、按时作息、劳逸结合、注意保健等。

"早餐要吃饱,晚餐要吃少""饭后走一走,活到九十九"等都是良好的生活理念和方式。

就睡眠时间这一项来说,研究表明:

小学生不低于十个小时;

初中生不低于九个小时;

高中生不低于八个小时。

这些方式是人们在长期的生产生活中积累下来的,它们适合于人,人也适应了它们。遵循良好的生活方式对人的身心健康非常重要,特别是在青少年时期。青少年时期不仅是人的身心成长发展的关键期,还是为人一生的身心健康打基础的重要时期。

同时,一个家庭良好的生活方式对家庭成员,特别是孩子,具有重要的教育功能。其作用有以下几点:

第一,培养孩子养成重视规律的意识和遵守规则的习惯;

第二,培养孩子的自控能力;

第三,培养孩子的时间观念;

第四,融洽家庭成员的关系,培养孩子的家庭观念;

第五,培养孩子科学的生命观、健康观、运动观。

具有良好生活方式的家庭对孩子的教育是不知不觉、潜移默化的。现实生活中,有这样一些孩子,看起来家长没怎么教育却很优秀。这些孩子具有时间观念强、重视家庭、花钱有节制、不乱吃东西等很多优点。这些其实是他们家庭良好的生活方式长期熏陶的结果。

良好生活方式的作用是相似的,不良生活方式对孩子的负面作用各有各的不同。

学生 A 的父母早上不起床,不做饭,让学生 A 自己在街上买早餐吃。中午学生 A 的父母有时间就给孩子做可口的饭菜,没时间就让学生 A 自己泡方便面吃。他们家的晚餐和中餐一样,很不稳定。学生 A 的父母晚上应酬多,经常很晚才休息。他们让学生 A 自己在家早早休息,但由于缺乏监督,学生 A 每天晚上在自己房间熬到后半夜才睡觉。

学生 A 上学经常迟到,上课爱睡觉,课间爱吃零食,经常违反班级纪律,不能平和地接受老师的批评,和同学的关系普遍不好。

学生 A 出现这些问题的主要原因有两个:一是严重缺乏规矩和规则意识;二是缺乏对人的基本信任。可能是他的家庭生活方式太没规律的缘故,他连自己的父母都不太信任。

大家分析一下就会发现,学生 A 身上存在的问题和他家庭的不良生活方式有很强的关联。

其实,学生 A 的父母对学生 A 还是很看重的,不但舍得在孩子身上花钱,还经常给孩子讲道理。为激励孩子好好学习,还带孩子去省会城市参观了几所大学。这些并不是所有的家长都能做到的,但是,他们忽略了家庭生活方式对孩子的作用和影响,这实在是一个教训。

建峰和金港

建峰是一位农民,农忙时打理庄稼,农闲时在建筑队打工。

建峰夫妇特别爱劳动,平时一有空闲,就找一些杂活干,修地边、修田间道路、修农具、割野麦秸绑扫帚等等,总是不让自己闲下来,总有使不完的劲儿。

建峰在自家宅基地上盖房子时,除了上楼板这一道工序,其他的所有工序,比如处理地基、砌墙、安门窗、安灯走线等等,全是建峰两口独立完成的。他们用了整整一年的时间,硬是把二百八十多平方米的两层小楼连同大门给盖起来了。

对于盖房子这件事,用建峰的话说就是"闲着也是闲着,就当外出打工了"。建峰夫妇俩不仅爱劳动,还把劳动当成了一种生活方式。

金港是建峰的儿子。他从小受父母生活方式的影响,也非常热爱劳动,每当到了节假日,金港经常和父母一道参加劳动,别看他年纪小,干活能抵多半个大人。

金港在上小学、初中阶段,不是太喜欢学习,上课勉强能跟上老师的节奏,学习成绩一般。初中毕业后他上了一所普通高中,从高一到高二,他的成绩在班级处于中等靠下的位置。

正常情况下,金港有可能考上一所三本学校(那时还有"二本""三本")。但他父母不打算让他上三本学校,他也计划如果高考考得不理想,就外出打工,不再上学。

到了高三,学习很紧张,很少有节假日,也很少有体育课。有一天,金港在教室里感到压抑,实在坐不住,就在下午第四节到操场上跑步。在操场上,体育老师看金港体质不错,又不怕出力,就劝他练体育,高考选报体育专业。金港正愁浑身的劲儿没处使,就听了体育老师的话,练起了体育。

金港个子不是十分高大,练体育又练得晚,但他有一种不怕吃苦的精神。这种精神让他每天都能超额完成老师布置的各项训练任务。因此,他的各项素质进步很快。几个月后,他参加了高考体育专业测试,顺利过线。

神奇的是,金港每天下午第四节练体育不仅没有妨碍他的文化课学习,反而对他的文化课学习起到了促进作用。用金港的话说,"我每天练过体育,再到教室学习,感到格外轻松,格外清醒,学习效率特别高"。

金港在当年的高考中,文化课成绩超出二本线四十多分,位于全校前十名。可以说,他单靠文化课就可以上一所不错的学校。

金港最终因成绩优异,被省城一所"211"高校的体育学院录取。在大学,他不怕麻烦,不怕出力,很快就受到了老师和同学的好评。

金港大学二年级被学校派到国内一所名校交流学习一年,大学三年级被派到国外一所名校交流学习一年。后来他大学还没毕业,就被一所知名企业相中,签订了就业意向书。

金港学业成功的因素很多,但有一项很关键,就是他不怕吃苦,有拼搏精神。为什么有一些学生在高中选体育专业却最终没能成功呢?因为他们一方面体能有限,另一方面吃苦精神不强,所以他们在体育和文化课这两头,往往是抓住了一头,丢了一头。

建峰和金港的经历说明,不怕吃苦的精神对孩子的教育作用是无形的,也是有力的。

建峰夫妇并没有有意地去教给孩子什么,但他们不仅热爱劳动,还把劳动当成了一种生活方式。这就使金港自然地受到了影响,养成了不怕出力、不怕麻烦的品质,同时还锻炼出了强健的体魄。金港的这些品质,恰恰是当前的许多青少年所不具备的,因此就显得格外突出。

良好的生活方式不仅仅局限于热爱劳动这一种,不同的人有不同的情况:有的人热爱运动,有的人喜欢阅读,有的人喜欢旅游,有的人热心公益,有的人看重亲朋之间的交往,等等。这些都可以成为良好的生活方式,都可以对孩子形成一种无形却有力的教育,进而让孩子终身受益。

和谐的家庭关系

受中华传统文化影响,我们中国人大都非常重视家庭,非常重视家庭成员的和谐相处。"修身齐家治国平天下",从一个侧面反映了一个和谐、有序、温暖的家庭对人的一生的重要性和必要性。

现如今,"家和万事兴"已成了国人的共识。不说别的,单就孩子的教育来说,和谐的家庭关系就起着非常重要的作用,可以这样说,和谐的家庭关系就是最好的教育。

为什么这样说呢?原因有两个:一是孩子在和谐的家庭中能够安心、舒心,有深层次的安全感,容易形成积极向上、乐观自信的性格和品质。这样的孩子,不管是在学校里,还是在社会上,都会适应得很好,发展得很好。二是现实中很多人习惯把自己的奋斗目标和家庭连在一起,一生都在为个人和家庭努力奋斗,好多人还把家庭的利益置于个人利益之上。有这种思想信念的人看似很苦很累,实际上他们很幸福,因为他们个人的情感有寄托,有依靠。

对于家庭成员来说,一个和谐的家庭较之于一个不和谐的家庭,更有感召力和吸引力,更能让其为之努力奋斗。鉴于以上两个原因,我认为,和谐的家庭关系就是最好的教育。

处理好家庭关系不是一件容易的事,不但需要我们有爱心,有智慧,有责任,有担当,还需要我们花费许多心血和精力。尽管如此,我们也一定要尽力做好这件事,这不仅是为了我们自己,还是为了我们的孩子。

武锋是一个初中生,七、八年级时状态一直很好,活泼开朗,成绩优秀,可到了九年级他却发生了非常大的变化,郁郁寡欢,成绩下降。他的班主任刘老师非常关心他,找他谈了几次话,想帮他解决问题。可他总是支支吾吾,不肯和老师交流。刘老师后来又和他诚心地谈了几次,他终于敞开了心扉。原来,在刚刚过去的暑假里,武锋的父母因为借钱给朋友的问题吵了几架,要离婚。他感到很难过,很害怕,又担心别人知道,所以干什么都没心思。

刘老师安慰了武锋后,又联系了他的父母。经过一番沟通和交流,刘老师了解到武锋的父母当时都在气头上,吵了几架,现在问题已经解决,早已和好如初了。武锋的父母万万没有想到,自己的几次吵架给孩子带来了那么大的负面影响。其实他们也发现武锋到九年级后不爱说话了,只是他们没能找到孩子不爱说话的真正原因。

在我从教的三十多年里,类似武锋这样的例子还有很多。有一些事例比武锋的情况还要严重,有些家庭长期不和睦,导致孩子整天闷闷不乐,心事重重,甚至在心理上留下了阴影。这些例子从反面说明了和谐的家庭关系对孩子的重要性以及教育意义。

作为父母,如何处理好家庭关系,给孩子营造和谐的成长环境和氛围呢?

夫妻情重

上文说到,和谐的家庭关系就是对孩子最好的教育。那么,我们如何才能处理好家庭关系呢?

处理好家庭关系的关键是分清主次。在家庭的各种关系中,排在第一位的应该是夫妻关系,因为夫妻关系是一个家庭组建的基础,也是处理好其他关系的基础。俗话说"基础不牢,地动山摇",这句话一点都不错。

在人的一生中,夫妻是各自互相选择,并且要相伴终老的人。一个人爱自己的伴侣就是爱自己,打理好了夫妻关系,就是打理好了自己。我们只有处理好夫妻关系,做到和爱人志同道合,相亲相爱,才有精力去处理好家庭的其他关系,也才有了处理好其他关系的基础。

父母的养育之恩不能忘,我们每个人都有赡养父母的责任和义务。要处理好和父母的关系,和谐的夫妻关系是基础。夫妻关系好了,我们去孝敬双方的父母是顺理成章的事,不别扭,也不勉强。另外,做父母的都希望自己的孩子夫妇和谐,生活顺心。倘若一个人和自己的伴侣关系不和,烦心事不断,即使他对自己的父母再孝顺,他的父母又怎能安心呢?

孩子是夫妻爱情的结晶,是家庭的希望和未来,爱子之心人皆有之。如何给孩子最大的爱?夫妻和谐是基础。在家庭中,父母就是孩子的天和地,父母若不和,孩子如何立足?请时刻记住,你的伴侣就是你孩子的父亲或母亲,尊重和善待你的伴侣,就是尊重和善待你孩子的父亲或母亲。

上面谈了夫妻关系在家庭中的重要性,下面谈一谈如何处理好夫妻关系。

第一,要爱自己的伴侣。夫妻俩走到一起都是有基础、有缘分的,一定要爱自己的伴侣,善待自己的伴侣。对伴侣的爱不仅要落实在行动上,还要经常用语言和其他形式适时地表达出来,绝不能只是默默地藏在心里,没有任何具体表现。夫妻双方都要善于表达爱,勇于表达爱。比如每天出门时给伴侣微笑着说一声"再见",回家时和伴侣来一个深情的拥抱。要让对方感受到你的爱,也让孩子感受到父母之间暖暖的爱意。这样做不仅有利于增进夫妻之间融洽和谐的关系,还对培养孩子阳光自信的性格非常有益,同时有助于孩子形成正确的家庭观念。

第二,夫妻两人要同甘共苦,互相帮助。妻子要关心支持丈夫的工作和必要的社交活动,适时地帮助丈夫排解心理压力,丈夫也要给予妻子同样的关心和帮助。

在做饭和处理家务这些事上,尽量避免一个人忙一个人闲的局面。在不是其中一个人有具体的事或太劳累的情况下,最好两个人一起做饭或做家务。这样做可以加强夫妻之间的合作交流,促进夫妻之间的理解和相互尊重,增进夫妻感情,改善夫妻关系。

第三,夫妻之间要经常进行沟通和交流,要做到相互理解,相互包容。夫妻两个人在一起生活难免有分歧。面对分歧,要抱着对伴侣尊重和宽容的态度,通过沟通和交流来解决,尽量避免激化矛盾。有些事情,不妨听听孩子的意见,这样不但体现了对孩子的尊重,还可能起到意想不到的效果。

有时夫妻俩可能会争吵两句,这在所难免。夫妻俩争吵最好避开孩子,如果实在避不开,要做到当着孩子的面争吵,当着孩子的面和解,以免给孩子增加心理负担。在这一点上,上文提到的武锋的事就是一个教训。

第四,夫妻双方要正确处理好和伴侣的父母的关系,要善待伴侣的父母,要理解伴侣对自己父母的感情和孝心孝行。我们要明白,孝顺父母是社会对一个人最起码的道德要求,伴侣的父母虽然没有养育我们,但他们养育了我们的知心爱人。你爱自己的伴侣,就要支持他(或她)做一个有尊严的人。

一个有关家教的案例

有一天下午,我在超市的收银台附近听见一对夫妻吵架。吵架的原因和他们的孩子有关。

最初是他们的孩子——一个七八岁的小男孩,要买一盒酸奶。男孩的母亲坚决地说:"不买。"那男孩听了这话,噘着嘴,没有说什么。男孩的父亲用商量的口气对妻子说:"给孩子买一盒吧,今天都拒绝孩子四次了。"男孩的母亲听丈夫这样说,生气地回答:"你少充好人,平时你对孩子啥都不管,看看把孩子都惯成啥样了。"男孩的父亲听了妻子的话,也生气地说:"谁要充好人?平时孩子不都是你在管吗?你让我管过吗?惯也是你惯的,现在又说这话。"男孩的母亲听完丈夫的话,正想争辩时,他们的孩子说话了:"吵啥哩吵哩,烦不烦?我不要了。"说完竟扬长而去。这对夫妻看孩子跑了,也就顾不上吵架了,急忙去追孩子。

上面的案例说明夫妻双方在教育孩子的问题上各执一词的做法是极端错误的,既不利于夫妻关系,也不利于孩子的教育。正确的做法是,夫妻双方要事先在教育孩子的思想和方法上进行沟通交流,尽可能达成一致,共同承担起教育孩子的责任。

各尽其职

家庭成员各尽其职是构建平等和谐的家庭关系的一个重要基础。它包括父尽父职、母尽母职、子尽子职。前两者的重要性不言而喻，我主要来谈谈子尽子职。

孩子的家庭职责包括做好自己的事和需要为家庭做的事。自己的事包括吃饭、穿衣、搞好个人卫生、学习等。在孩子的成长过程中，父母要有意识地培养孩子自己的事情自己做的意识和习惯。随着孩子年龄的增长，父母要引导孩子逐渐学会为自己负责。

孩子为家庭做的事包括关心、关爱父母和承担力所能及的家务。父母也有心情不好的时候，也有累的时候，也有生病的时候。这些要让孩子感知到，让孩子明白父母也是需要关心和照顾的。假如你是一位爸爸，当你累了的时候，可以坐在凳子上，对孩子说："孩子，爸爸累了，去给爸爸倒杯水。"孩子给你倒过水后，你要温柔地对孩子说："谢谢孩子，谢谢你对爸爸的关心。"

"为了母亲的微笑"，这是多少人人生追求的动力，成就了多少人，也成就了多少家庭。培养孩子关心、关爱、照顾父母的意识，要从孩子小时候做起。

有些父母烦孩子，是因为孩子在家懒，什么都不干不说，还制造了很多家务。之所以会这样，是因为孩子缺乏家庭职责意识。培养孩子的家庭职责意识，就要让孩子干家务，比如打扫院子、整理客厅、刷碗、帮助父母做饭、辅导弟弟妹妹做功课等。同时要让孩子意识到这些都是他们分内的事。

让孩子履行家庭职责不仅仅是为了现阶段的家庭和谐，还是对孩子的一种无形的教育。有一些家长只关心孩子的学习，不注重对孩子履行家庭职责意识的培养，结果往往适得其反。

学校有些学习成绩好的孩子品德、纪律及集体意识等各方面都很好，而有些品德、纪律、集体意识等都不好的孩子，学习成绩一般也比较差。前一种学生责任心强，把学习当成了自己分内的事，后一种学生缺乏责任心，把学习当成了负担。我们从这些现象中不难看出,培养孩子履行家庭职责意识的重要性和必要性。

前几天,我在学生家长中做了一个调查,了解孩子在家履行家庭职责的情况。通过调查,我发现那些在学校品学兼优的孩子,他们的父母都很注重对孩子履行家庭职责意识的培养。有一个品学兼优的学生,在父母的引导下,四岁时已开始尝试每天洗一次碗,从四年级开始到上初中二年级,家里劳动她承担得最多,从洗碗、抹桌子到家里各房间的清洁整理,样样都干,把家里卫生打扫得干干净净,物品摆放得井然有序。类似的例子还有很多,这里就不再一一列举了。

家庭关系中的两条线(一)

家庭关系中有两条线:一条是孩子遇到危险和困惑时会和家长说,这是底线;一条是孩子犯错误时能接受父母的批评和惩戒,这是高线。和谐的家庭关系应超过底线,达到高线。

男孩小石的父母常年在外打工,把小石留在农村老家和年迈的爷爷奶奶一起生活。小石平时有事需要和父母交流时,总是不能及时联系上父母,有时联系上了,父母又总是批评小石,嫌小石事多。

小石的父母经常对小石说的话有这些:"我们在外非常辛苦,你在家要好好表现,不要给我们惹麻烦。""男子汉,大丈夫,要学会独立生活。""人家为啥总欺负你?苍蝇不叮无缝的蛋。"

由于小石的父母对小石长期的忽视和冷淡,小石有事也不再对父母说了。有时父母打电话问他在家的情况,他总是唯唯诺诺,说没事。

小石上初二的某一天,一个不良青年让小石给他买烟。小石不想惹事,就用自己的生活费给这个青年买了一盒十元的香烟,事后没有告诉父母。这个不良青年见小石好欺负,就经常让小石给他买烟,一直持续了半年多的时间,给小石造成了极大的困扰。后来,学校在配合公安部门排查校园周边的安全隐患时,发现了社会青年欺负小石的事,帮小石解除了困扰。

女孩小秋的父母都是具有大学学历的公职人员,对小秋的学习和成长很关心。他们平时除了工作,几乎把所有的时间和精力都放到了对小秋的教育上。小秋的表现一直让父母很满意,无论是思想品质,还是学习成绩,抑或是待人接物,都非常突出,非常优秀。

小秋上初三时,班里转过来一个男生,到校没几天,就给小秋写了一封求爱信。小秋原本不想理他,又怕他纠缠,就给他写了一封回信,明确地拒绝了那个男孩。谁知那个男孩是个问题少年,他拿着小秋的回信,要挟小秋和她交往下去。那男孩扬言,小秋如果不听他的话,就把小秋的信公之于众。

遇到了这样的事,小秋不想给老师说,怕说了影响自己在老师眼中的形象;也不敢给父母说,怕父母听了会生气。在小秋的心目中,他的父母都是完美主义者。他们平时只能看见小秋的好,却不能容忍小秋的不好。如果小秋犯了错,她的父母就会生气。尽管小秋的父母从没有责罚过小秋,但小秋在内心深处特别怕父母。小秋的回信风波后来被班里的一个同学发现,报告了老师。最后,老师出面妥善地解决了这件事,没有酿成什么大错,这是小秋的幸运。

以上事例在现实生活中不多,但确实存在。小石和小秋的父母都没有守住家庭关系的底线,以至于他们的孩子在遇到危险和困惑时不敢和父母说,差点儿酿成大祸。那么,怎样做才能守住家庭关系的底线呢?我有几条建议,供大家参考:

第一,父母和孩子的沟通渠道要保持畅通,最好每天都安排一定的时间和孩子进行沟通交流。

第二,父母要耐心倾听孩子的心声,不要因孩子主动给你说的任何话而批评孩子。如果父母觉得孩子说错了,要先鼓励和肯定孩子能把这些话说出来,然后再对孩子进行引导和疏通。

第三,父母要重视孩子说的每一句话、反映的每一个情况。即使孩子说的事多么无关紧要,多么微不足道,也要给予足够的重视。要让孩子明白,你非常在意他。

第四,父母不要做完美主义者,更不要让孩子做一个完美主义者。要让孩子明白,人都是会犯错的。父母对待犯错的孩子,要像对待生病的孩子一样,去关心他、帮助他。

第五,父母要让孩子明白,你爱孩子,不是因为他多么优秀,而是因为他是你的孩子。

亲爱的朋友,本文谈了家庭关系的底线问题,下一篇谈家庭关系的高线问题。

家庭关系中的两条线(二)

孩子犯了错,能够接受父母的批评和惩戒,并愿意承担责任,这是家庭关系中的一种理想状态,是家庭关系中的高线。

人类之所以能在地球众多物种中异军突起,迅猛发展,有诸多因素,其中人类的教育行为的作用功不可没。教育有两大功效:一是教育对间接知识的传播,二是教育的惩戒功能。大家可以想象一下,如果一个人在成长过程中没有受到过惩戒,而是直接到社会和自然中去生存,去适应,去发展,那他将接受多少考验,经受多少挫折和磨难?在没有外界保护的情况下,他的身心完好率会有多高?他的存活率又会有多高呢?温室里的花朵能经得起自然界的风吹雨打吗?实验室中无菌状态下的小白鼠能在外面的世界里存活吗?答案显然是否定的。

家庭教育中的惩戒功能实际是在给孩子打防疫针,相当于从小给孩子的思想中植入了规则意识、防范意识、责任意识,为孩子将来在社会和自然中生存和生活减少麻烦,规避不必要的损失和伤害。这样,就可以大大提升孩子生存和生活以及发展的质量和效率。

尽管家庭教育中惩戒功能的作用如此明显,但其在现实家庭中运用的情况却不容乐观。

一是溺爱孩子。有一些家长,对孩子连批评一句都不舍得,更不要说惩戒了。在这些家庭里,孩子犯了错误,父母总是把责任推给别人或者自己担着。这样的方式教育出的孩子就好像温室里的花朵,将来走出家门一定会吃更大的苦头。

二是对孩子滥用惩戒。有这样一位父亲,一开始对孩子要求很高,管教很严,批评天天有,打骂不断头,结果他孩子的成长和发展与他的预期相差很远,学习成绩越来越差不说,性格、品质、脾气也很糟糕,关键是和父母的关系也越来越疏远,最后这位父亲万般无奈,只好放弃了对孩子的管教。现实中这样极端的例子不多,但因惩戒不当达不到预期的教育效果,甚至起反作用的例子不少。在大多数情况下,在家庭教育中对孩子滥用惩戒,不但起不到预期的作用,反倒会对孩子造成伤害,还会对亲子关系造成不利的影响。

三是孩子年幼时父母不忍心惩戒孩子,等到孩子大了,问题出来了,父母意识到了对孩子惩戒的必要性和重要性,却无从下手。为什么?因为这时面对孩子存在的问题,惩戒轻了无济于事,惩戒重了孩子不能接受。真是早知今日,何必当初。

通过对上面三种情况的说明和分析,大家可以明白为什么教育中的惩戒功能作用如此明显,但大多数家庭却做不到或做不好。正因为如此,我们才有了本文开篇的观点:孩子犯了错,能够接受父母的批评和惩戒,并愿意承担责任,这是家庭关系中的一种理想状态,是家庭关系中的高线。

那么,我们如何在家庭教育中,合理地运用批评和惩戒的手段,使其对孩子起到预期的教育效果,又不对家庭关系造成伤害呢?这个问题暂时没有具体明确的答案,但我会在后面的文章中给大家分享一些我的想法和做法。

W君打孩子(一)

W君是一位大学教授,他刚从事教育工作的时候是不赞成家长打孩子的,他认为父母只要有足够的爱心、耐心和智慧,就可以带出好孩子。那些斥责和打骂孩子的行为是莽汉愚妇的无奈之举,既解决不了问题,又对孩子的精神和肉体造成了伤害,徒增当事者的烦恼。

W君有上面的思想是有原因的。在W君的成长经历中,他的父母总是关爱他,引导他,欣赏他,鼓励他,从没有大声斥责过他,也从没有责罚过他。在这种温馨和谐的氛围中,W君的成长发展很顺利,并不比那些家教森严、责罚不断的家庭中培养出的孩子差。

近几年，W君在生活和工作中，见到和听到了很多事，让他的教子观念发生了一些变化。

W君发现生活中有一些人，没有敬畏之心，没有规矩意识，自控能力也很差。这些人常常会有一些出格的言行，既伤害了别人，也伤害了自己，甚至还有人为此付出了生命的代价。

对W君触动最深的是这样一件事。据某媒体报道，某国有一个优秀的飞行员，非常宠爱自己的女儿。有一天，他为了满足女儿和他一起开飞机的要求，违反了航空公司的规定，把自己六岁的女儿藏在手提的工作箱里，带上了即将试飞的飞机，飞上了蓝天。

在驾驶舱里，这个飞行员的女儿忍不住好奇心，没有听从父亲的劝告，随意触摸飞机的操作盘，致使飞机失事，起火坠落。这个飞行员和女儿与飞机一道化成了一团火球，双双丧生。

这个惨痛的事故让W君想了很多。飞行员的心理素质和自控能力一般都是强大的，但为什么这个事故中的飞行员会在明知违反制度并且有巨大风险的情况下答应了女儿的要求？因为他已习惯了顺应女儿，不忍心拒绝女儿，不能面对女儿被拒绝后不开心的表现。

这种没有拒绝、没有批评的家庭关系看似温馨和谐，实际却潜伏着危机，因为总会有父母不能为孩子包揽一切的那一天。到了那一天，如果父母由着孩子的性子来，很可能会酿成悲剧；如果父母强行制止孩子，孩子就会难以接受，也可能酿成一场悲剧。

为人父母者怎样做才能避免上述的尴尬局面出现，使自己的家庭关系处于理想的状态呢？一个有爱心有智慧的父母应该在孩子小的时候就培养他的敬畏之心、规矩意识和自控能力，做到有备无患，防患于未然。W君是这样想的，也是这样做的。为了实现他的家庭教育理想，W君特别注意对孩子小节和细节的管理，他的孩子在学会说话和走路以后，如果有不当的言行，W君都会温柔和蔼地给孩子指出来，帮孩子纠正。同时他还非常注重对孩子自我控制意识和能力的培养。

在教育孩子的实践中，W君采取了四种方法：第一，育情感；第二，做榜样;第三,摆实例;第四,讲故事。这四种方法综合运用,取得了不错的效果。W君这四种方法具体是怎样操作的?他以后为什么又打了孩子?咱们在下面两篇文章里再谈。

W君打孩子(二)

W君为了从小培养孩子的敬畏之心、规矩意识和自控能力,采取了四种方法。下面我运用举例子的方法给大家一一说明。

第一,育情感。W君的孩子三岁时,吃早饭非常拖拉,总是边吃边玩。面对这种情况,W君夫妇一方面尽量给孩子做她喜欢的饭菜,另一方面总是耐心地劝导孩子,可是作用不大。W君意识到,孩子是留恋和他们在一起的时光,因为一吃过早饭,他们夫妇俩就要各自上班,孩子也要上幼儿园。针对这个问题,W君一时也没有更好的办法,因为成年人总要工作挣钱养家呀。

有一天,吃早饭的时候,W君的孩子又是拖拖拉拉,让W君的爱人费了不少口舌。看到这种情况,W君对孩子说:"孩子,好好吃饭吧,不要让你的妈妈再耗费力气了,你看妈妈的头发都白了。"

孩子听W君这样说,认真地看了看妈妈头上的几根白发,又看了看W君的头发,然后说:"爸爸,你的头上也有一根白发。"

W君说:"是呀,我也有白头发了。"

W君的孩子说:"爸爸,是我让你们费心了,你们的头发才白的吗?"

W君说:"人总是要老的,老了头发就白了。但你如果让我和妈妈额外费心的话,我们就会老得快一些。"

W君的孩子说:"爸爸,那我好好吃饭,不让你们额外费心,我要让你们老得慢一些。"说完,她就认真地吃起饭来。

W君见孩子转变得这样好,开心地说:"好,好孩子。真长大了,会关心爸爸妈妈了。真好。"

孩子听到W君的夸奖,吃饭吃得更认真了。

第二,做榜样。一个周末的中午,W君对妻子说:"老婆,我发现我们两个都热衷于看手机,这对我们的眼睛很不好。这几天,我发现我的眼睛都有点远视了。我建议,我们互相提醒,都不要长时间看手机了,好吗?"

W君的妻子听后高兴地说:"好呀,你的建议真好。我正想接受你的监督呢。"

W君的孩子在一旁听到父母的对话,也插话道:"爸爸,妈妈,我以后也不长时间地看手机了。我只听手机上的故事。"

W君听了孩子的话,连忙说:"好,好。我们互相帮助,互相监督。"

过了几天,吃饭的时候,W君的妻子在翻看手机,W君又习惯地跷起了二郎腿。W君的孩子发现了他们的问题,对他们说:"爸爸,你又跷二郎腿了,你不是说过这对身体不好吗?妈妈,你又看手机了。"

W君夫妇听了孩子的话,都非常惊奇,也非常高兴,急忙纠正了自己的行为,同时对孩子说:"谢谢孩子的提醒和批评。我们一定改。"

W君的孩子见自己的话受到了父母的重视,非常开心。

第三,摆实例。W君的孩子小时候有一次吃巧克力过多流了鼻血,还有一次因吃零食过多肚子疼。W君夫妇就用这两次事例给孩子讲道理,告诫孩子吃东西要有节制,要控制自己的欲望,起到了较好的效果。

有一次,W君开车带孩子去郊游,在公路上见到一辆大货车歪倒在路边的沟渠里,几个人正在那里处理事故。W君把自己的车停在附近一个安全的地方,然后引导孩子观察这起事故。他结合这个实例告诉孩子,司机控制不好车辆就会偏离行驶的方向,发生危险。一个人也有他该做的事和不该做的事,要学会控制自己,如果不能控制自己也会发生危险。

第四,讲故事。用实例来让孩子明白道理固然好,但并非对所有的道理都适用。有些需要孩子明白的道理,不能让孩子在实例中去体验。一是人生有限,时间不允许,二是有些事是破坏性的,经历了就再也回不来了。为了解决这个问题,W君用了讲故事的办法。有一天,W君给孩子讲了上文中提到的飞行员和他女儿的故事,让孩子明白放任自己的可怕与危险。

在W君夫妇的悉心呵护下,他们的孩子成长很顺利,既活泼开朗又温顺乖巧;既能听进去父母欣赏鼓励的话,又能听进去父母提醒和指正的话。为此,W君很满意。

W 君曾这样想过,自己的孩子会和自己一样,在没有父母的惩戒的环境中健康顺利成长。谁知,在他孩子四岁半的时候,他因为看电视的事把孩子打了一顿。详情如何,下文再说。

W 君打孩子(三)

W 君的孩子四岁半时,一个周末的上午,W 君的爱人有事外出,W 君和妈妈在客厅说话,W 君的孩子一个人在一旁玩。

临近中午,W 君的孩子说:"爸爸,我想看电视。"

W 君说:"行。"

W 君的妈妈说:"快吃饭了,吃饭时就不要看了。"

W 君的孩子答应了一声,说:"中。"

接下来孩子看电视,W 君和妈妈一起做饭。等到饭做好,叫孩子吃饭时,孩子对 W 君说:"爸爸,我想把这集看完。"

还没等 W 君表态,W 君的妈妈说:"先吃饭,电视有啥看的,吃过饭再看。"

W 君一方面为了体现对孩子的重视,另一方面也希望孩子能把正看的这集电视看完,便对母亲说:"妈,让孩子把这集电视看完吧。你先吃饭,我等孩子一会儿。"

W 君然后对孩子说:"这集看完一定要吃饭。"孩子答应了。

过了一会儿,孩子看完了一集,却没有关电视的意思。还没等 W 君发话,W 君的孩子说:"爸爸,这中间是广告,我再看一集。"

W 君在那一刻心肠软了一下,说:"好吧,再看一集,再看一集一定关。我不等你了,我要和你奶奶一起吃饭。"

就这样,孩子又看了一集。W 君感觉这一集时间特别长,好不容易才等孩子看完。他对孩子说:"关电视吧,赶紧吃饭。"可是孩子却说:"爸爸,下面还有,我再看一集。"

W 君一听,严肃地说:"不行,一个人要学会控制自己,说到就要做到。关掉电视,过来吃饭。"谁知,孩子却说:"不,再看一集。"

听到孩子这样说，W 君有点儿意外，预感到当天的事不好办。但他还是站起来，走到电视机前，坚决地关掉了电视。

W 君知道这样做孩子会不高兴，但他没想到，孩子竟然坐在地上，哭闹了起来，并且还随手打翻了茶几上的果盘和杯子。

这下 W 君愣住了，他见过别人家的孩子这样哭闹过，但他没想到自己的孩子也会这样哭闹。他曾经认为，自己的孩子在自己的悉心呵护之下，已具备了敬畏之心、规矩意识和自控能力。不承想，孩子竟毫无征兆地爆发出了这样强烈的自我意识和反抗精神。这是在模仿谁，还是孩子的本能？不得而知，但可以确定的是，孩子在有意无意地触碰着 W 君的底线。

经过一番思索以后，W 君稳定了情绪，稍显严厉地对孩子说："不要闹，再闹我就要打你了。"

可是孩子仍然在闹，边闹边说："不，不。"

这时，W 君果断地拉起孩子，一把把孩子按在沙发上，然后用右手朝孩子的屁股重重地打下去。他边打边在心里数着数，一共打了十二下，直到听到孩子连喊三声"不闹了"，才停止。

W 君住手后，心情很不平静。他整理了一下情绪，对孩子说："起来。"随后带着孩子到洗手间，用热毛巾给孩子擦了手，擦了脸，又领着孩子到客厅，让孩子和他一起，捡起了打落在地的杯子和果盘等物。收拾停当后，他揽着孩子坐在沙发上，先对妈妈说："妈，把孩子的饭菜热一热。"然后问孩子："疼不疼？"

孩子说："疼。"

W 君说："爸爸的手也很疼，心也很疼。可你知道爸爸为什么打你吗？"

孩子说："不知道。"

W 君说："那爸爸给你说说为什么打你。一个人要管住自己，不能放纵自己。如果管不住自己，将来就会很危险。另外，一个人说到就要做到，如果说到做不到，别人就不会相信你了。这些道理我已经给你讲过多次，但是你今天没有做到。再者，你自己错了，还哭闹，还损坏东西，这种行为很不好，既解决不了问题，还让人讨厌。我现在打你，是让你记住这些道理，纠正你的错误，使你能够平安顺利地长大成人，少发生危险，少受到伤害。你明白吗?"

孩子低声答道:"明白。爸爸,你讨厌我吗?"

W君又揽了揽孩子,说:"我当然不讨厌你,你是我的好孩子呀。人都会犯错误,犯了错误能改正还是好孩子。"

孩子点了点头,"嗯"了一声,然后说:"爸爸,我还可以看电视吗?"

W君说:"可以呀。不过你得管住自己,一个人不能啥都不干,光看电视。"

孩子说:"爸爸,我想吃过饭后再看一集电视,只看一集。"

W君说:"好。"

W君看到孩子的情绪渐渐平复了下来,心里踏实了一些,但他明白,要把这次打孩子的事处理好,利用好,给孩子的成长和发展营造平等和谐的家庭氛围,他需要做的事还有很多。

W君的教子观

上文提到W君有一天打了孩子,又对孩子进行了一番劝导和安抚。待孩子的情绪平静下来后,W君让自己的妈妈带着孩子去公园玩。当天下午,W君的爱人回到家,W君和她进行了一番交流。W君说:"老婆,我把孩子打了一顿。希望你能理解,不要怨我。"W君的爱人说:"你为啥打孩子?咋打的?打得狠不狠?孩子现在怎样了?"

听了爱人的问话,W君就把事情的经过叙述了一遍。

W君的爱人听了他的叙述以后说:"你也是为了教育孩子,我不会怨你。"

W君说:"谢谢老婆的理解。你近段和孩子在一起,要多说说我的好话。如果孩子对我有意见,你要为我解释解释,让孩子理解我的良苦用心。"

W君的爱人说:"好。咱孩子挺懂事的,应该没问题。"

W君说:"不可大意。另外,你以后对孩子要更好些,可以提醒、指正、批评,但一般不要惩戒孩子。如果孩子需要惩戒,让我来。你力争做一个让孩子在任何时候都可以毫无顾忌地说心里话的人。"

W君的爱人说:"可以,谢谢你对家庭的担当牺牲。我想问你一句,你以后会不会经常惩戒孩子?"

W君说:"不会。我希望这次对孩子的惩戒是第一次,也是最后一次,能起到让孩子心中有所畏惧的作用就行。"

W君的爱人说:"我也希望是这样。我想再问你一下,你以前是主张尽量不打孩子的,这次怎么改变主意了?你当时是怎样想的?你会不会是生气了,带着情绪去惩戒孩子?"

W君笑了笑,说:"我当时是有点儿生气,但我控制住了自己的情绪。当孩子哭闹的时候,我意识到她是在试探我的态度。如果我纵着她,重开电视让她看,那她今后很可能会无所畏惧,任性而为。"

W君说到这里,顿了顿,继续说:"当时我想起当年咱爸妈虽然没有打过我,但我还是心怀敬畏的。我小时候,周围人家打孩子的不少,特别是我家对门那户人家,孩子犯了错,家长打得很厉害。另外,当时各家的大人都比较忙,对孩子的看护不像现在这样严密,经常有孩子出事。我邻近的几个村子里,小孩子因溺水和吃带有农药的果实等原因而死亡的事情就有好几起。以上这些事我看在眼里,记在心里,再加上父母的引导,我产生了敬畏之心、规矩意识。现在的社会和家庭对孩子的关注度大大增加,越来越重视对孩子的安全保护,越来越重视对孩子的欣赏鼓励。这总体上来说是好事,但孩子长期在安全舒适的环境中容易失去畏惧之心,这是很可怕的事,因为适度的畏惧之心对孩子是非常重要的,是孩子终身安全的护身符。在这种心理支配之下,我认为需要给孩子一次较重的惩戒,让她保留适度的畏惧之心。"

W君的爱人听了丈夫的这一番细心的论述,给W君递了一杯水,说:"真难为你了,我为你点赞。你再说说,现在我们周围有不少任性而为,坐地哭闹的小孩,他们是不是都应该受到惩戒?"

W君说:"最好不要惩戒,要采用劝解引导的办法。如果他们的家长像我们一样,在教育孩子上已经做足了工作,让孩子明白了相关道理,确认孩子是在明知故犯,才能做出惩戒的行为。在惩戒孩子这件事上,家长一定要慎之又慎。就这一次打孩子,我还不敢确定完全正确。我担心孩子不能理解,让我们父女之间产生隔膜和疏离。"

W君的话刚说完,他的爱人还没来得及回答,门外响起了轻快的脚步声,只听他的孩子在门外欢快地叫道:"爸爸,我们回来了。"W君夫妇相视一笑,赶忙去开门。

亲爱的朋友,在家庭教育中是否应该惩戒孩子?惩戒孩子具体应如何操作?我还没有形成明确的看法,只能通过W君的故事给大家以参考。但有一点是明确的,平等和谐的家庭关系里不仅应有欣赏和鼓励,还应该有指正和批评。我认为,只有这样的家庭,才能培育出自信的、独立的、健全的人。

第二讲　影响人一生的十二个好习惯及其培养(一)

影响人一生的十二个好习惯

我阅读《道德经》已经有四五年的历史了,自感收获很大,体会很深。《道德经》第五十章提到一种人,描述如下：

"盖闻善摄生者,陆行不遇兕虎,入军不被甲兵。兕无所投其角,虎无所措其爪,兵无所容其刃。夫何故也？以其无死地焉。"

很多人认为,文中提到的这种厉害的人,采取的是清静无为、顺应自然的养生之道。我认为作者老子是在暗示,有一种积极有为的处世方法,让人能立于不败之地,一生平安顺利,益寿延年。

这种处世方法是什么？在看了由中国青少年研究中心习惯研究课题组提出的青少年应养成的十二个好习惯后,我觉得自己找到了答案。

这十二个好习惯包括做人、做事、学习三个方面。做人方面的好习惯有：真诚待人、诚实守信、认真负责、自信自强；做事方面的好习惯有：遵守规则、讲究效率、友善合作、合理消费；学习方面的好习惯有：主动学习、独立思考、学用结合、总结反思。

我认为,一个人只要具备了这十二个好习惯,就能取得一番成就,活得幸福快乐。

为什么？因为人生有三件重要事,也有三件难事。

重要事其一在做人。人生在世离不了与人相处,与人相处和谐与否决定了人生的质量高低,其前提在于是否会做人,是否能把人做好。难事其一也在做人,做人难,难在对度的把握。过于自我别人难容,过于从众又迷失了自我,把两者兼顾甚至统一起来,绝非易事。

重要事其二在做事。人的一生就是一件件事情串起来的,这世上没有一个人可以不做事。难事其二也在做事,做事易,做成事难。再者,如果人生无限,我们就可以慢慢来,一遍不行两遍,两遍不行三遍,慢慢积累经验,直至成功。可是人生有限,很多事错过了就错过了,这就更见做事之难。

重要事其三在学习。人生而为人,只是具备了做人的躯体和生理基础,具体的做人做事的知识技能都需要学习。没有学习,人就不可能成为真正意义上的人,更谈不上发展和进步。难事其三也在学习,一个人需要掌握的知识和技能不但很多,而且还在不断地更新变化,没有一定的学习方法和能力就难以掌握住,更难掌握好。

一个人具备了做人、做事、学习的这十二个好习惯,就会做人,会做事,会学习。这样既做好了人生三件重要的事,又做好了人生三件难事,这样的人自然能够取得一番成就,活得幸福快乐。

这十二个好习惯具体是怎么样的?作为家长,我们应该怎样培养孩子的这十二个好习惯?我会在下面的文章中给大家一一做出简要的介绍。

漫谈真诚待人

真诚待人不能作为标签,更不是一句口号。它应该是一个人的一种处世态度、做人习惯。

真诚待人的核心是既善待自己,又尊重别人。它和趋炎附势,漠视弱小相反。真诚待人的人也做锦上添花的事,但他最常做的是雪中送炭的事。

为什么要真诚待人?因为人在世上,需要许许多多人的关怀和帮助。只有真诚待人,才能被人真诚相待。

1988年8月我刚上班时,学校离家较远,星期六放学骑自行车回到家往往天都黑了。不过我当时年轻,家里没有什么负担,倒也没觉得有什么不便。没想到一向对工作纪律要求很严的校长在我上班不久后找到我说:"全校只有你离家最远,星期六你可以提前走,吃过中午饭就可以回家了。"校长的这句话,这个为我做出的决定对他来说也许平常,却给我带来了不少方便,感动了我,也感动了我的家人,极大地温暖了初涉社会且身单力薄的我。

几十年过去,想起当年校长待人的那份真诚,我的眼睛还会微微湿润。

在三十余年的从教生涯中,我当过科任老师,当过班主任,当过学校负责人。在平时的工作和生活中,我无论对学生和家长,还是对同事,都能真诚相待,从没有无缘无故地漠视过谁,也没有无缘无故地慢待过谁。特别是对那些比较弱势的人,我总是尽自己的职责和能力去维护他们,呵护他们,帮助他们。

真心换真心,真情换真情。多年来,我也受到了许许多多人的许许多多的关心和帮助。这些关心和帮助,让我渡过了一个又一个难关,克服了一个又一个困难,增添了我人生的乐趣和生活的勇气,温暖着我的心灵,让我渐渐成长为一个自信、乐观、幸福的人。

前年冬天的一天下午,一个陌生的老妇人帮了我一个忙,我非常感激,连声道谢。她说:"不用谢。你不认识我,但我认识你。2001年我到学校办事,你为我说了几句好话,让我非常感动,我一下记到现在。"老妇人的话让我很有感触,但我还是真诚地向她道谢。生活中类似这样的事有很多很多,而且还在不断地发生着,给我温暖,给我力量。

真诚待人是做人的一个好习惯,它对一个人的人生具有重要的意义。我想大家对此都会有感受。那么,怎样培养孩子真诚待人的好习惯呢?最好的方法是身教,真诚待人的父母一定会培养出真诚待人的孩子。

父母给孩子做真诚待人的榜样,不但要表现在家庭之外,还要表现在家庭之内,并且首先要表现在家庭之内。试想一下,如果一个人对自己的家人都不能真诚相待,还会对外人真诚相待吗?

漫谈诚实守信

诚实守信的品德和习惯是一个人的立身之本。

欺诈和谎言虽然能让人逞一时之快,免一时之灾,甚至带来不义之财,然而后患无穷。一个人若长期如此,就会信用尽失,臭名远扬,很难再融入人群,在社会上立足。

有一些人,前半生曾经在社会的经济大潮中叱咤风云,风光无限,后来却因一时的失误败下阵来,成为赤贫之人或负债者。这些人大都有丰富的社会经验和经济头脑,只要得到一定的资金扶持,很有可能东山再起。然而他们中有一些人却因为信用丧失,从银行借不来钱,从亲友中也借不来钱,只好默默含恨,等待微乎其微的时机。

社会上曾有过老实人吃亏,不诚实的人受益的现象。但这种现象绝不会长期存在,更不会成为现代社会的主流。事实上,社会经济越发展,人类文明程度越高,对人们的信用程度要求也会越来越高。社会主义核心价值观中"诚信"一词赫然在列,充分反映了党和国家以及人民大众对这个问题的认识。

诚实守信的品质和习惯不仅对孩子将来在社会以及家庭生活和工作中有着重要的意义,而且对孩子当前的学习也十分重要。具有诚实守信的品质和习惯的孩子,在日常的学习中,总是实实在在地看书、听课、思考、做题、纠错,遇到不会的问题或自己钻研解决,或求教同学和老师,绝不会不懂装懂,更不会照抄作业或考试舞弊。

由上面的论述大家可以明白,帮助孩子养成诚实守信的好习惯非常重要。鉴于此,家长一定要做好榜样。我们在教育孩子的过程中,要做到不轻易对孩子许诺,一旦许诺,一定要践行。如果因不可控力使诺言不能践行,一定要诚恳地向孩子说明原因,并向孩子道歉。

有一些家长,为解一时之急,随意答应孩子的过分要求,或者随意给孩子许下自己根本就不准备兑现的诺言。事后失信于孩子,还不以为意,认为孩子还小,哄哄就行了。岂不知,这种行为不仅会对孩子造成极大的伤害,还容易让孩子养成不诚实的习惯。在这里我诚恳地告诫各位家长,在和孩子相处的过程中,一定要谨之慎之,杜绝上述行为。

培养孩子诚实守信的好习惯需要家长具有宽容大度的胸怀,对孩子的过失、错误,要耐心地、和蔼地指出并帮助孩子纠正,决不能过度苛责孩子。要鼓励孩子说实话、说真话,当孩子主动向家长说明自己的过失或错误时,家长要首先肯定孩子坦诚的态度,然后要帮助孩子,并和孩子一道纠正问题,解决问题。总之,要让孩子明白,承认错误的代价远远小于隐瞒错误的代价。

灵哥卖苹果

1988年中秋节前,学校附近的一个苹果园园主由于得到了学校的支持和帮助,按约定给学校送来了几百斤苹果,作为教师的节日福利。这一送不大要紧,可把教师们给气坏了。那些苹果颜色青且不说,主要是特别硬,简直硬如石头。个头还小,大部分如乒乓球一般,有一些比乒乓球还小。

在这种情形下,我向学校的总务主任张老师推荐了灵哥的苹果。张老师经过实地考察后,同意了我的建议。

这次购买的苹果关系着平定全校教师情绪的大局,也关系着我这个推荐人的声誉,对此我格外上心。一个星期天,我来到位于我家附近山上的灵哥的苹果园,参与了苹果的采摘和挑选过程,也向灵哥表达了我的担心。灵哥看我不放心,笑着对我说:"兄弟,你尽管放心。我只会让你长脸,不会让你丢脸。"我听了灵哥的话,也笑了笑,没再说什么。

灵哥苹果园里的苹果主要有两种,一种是红香蕉苹果,一种是黄香蕉苹果。我倾向于选择红香蕉苹果,因为红香蕉苹果形状好,颜色鲜艳,一下子就可以抓住人心。但是灵哥却建议选择黄香蕉苹果,他说黄香蕉苹果好吃、耐放,更实用。他告诉我说,有经验的人都喜欢黄香蕉苹果。我斟酌再三,同意了灵哥的建议。

苹果的采摘工作由灵哥亲自带领几个助手进行。大家在灵哥的指导要求下,都尽量采摘成色好、个头大的苹果,没多久就完成了采摘任务。这时,灵哥拿出了几个用藤条编成的大小一致的圆圈,这种圆圈的内径在十厘米以上。他让在场的每个人拿一个圆圈,然后拿苹果一个一个和圆圈比对,把个头小的和有瑕疵的苹果挑出去,只剩下个大均匀、表皮光洁的苹果。说实话,我被灵哥认真负责的态度打动了。

经过灵哥和几个助手两个多小时的精心挑选,苹果终于挑好了。我原本想着可以称重装车了,谁知灵哥却说要把苹果用扁担挑下山。他说果园到山下有二里多长的山路,尽管拖拉机可以开到果园把苹果运下去,但是由于山路崎岖,容易把苹果震坏。就这样,灵哥让大家把选好的苹果放到用荆条编织成的大篮子里,他和另一个身强力壮的助手,一担一担把苹果挑下了山。我粗略地数着,他们每个人都跑了七八趟。

挑下山的苹果被我们小心地装到编织袋里,然后开始称重。为了减少称重时对苹果的损伤,灵哥和他的助手用一根大粗绳绑住装苹果的编织袋,然后用杆秤一袋一袋地称重,我在一旁看秤记录。每次称重,灵哥都让秤尾撅得高高的,并让我只记录整斤数,去掉后面的零头,说是要去掉编织袋的皮重。我一边记录一边计算,苹果称完了,我也算出了总斤数。在我要放下手中的笔和纸的时候,灵哥又称了那根大粗绳的重量,让我用这个重量乘以称重的总次数,得出一个斤数,然后让我在刚才算出的苹果总斤数中减去这个数,把计算的结果作为苹果最后的斤数。对灵哥的这个举措,我一开始不大明白,等我搞明白时,不由得从心里佩服灵哥的认真和细心。

称重以后开始装车。灵哥先把一些软麦秸铺在拖拉机车斗的底部,然后把几个棉褥子搭在车斗的四周,既护住了车帮,又盖住了车底。接着灵哥和他的助手把苹果一袋一袋小心地放在车上。苹果装完后,灵哥把自己的两条被子盖在了车上,然后用一根粗绳把车上的苹果固定好。灵哥解释说,这样一来避免绳子把苹果勒伤,二来为苹果保温。当时,灵哥的举动令我深深地折服了。

装完车以后已是傍晚,我该回学校了。回校前我和灵哥约定,他第二天早上开拖拉机把苹果送到三十公里外的学校。

第二天,我在学校等到十二点半,才等到灵哥的拖拉机,可把我担心坏了。我问灵哥一个多小时的路程怎么走了这么长时间,灵哥说,为了减轻车在行进过程中因震动对苹果造成的损伤,他有意放慢了车速,在路上足足走了四五个小时,到学校附近的村子时已十二点。他在一个小饭店简单吃过饭,然后才赶到学校。

我和灵哥正聊着,学校领导和老师们围了过来。简单交接后,学校开始给老师们分苹果,每人十五斤,很快就分完了。大家都很满意,全校一片欢腾。在那个时刻,我悬着的心终于放下了。

很快就有人组织老师们以个人名义向灵哥购买苹果,所要的总斤数超过了学校购买苹果的总量。另外,还有一位同事建议我把自己的那份苹果让给他,他给我钱,让我到灵哥的苹果园里再去买,我自然没有同意。

那年学校分给我的灵哥种的苹果,被我放在学校住室的木箱子里,过好多天才舍得吃一个。我每天闻着房间里越来越浓的苹果的清香,心里挺开心的。第二年的三四月份,我又一次打开箱子,一股清香扑面而来,一个通体金黄的苹果映入了我的眼帘。这是最后一个苹果了,尽管它的表皮有点皱,但吃起来甜就不用说了,竟还有一点儿脆。这真是个奇迹。

灵哥卖苹果的事对我影响很大。我感动于灵哥待人的那份真诚,更敬重他认真负责的人生态度。灵哥后来怎样了,他的认真负责的为人习惯和态度对他的子女形成了什么样的影响?我在下文接着说。

灵哥的子女们

灵哥这一代人出生于20世纪四五十年代,家底都不厚,好多人都是家中土坯房,仓中无余粮。灵哥有三个子女,家庭经济基础更是薄弱。

好在灵哥不怕吃苦,待人真诚,为人处世认真负责。他们夫妇二人经过多年的辛勤劳动,积累了一些资本,家境渐渐好了起来。20世纪90年代中期,灵哥在自家宅基地上盖起了两层小楼,三个子女也陆续成家立业。现在,灵哥夫妇两人都年近七十,已赋闲在家多年,虽无多少存款,但也衣食无忧。更可喜的是他们身体健康,子贤女孝,日子过得怡然自得。

让我对灵哥大感惊喜的是灵哥子女的成就。他的三个孩子,老大、老二是女儿,老三是儿子。他们姐弟三人都是初中毕业就走向社会,打工,成家,然后还是打工。老大曾在一个学校当过代课老师,老二曾在一个饭店端盘子,老三曾在一家学生食堂打杂。他们积累了一些工作经验后,都开始自己创业。老大经营了一家渔具店,又和老三合伙开了一家牛肉汤馆;老二经营了一家米线店,现在又开了一个分店,第二个分店也正在筹划之中;老三除了和老大合伙经营牛肉汤馆,还在一个繁华的镇上经营了两家肉合店。

他们姐弟三人的生意都是由小到大,越来越好。每个店平均有四五个员工,每天都很忙碌,营业收入相当可观。更可贵的是,他们都有扩张生意以及个人成长的计划和蓝图。可以说,他们都在昂首阔步迈向中产阶层的行列。

　　灵哥的子女们能有今天的成就,主要得益于他们具有吃苦耐劳、真诚待人、认真负责、自强自信的人生态度和习惯。据我观察和了解,灵哥的三个子女的认真负责的习惯主要表现在以下四个方面。

　　一是他们能始终做到货真价实。不管是刚开店创牌子的创业初期,还是生意兴隆顾客盈门的红火时期,他们都能够做到货真价实,保质保量。以老大和老三合伙开的牛肉汤馆为例,他们为了确保质量,每天只做固定的数量,下午三点打烊,绝不贪图更多营业额而超负荷运转。可以看出,认真负责已成了他们的习惯。

　　二是他们在用人方面做法独到。一个店要想生意兴隆,老板和员工一方面要努力工作,另一方面还要为顾客着想,让顾客心情愉快并且得到实惠。在现实中,老板自己做到这些容易,让员工做到就难了。他们姐弟三人在开店的实践中,为了解决这个问题,摸索出了一套自己的办法。其主要做法是给员工让利,让员工根据贡献大小参与店里的盈利分红。这种做法在介绍生意经的书上有介绍,他们能在实践中自己悟出来实在不简单。他们能采取这样独到高效的用人方法,归功于他们具有对自己负责、对顾客负责、对生意负责、对员工负责的人生态度和习惯。

　　三是他们具有感人的学习精神。按常理说,各行各业的人都需要不断地"充电"学习,但现实生活中能做到的人并不多。他们姐弟三人做到了。前年,老大和老三每人花费两万多元,用了半年时间,参加了一个培训班。学习的内容有:理想信念和人生的关系、合作共赢的处世之道、爱心在人生中的意义和价值等。今年,老二也花费近两万元的学费,在省城学习与人沟通的艺术。用他们的话说,参加学习是对他们所从事的生意负责,也是对他们自己的人生负责。

　　四是他们特别重视对子女的教育。灵哥的三个子女对自己孩子的教育都很重视,他们从没有因工作繁忙而疏忽了对孩子的关爱和教育。老二的大孩子上初二,在我执教的班里,是个住校生。我发现老二每天都要和孩子交流,或在课余饭后通个电话,或者亲自到校和孩子见个面。看着老二对孩子的教育如此重视,我问她能不能忙过来,她说:"能。教育孩子和生意一样,也是一个人的正经事。孩子好了,做生意就更有劲头。"最让我有感触的是这样一件事:有一次我在周末给学生家长做有关家教的讲座,他们姐弟三人连同他们的爱人一共六个人都来旁听,听完后还和我进行了沟通交流,直到天色已晚才离去。那一次,他们对孩子教育认真负责的态度给我留下了深刻的印象。

综上所述,灵哥的子女们具有和他们父亲一样的认真负责的人生态度和习惯,这无疑是身教的力量。当然,灵哥的子女们之所以能够有成功的事业,还因为他们具有自信自强的处世态度和习惯,这方面和他们父母的身教也有着密切的联系。这个话题,我在下文接着说。

我跟灵哥卖西瓜

上文提到灵哥的三个子女都成长发展得很好,其原因除了他们具有认真负责的习惯,还有就是他们都具有自信自强的习惯。

自信自强和真诚待人、诚实守信、认真负责一样,都是一种优良的品质。当这四者的全部或部分成为一个人为人处世的习惯时,所发挥的作用是巨大的,不可估量的。

培养孩子自信自强的习惯,一方面要欣赏鼓励孩子,另一方面要对孩子适时放手,让他们去说,去做,去面对,去经历困难,去体验成功。

我初中毕业的那个暑假,升学的通知书还没有下来,可上师范已成了定局。对于我将来当老师这件事,父母很担心,我也很担心,因为我最大的缺点就是怕见生人,更怕在人多的情况下说话。因为我这个缺点,伯娘叔婶及哥嫂们都称我为"大姑娘"。

在这种情况下,父亲让我去十几里外灵哥家的西瓜地里找些活干,也好长些见识。当时我和灵哥并不熟悉,但父命难违,我只好硬着头皮去了。在灵哥家,我用了几天时间,和街坊邻居熟悉了,也学会了一个人在西瓜地里看西瓜。过了几天,灵哥让我和他一起游街串巷卖西瓜。我原本想着自己跟着推车看摊算算账,谁知灵哥却让我吆喝。这一下让我作了难,我一怕自己声音难听惹人嘲笑,二怕被邻村的同学看见难为情。灵哥一再鼓励我,我也觉得他拉车过秤切瓜太辛苦，就咬咬牙决定试着喊一嗓子。

走到一个空旷的村口，我看四下无人，就鼓足勇气拉长声音大声叫了一句："卖西瓜——"这一喊不大要紧，一下子引来了不少人，让我十分窘迫。可我很快就发现，这些被我的吆喝声招来的人们，并没有嘲笑我的声音，大家只是围着西瓜车询问价钱。这时，我悬着的心放了下来。从这以后，我再吆喝"卖西瓜"就大胆多了，声音也越来越自然，还受到了灵哥的夸奖。

那年暑假我跟着灵哥看瓜卖瓜总共有十几天时间，经过一系列的尝试和锻炼，我感觉自己变得坚强起来，自信起来。从那时起，我坚信自己一定会成为一个自食其力的人。我想，如果我干不了教师，当不了农民，至少我可以做一个走街串巷的生意人。现在想来，当年父亲让我去灵哥家历练，可谓用心良苦。

灵哥夫妇俩在他们三个孩子的少年儿童时期，也许是生活艰辛长期辗转在外的缘故，也许是有意培养，对孩子放手很早。三个孩子在上初中时就学会了自己洗衣服，自己做饭。这种本领在当时的孩子中并不多见。在那段日子里，灵哥夫妇每每提起三个孩子独立自主的事，总是赞扬有加。这些做法无疑对灵哥的三个孩子形成自信自强的品质和习惯起了不小的作用。

培养孩子自信自强的习惯还需要父母给孩子做榜样。灵哥的三个子女之所以具有自信自强的品质和习惯，还有一个重要的原因就是父母的身教。

前面提到的那个暑假的一天，我和灵哥到邻近的一个村子里卖西瓜。到了村头的一个农户家门口，一群村民围住了西瓜车。我正欣喜人气不错，却发生了一件让人气愤的事。一个三十岁左右的大个子男性村民，可能是仗着在自己家门口的缘故，竟擅自做主拿刀切开了一个西瓜。眼看着是一个成色极好的瓜，他却说不熟，然后把切开的瓜推到一边，又切开了一个，又说不熟，接着又要去切第三个。我看此情景，心中暗暗生气，却也无可奈何。

正在这时，我没想到的一幕发生了。只见一向温和善良的灵哥挺直腰杆，用手在车帮上一拍，怒目圆睁，向那个大个子男人喝道："放下。"我当时年幼，经事少，认为一场打斗不可避免，就被动地握紧了拳头，准备参战。谁知，那男子却虚张声势辩解了两句，放下了刀，被街坊邻居劝解着拉走了。一场冲突就这样有惊无险地平息了。我和灵哥在那个村里又叫卖了一圈，然后离去。

事后我问灵哥为什么为了几个西瓜冒那么大的风险,灵哥说:"种这几亩西瓜就靠在这邻近的几个村子里卖。如果遇到今天的事不努力抗争,以后就无法在社会上立足,西瓜就很难卖出去,总不能事事都去找政府,找派出所。再者,那个大个子男子我是了解的,他弟兄三个,好吃懒做,欺软怕硬,在乡邻中人缘极差,我认定他不敢和我打斗,他的邻居也绝对不会帮他。"

听了灵哥的话,我既敬佩他的胆识,又羡慕他的自信自强。历经几十年后回头,可以看出,他的这种品质和习惯,对他的三个子女的影响是巨大而又深远的。

谈遵守规则习惯的培养

任何事物的发展和运行都有自己的规律,顺之则通,逆之则堵。同时,社会不是一个人的社会,任何人都不会有绝对的自由,都要遵循相应的道德、纪律和法律。家有家规,国有国法,每个单位也都有自己的纪律。

那么,是有规则意识的人自由还是无规则意识的人自由?这两种人哪一种人更容易成功?答案当然是前者。

有规则意识并形成遵守规则习惯的人,会自觉地利用规则让自己的利益最大化,同时避免违规带来的麻烦和惩罚。这种人看似自觉接受了许多限制,却能在规则的指引下获得更多更大的自由。

无规则意识也没有形成遵守规则习惯的人,会感觉整个人类和社会都在和他作对。他也可能会被动地接受规则,但他的内心是不情愿的,也是不幸福的。这种人看似无所羁绊,其实却容易在规则的作用下处处碰壁,举步维艰。他们的出路只有两条,一条是经历多次挫折和惩罚后接受规则,一条是最终毁了自己。

有规则意识的人好比是两岸之间的河流,正是有了河岸的导引才能流到更远的地方,直至成功地汇入大海;无规则意识的人好比水漫平地,越流越薄,越流越少,直至消失。

有时我们需要打破陈规陋习,然而旧规矩打破了自然会产生新规矩。再者说,打破旧规矩也要按一定的规矩来,否则不但难以成功,还会栽大跟头。

综上所述,培养孩子的规则意识并使其养成遵守规则的习惯是非常重要的。具体的做法应包括以下三方面。

一是家长要给孩子做遵守规则的榜样。比如说过人行横道,一定要严格遵守交通规则,红灯停,绿灯行。这样做不仅是培养孩子的安全意识,给孩子增添一份安全保障,而且是在培养孩子的规则意识。

二是在家里要给孩子立一些规矩。家庭的规矩一般有以下这几个方面:安全保障方面、尊老爱幼方面、珍惜财物方面、尊重他人和整体意识方面等。家庭对孩子立的规矩不宜太多太细,否则容易束缚孩子的天性,不利于孩子的发展。家庭对孩子立的规矩要符合孩子身心发展的规律和特点,要让孩子容易接受,同时家长要给孩子讲明道理,让孩子意识到所立规矩的意义;或者是为了保障孩子的安全,或者是为了孩子更好地成长,或者是为了家庭和社会的整体利益。立了规矩就要要求孩子守规矩,一要照规矩做,二要违规必究。否则,立了规矩还不如不立。

三是配合学校和社会上的相关部门,敦促并支持孩子遵守规则,接受违背规则应得的结果和惩处。有这样一个家长,无论是他孩子起床晚了,跟不上正常的上学时间,还是他孩子星期天作业没完成,他都会顺应孩子的请求,帮孩子给老师请病假,让孩子免于老师的批评。这样做,既不利于孩子养成诚实守信的习惯,也不利于孩子养成遵守规则的习惯。

有关效率的话题

在有限的时间里做同样的事情,有的人效果好,收获大;有的人效果差,收获小。这里的差别在于效率的高低。

每个人的时间都一样,之所以有百态人生,是因为人们的效率不同。有很多人一生碌碌无为,原因在于其做事效率低,他们凡事拖泥带水,慢慢吞吞,既不动脑筋想办法,又不抓紧时间。而那些在各个领域建立丰功伟绩的人,往往做事效率极高,他们一方面雷厉风行,时间抓得很紧;另一方面总是想尽办法追求最优的方法。

四十年前,深圳市的建设者们提出了"时间就是金钱,效率就是生命"这个理念,创造出了举世瞩目的深圳速度。现在,这个理念仍具有鲜活的生命力,并且永远不会过时。

一个具有高效率的人,尽管不能延长生命的长度,但可以拓展生命的宽度和厚度。古往今来,那些成功的政治家、军事家、企业家、科学家、文学家、教育家等各行各业的大家们,无一不是具有高效率的人。

具有高效率的人,往往具备坚定的信念、明确的目标、清醒的头脑、强大的自制力以及强烈的时间观念。另外,他们还具有实现工作和事业目标的路线图和符合实际的具体有效的方法。

有人认为,高效率的人都是天生的。这个观点我不认同。我认为,一个人只要具有讲究效率的意识和习惯,就一定可以成长为一个高效率的人,而讲究效率的意识和习惯是可以从小培养的。

有一对老夫妇,为了在三个儿媳妇中选一个当家人,给她们出了一道考题。他们给每个媳妇发了一块同样尺寸的布料,让他们用这块布料做一条被单、一件上衣、一条毛巾。这道考题难住了老大和老二媳妇,因为所发布料只能做一条被单或一件上衣,根本做不了第二件,更不要说同时做三件了。到了规定的时间,老大和老二媳妇什么也没做,交了白卷。老三媳妇做了一件上衣。她解释说,这件上衣,盖在身上是被单,穿在身上是上衣,撩起衣襟擦汗是毛巾。结果,老三媳妇通过了考核。

上面这个故事是我在童年时期母亲给我讲的。初听时我理解成过艰苦的日子要珍惜物力,后来我领会到这个故事讲的是有关效率的话题,是在劝诫人们要学会一物多用。比如做事,我们可以给一件事赋予多重意义,起到一举多得的作用。

有些人工作只是为了生存和生活,我的工作观不是这样的。我的工作既为了生存和生活,也为了提升自己的素质,锻炼自己的能力,同时还为了更大限度地体现自己的人生价值,为塑造自己的精彩人生加砖添瓦。这样几十年走来,我感觉越来越充实,越来越自信,越来越幸福。

我有这样的工作观原因很多,但源头来自当年母亲给我讲的那个故事。母亲讲的那个故事给我注入了效率意识。我认为,既然要干的事那么多,而时间又很有限,那么把这些事合为一体不就是一种高效的选择吗?

培养讲究效率习惯的几点建议

如何培养讲究效率的习惯,我有如下几点建议。

第一,培养孩子区分轻重缓急,并有计划按顺序完成事情的意识和习惯。

李先生五岁的孩子上幼儿园大班,下午放学回到家,需要做一些简单的作业。一开始,她总是拖拖拉拉,边做作业边玩,一直到吃晚饭也完不成。吃饭时,也是边吃边玩,一顿简单的饭能吃近一个小时。等到该睡觉休息了,作业也没做好,玩也没玩好,饭也没吃好。为什么会这样?因为这三件事一直在互相干扰,互相影响。

针对这种情况,李先生帮孩子规划了一下:作业必须写,这是一个学生的职责,何况作业内容很少,只是十分钟左右的事,因此,放学后先做作业,然后吃饭。吃饭一要专心,二要限时。第三件事是玩。前两件事完成得早,玩的时间就长,还可以自由选择玩的方式,陪父母散步、听故事、看电视等。最后是睡觉休息,休息时间是固定的,因为要保障第二天按时起床上学。

按这样的规划进行了几天,一切都很顺利,亲子间的摩擦和冲突减少了,大家都很开心。后来有几天,孩子放学回来说饿了,要先吃饭再做作业,接下来再玩。李先生爽快地答应了孩子的要求,还夸孩子学会了有计划地安排事情。

第二,培养孩子统筹安排事情的意识和习惯。

刘女士的孩子放学回家,让刘女士给她讲故事。刘女士正在包包子,说等包子蒸好,吃过饭再给孩子讲故事。可是孩子却说等吃过饭天都黑了,该睡觉了,因此执意让刘女士先讲故事再包包子。

刘女士对孩子说:"孩子,我把这几个包子包完,蒸上,用不了几分钟。然后我们一边讲故事,一边等包子熟,好不好?"孩子听刘女士讲得有道理,就同意了。

不一会儿，包子蒸上了，刘女士洗过手，就给孩子讲故事。不知不觉间，包子蒸熟了，孩子也饿了，她们高高兴兴地去吃包子。这时，刘女士问孩子这样安排好不好，孩子说："好。"刘女士又问："咋好？"孩子说："听故事、蒸包子两不耽搁。"刘女士一听，会心地笑了。

第三，培养孩子追求更优更好办法的意识和习惯。

生活中能提高工作效率的机械比比皆是，比如玉米脱粒机、花生剥皮机、自动和面机、龙门架、大吊车等。家长可以引导孩子观察这些机械，让孩子体会高效率的巨大威力。在适当的机会，家长可以引导孩子参与一些有关效率的活动，这些都有助于培养孩子追求更优更好办法的意识和习惯。

第四，培养孩子充分利用时间的意识和习惯。

效率的高低，往往取决于能不能充分利用时间。"一寸光阴一寸金，寸金难买寸光阴"，古今中外凡是有大成就者，无一不是能够充分利用时间的人。这些人往往把别人用来娱乐、休息的时间用来学习、思考和行动。我小时候，村子里有两个勤学的人，一个在烧火做饭时也手不释卷，一个把在车站等车的几分钟时间也用来读书。后来他们都考上了大学，取得了不平凡的成就。他们的例子激励我村的许多学子走向了成功。

上述例子在生活中并不少见，家长可以用这些例子教育孩子充分利用时间，去实现自己的一个个人生目标。另外，家长在这方面也要给孩子做好榜样。现在，有很多人习惯在卫生间放一本书，如厕时看一看，读一读。这是一种很好的做法，一方面充分利用了时间，另一方面给孩子做了榜样，有利于引导孩子形成充分利用时间的意识和习惯。

第五，培养孩子劳逸结合的意识和习惯。

充分利用时间不等于不休息，适度的休息反而更有助于我们提高效率。有句话说得好，"不会休息的人就不会工作"。

报刊上的一篇文章讲了这样一件事：火箭上天要有足够的燃料，可由于整体设计的限制，装燃料的空间有一个最大限度。如果把燃料装到最大量，火箭的速度却达不到理想的效果，因为燃料自身的重量也要消耗一部分能量。怎么办？科学家想了一个办法，按照一定比例减少燃料的量。这样反而使火箭轻装上阵,达到了理想的速度。这个例子可以用来说明劳逸结合的好处。休息充足,能使人精力充沛、头脑清醒,效率更高。

家长要让孩子明白休息的重要性和必要性,学会合理地安排时间,做到劳逸结合,以求达到更高的学习效率。

上面提到的五条建议和上文提到的培养孩子一物多用的意识和习惯的建议结合在一起,对培养孩子讲究效率的习惯会大有作用的。

第三讲　影响人一生的十二个好习惯及其培养(二)

谈培养友善合作的习惯(一)

"二人同心,其利断金""三人一条心,黄土变成金""团结就是力量",这些话都讲了友善合作的巨大作用,同时也说明了做到友善合作是不容易的。

培养孩子友善合作的意识和习惯有三种方式:一是通过讲故事的形式让孩子明白友善合作的意义及重要性;二是让孩子在家庭和社会实践中锻炼友善合作的能力;三是要关注孩子日常生活中有关友善合作的言行,好的要大力地表扬和鼓励,不好的要委婉地予以指正。

20世纪80年代后期,我正在上中师,年年暑假我都要去山上放牛。放牛的活不是很重,但也不轻松:一是要防止牛跑丢或跑到山脚下去吃庄稼,二是要把牛赶到坡缓草嫩的地方并适时地转场,三是要在中午把牛赶到位于坡顶的饮牛泉喝水并休息。完成这三件事都要把牛控制住。控制牛的方法有四种:一是吆喝,二是扔石块,三是甩鞭子,四是用绳子牵住牛鼻子。

这些活虽然简单,但单靠一个人完成会很累,并且单调乏味,时间利用率低。不过,我的放牛过程却充实而又有乐趣,因为我和另外两个伙伴结成了合作联盟。这两个伙伴一个是阅历丰富的六十多岁的老人,一个是小我两岁的初中生。我们三个人把牛赶到坡上后,总是选择一块既平坦又阴凉并且居高临下能俯瞰全景的地方坐下,一边休息一边谈天说地。中间需要起身去控制牛的时候,我们三个中一个人去就行了。这样大家都感到比一个人放牛轻松多了。

我们三个虽然结成了合作联盟,但并没有平均分配起身赶牛的次数。赶牛次数最多的是那个初中生,其次是我,那个老人最少。当时那个老人说了一句话,"三人行,小人受苦"。我和我的年轻伙伴都认可,并特别乐意为他代劳。这一是因为我们对老人的尊重,二是因为他就像我们的老师,我们听他讲话,知道了很多事情,明白了很多道理。

后来的一件事充分发挥了这个放牛联盟的作用,并且更大程度地体现出了那个老人的价值。

有一天下午三点多,可能是因为我们谈话谈得太投入,结果等我们中的一个人去赶牛转场的时候,发现一头牛不见了。对于这件事,我抱着侥幸的心理说:"这头牛可能吃饱了,自己回家了。我们不用找了,到家就知道了。"那个老人果断地否决了我的看法。他说:"牛自己回家当然好,但凡事要往最坏处打算。牛可能被人牵走了,我们要抢时间,不能错过找牛的最佳时机。"然后,他安排那个初中生原地照看剩下的牛,他和我一人向西,一人向东,沿着山脊迅速向前赶,到山谷处,看到前面有人牵牛就吆喝。如果没见到人牵牛,就转过山谷走到山的北面,顺着大路找寻,边走边问,直到我们在中间会合。他说完就立马行动,速度之快,不亚于年轻人。我见他这样,也赶紧行动。最后,我们在山的北面找到了牛。原来,这头牛离群跑到了山的北面,闯进一个农户的地里去吃庄稼,被人家抓住拴了起来。

事后我想,正是那个老人的临危决断以及我们三个人的通力合作,才顺利化解了这场丢牛危机。否则的话,这头牛最快也要在第二天才能找到。那样的话,会有好几个人彻夜难眠,甚至彻夜奔波。

亲爱的朋友,大家在生活中都会经历或了解一些类似三人放牛这样有关友善合作的事情。你可以在适当的时间讲给孩子,告诉孩子友善合作的巨大威力和有关注意事项,比如要彼此尊重,要善于交流,要勇于担当,要知人之长,要容人之短,要合理分工,等等。这样做对培养孩子友善合作的意识和习惯是很有用的。

谈培养友善合作的习惯(二)

孩子友善合作的意识和习惯需要在实践中锻炼,家庭就是一个很好的实践场所。

家庭成员互敬互爱、合理分工，共同承担家庭责任，不仅有利于家庭的和谐幸福，还有利于孩子形成友善合作的意识和习惯。

以前过年的时候，贴春联是一个重要的活动。这个活动看似简单，却有许多工序，打糨糊、端糨糊、拿干炊帚、拿湿炊帚、搬板凳、搬梯子、扶梯子、分拣春联、贴春联、看春联是否端正等。尽管这些活一两个人就可以干下来，但大多数家长总是组织家里的大人小孩一起来干，安排每个人各管一道工序或几道工序。这样不仅能营造出幸福团圆的节日气氛，还可以培养孩子友善合作的意识和习惯。

在贴春联的过程中，大家最开心的就是听到夸奖。大人夸孩子的话有"跑得真快""上下联分得真准""服务得真周到"等。孩子夸大人的话有"贴得真舒展""站得真高"等。在彼此鼓励和欣赏的氛围中，大家不但心情愉快，而且做事效率也高。这样的合作让人经历了一次还想着下一次。

也有一些家庭，在贴春联的过程中，习惯批评和抱怨。糨糊太稠了，春联贴歪了，动作太慢了等，都成了批评和抱怨的话题。这样做不仅影响了大家的好心情，破坏了节日氛围，还会造成孩子对合作产生不良情绪。

在家庭生活实践中，类似贴春联的活动还有很多。作为家长，我们要充分利用这些机会，让孩子参与其中，亲身体验合作的好处和需要注意的问题，让他们逐渐养成友善合作的意识、能力和习惯。

在家庭合作实践中，家长要正确引导孩子，并起到示范带动作用。比如，家长对其他成员要多欣赏和鼓励，少批评和指责。即使面对家庭成员的过失，家长也要积极地帮助其补救，并诚恳地帮助其总结经验教训，绝不能过度地批评，更不能无端地指责。

一个村民家晚上进了贼，丢了一把锄头。这家男主人对两个儿子说："我让你们两个负责锁门，怎么都没有做到？再说，我白天干活累，晚上睡得太沉。你们小孩子睡觉浅，晚上怎么就一点也不警觉？真是没用。"

他的大儿子说："我昨晚特意提醒老二锁门，谁知他竟没有听。他就是个书呆子，只知道看书，闲事不管，正经事也不管。"

他的二儿子说："老大说得好没道理，你整天只知道命令我，你怎么不去锁门？贼偷走了锄头，与我看书有什么关系？"

就这样，他们三个你一言我一语吵得不可开交。

另一个村民家晚上也进了贼，也丢了一把锄头。这家的大儿子说："爸爸，这是我的责任，我没有锁好门。"

这家的二儿子说："哥哥，这也不能全怪你，锁门本来是爸爸交给我们两个人的任务。昨天我看你白天干活太累，想提醒你锁门，或者自己去锁门，结果一时贪玩，全忘了。"

这家的男主人说："孩子，你们不要自责了，以后注意就行了。这件事我也有责任，我把任务同时交给你们两个人，又没有明确的分工，容易出现空当。来，我们都说说看，看以后怎样做好防贼工作。"

接下来，这一家三口人就热烈地讨论起来，仿佛这不是一次失盗事故，而是一次家庭发展的机遇。

大家想想看，以上这两个家庭，哪一个更容易培养孩子友善合作的意识和习惯呢？答案不言而喻。

除了家庭合作实践，家长还要结合孩子的年龄特点，鼓励和支持孩子参加家庭之外的社会合作实践，这对培养孩子友善合作的意识和习惯是有用的，也是必需的。

谈培养合理消费的习惯（一）

有一个富翁要把家产传给他的儿子，条件是孩子必须靠自己的努力赚到一个铜板。第一天，孩子随便在自己的零花钱中拿了一个铜板交给了父亲，谎称是自己赚到的。谁知，这个富翁直接把铜板扔到了火炉中，并斥责孩子，拆穿了孩子的谎言。

随后的几天里，富翁的孩子又用类似的方法敷衍欺骗他的父亲，富翁都识破了儿子的谎言。

经历了数次失败之后，富翁的儿子终于停止了对父亲的欺骗，用自己的双手辛勤工作了一天，挣到了一枚铜板。当他带着成功的喜悦把这枚铜板交给他的父亲时，他的父亲却把铜板又一次扔向火炉。他顿时怒不可遏，迅速伸手从灼热的火炉边抢出了那枚铜板。这时，他的父亲说："孩子，我相信这枚铜板是你挣的。你那么在乎它,说明你知道它来之不易。"

和这个故事所讲道理相通的有这样一句话:富不过三代。这句话既是在描述一种社会现象,也是一句警示语,其中的寓意很丰富。今天我着重讲一讲其中与合理消费相关的内容。

为什么会"富不过三代"?因为第一代能力强,往往白手起家,知道财富来之不易,因此既能发家,也能守家。第二代在童年和青少年时期过过苦日子,见证过家庭发家致富的艰辛过程,因此在花钱方面还是很有节制的。第三代生在福窝里,没有亲身体验家庭财富积累的艰辛过程,因此花钱大手大脚,缺乏节制。再加上社会形势变化及自身缺乏吃苦精神和经营之道等多方面原因,容易坐吃山空。

由上面的分析可以知道,培养孩子合理消费的意识和习惯非常重要。这不仅限于富贵之家,也包括平常之家。

生活中有一些这样的人,他们小时候在物质条件上受了委屈,出于补偿心理,对孩子物质方面的需求极度地满足。这些人自打孩子出生,吃、穿、玩要啥买啥,啥好买啥,甚至不要也买。这样做致使孩子养成了过度消费的坏习惯,以至于超出了家长的承受能力也难以收手,结果穷家出败儿,让人悔之莫及。

那么,如何帮助孩子养成合理消费的意识和习惯呢?我有三个建议:一是要让孩子亲身体验到财富来之不易,本文开头的故事说的就是这个道理;二是要在孩子小时候把他的消费限制在合理范围之内;三是要对孩子的浪费和其他不合理的消费行为及时给予批评和校正。具体应该怎么做,我在下文接着说。

谈培养合理消费的习惯(二)

合理的消费习惯一般应包括以下四条:一是消费应结合个人和家庭的经济现状和收入预期,不能过度消费,造成无法弥补的亏空;二是消费应本着有实际用途的原则,不能盲目从众,更不能为了消费而消费;三是选择消费品应本着物有所值的原则,尽量不要买质次价高或花里胡哨中看不中用的物品;四是不要购买对身心健康不利甚至有害的消费品。

以上这些道理我们大都明白,但要让孩子落实在具体的消费行为上,却有一定的困难。其原因有三:一是孩子见识尚少,还不知道这些道理;二是孩子的自制能力较差,抵抗诱惑的能力尚有不足;三是孩子大都会用哭闹这个办法来表达自己的意愿,而大多数家长都过不了这个关。

怎么办?一要给孩子讲明道理;二要坚持原则,该消费的消费,不该消费的坚决不能消费;三要理性面对孩子的哭闹。当孩子为坚持自己不合理的消费要求而哭闹时,家长不要急躁。常见的情况是家长越急躁孩子越哭闹,孩子越哭闹家长越急躁,最后家长因耐不过自己的不良情绪的压力,只好满足了孩子。这样做的后果是下一次孩子还会提出不合理的消费要求,还会哭闹,家长也会在一次次失败的教育实践中失去信心,以至于纵容了孩子不良的消费习惯而又无可奈何。

正确的做法是,孩子哭闹时,家长不要急躁,也不要怕浪费时间。要平心静气地给孩子讲明道理,然后平静地陪着孩子,这样孩子一般会接受家长的建议,并且以后也会遵循相应的道理。

培养孩子合理消费的习惯不能只是一味说教和限制,还要让孩子在具体的消费实践中去锻炼。

张老师有一次带五岁的儿子军军去超市购物。军军见许多人都在超市的文化区看书买书,感到十分新奇,就要求买书。张老师说:"孩子,咱家已经有适合你看的书了。这些书你还看不懂,先不要买。"

军军说:"我看不懂你可以给我讲嘛!"

张老师说:"你现在还不到学这些的时候,我不支持你买。不过,买还是不买你自己决定吧。"

军军说:"好吧。你不是说每个月我可以自己支配二十元吗?我就用这二十元买。"

最后,军军花费二十元买了两本书。到家后,军军发现这两本书他一点也看不懂,也引不起他的兴致,就放到了一边,再也没有主动看过。这件事给军军了一个教训,让他以后在消费的时候多了一份理性和慎重。

陈先生的女儿群群十三岁时特别爱买衣服,基本上每星期都要买。尽管每件衣服都不贵,但累计起来钱数也不少,特别是群群买衣服很随意,欠考虑,很多衣服都是买回来穿一回就觉得不合适,不再穿了。

陈先生为了培养群群合理消费的习惯,把买衣服的自主权交给了群群,同时给群群了一些规定和建议。陈先生对群群说:"孩子,根据咱家的经济条件和你同龄人的正常消费需求,每年给你在添置服装上的消费限额定为两千元。你要对全年在春秋装、夏装、冬装上的消费有个规划,要充分利用这些钱买到合适得体的衣服。一年下来,你的限额花不完,可以自己支配,买有用且你喜欢的东西,如果不够花也不会让你超支,买不了新衣服你就穿旧衣服。"

群群接受了爸爸的建议,买衣服不再像以前那样盲目和随意,开始理性地思考、比较和规划。一年下来,群群买衣服的钱没有超过两千元,衣着也得体,并且也逐渐养成了合理消费的好习惯。

培养孩子合理消费的好习惯有很多做法。有人让孩子从小就见证父母赚钱的艰辛过程,有人让孩子从小就从事一些力所能及的赚钱活动。这些都值得我们学习和借鉴。

亲爱的朋友,本文只是在培养孩子合理消费习惯方面给你提供一些思路和建议,具体应该怎样做,还需要你的思考和决策。

有关学习的话题

学习从广义上讲,包括一个人终身的各种学习行为;从狭义上讲,可以指人上学期间的学习行为。我本文要讲的,侧重于后者。

Z老师是一位有活力的中年教师。她当年以全镇五十多名的成绩考上了镇重点初中。由于她到初中后贪玩,放松了学习,结果成绩大幅下降,以至于第一学期期中考试考了全校二百多名。按照当时学校的规定,她需要叫家长到学校一块儿接受教育。这件事让她非常羞愧,自此她开始发奋学习。两个多月后,她在期末考试中考了全校第一名。这让她本人都感到惊奇。

D老师是一位学识渊博的老教师。他上初三时,偏爱语文和历史,不爱学数学。他的语文成绩和历史成绩总是名列前茅,数学成绩却总是不及格。中考前两个月,学校摸底考试,他的数学只考了五十七分。

当时,他的班主任兼语文老师对他说:"你数学赶不上去,中考就要拉你的后腿了。"

一句话点醒了梦中人。D老师开始急攻数学。他认真听课,反复练习,不懂就问,学得如痴如醉。结果中考他数学考了八十一分,离满分只差十九分,单科全校第七。当年,他以全镇应届生总分第二名的优异成绩顺利考上了地市级城市的师范学校。

韩勇毕业于省内一所知名大学体育系,2010年上高中时,是一个专职体育生。他喜欢打篮球,不喜欢学习文化课,平时大小考试总分没有超过三百分。他的数学尤其差,一般只能考十几分。到了高三,韩勇看到同学们都在努力学习准备考大学,也萌生了上大学的强烈愿望。

韩勇的父母见他动了上大学的心,就准备邀请他们家一个当高中教师的亲戚对韩勇进行一对一的辅导。韩勇不同意这样做,他对父母说:"我现在对高中数学是一窍不通,不知道自己该学什么,也不知道自己啥不会。请老师辅导没用,还不如我自己先学一段,等有了基础再请老师指导。"

就这样,韩勇对照课本潜心学了三个月,弄通了一些基本概念,记住了一些常用的公式,练熟了一些较为简单的基本题型,取得了不小的进步。在连续几次的学校周练中,他都能考五十多分。这时,他有很多数学问题想知道,但又搞不明白。

在这种情况下,他通过父母找到那个高中数学老师,利用星期天的时间登门求教了几次。由于他求教的内容很有目的性,老师对他的指导也很有针对性,他的数学水平提升很快。在高考中,韩勇数学考了八十七分,在学校的体育生里遥遥领先。

上面的三个事例,说明了主动学习意识和习惯养成的重要性。可以说,凡是学习成绩优秀者,一般都有主动学习的意识和习惯。我曾观察过一些学习效率低下的孩子,发现他们不是学不好,而是根本就没有真正在学。

主动学习的威力有多大,我本人深有体会。在我从教的第二年,为了丰富自己的文化知识,提升自己的学历水平,我自觉参加了高等教育自学考试。我曾用十五天时间自学四门大学文科课程,考试全部合格。其中"普通逻辑"考了九十二分,"哲学"考了八十三分,均为高分。

多年的学习和教学实践使我形成了这样的观点:一个人只要自己想学习,时间总会有的,精力总会有的,方法总会有的,而成果也总会有的。

一个人主动学习的意识和习惯是如何形成的?家长如何帮助孩子养成主动学习的意识和习惯?我在下文接着说。

谈主动学习习惯的培养(一)

孩子主动学习意识和习惯的培养要从小抓起。这里的"小"有两层含义,一是指年龄小,二是指事情小。

主动学习是每个孩子与生俱来的行为,一句简单的话语,一个笨拙的动作,一个幼稚的想法,一个看似不经意的表情,等等,都可能是孩子主动学习的行为。对此,我们要给予孩子足够的关心、关注和重视。要拿出足够的时间和精力陪伴呵护年幼的孩子;要对孩子多肯定,多鼓励,多表扬;要激发孩子的学习兴趣;要保护孩子的学习信心;要对孩子有足够的耐心。

要重视孩子的启蒙教育。孩子第一次识字,第一次数数,第一次读书,第一次上学,第一次做作业,第一次讲故事,等等,都是孩子养成主动学习习惯的关键环节,要给予充分重视。要尽量给孩子营造一种轻松愉快的学习氛围,创造有利于学习的环境和条件,要给孩子以适当的帮助,要让孩子能从中体会到成功的愉悦感。

不仅如此,在孩子上小学一、二年级的时候,我们要一直给予密切的关注和重视。要留心孩子每一天的情绪和态度,要了解孩子每一天的学习内容及效果,要时常给孩子以鼓励,要在孩子遇到学习上的困难时给予具体的帮助,让他渡过难关。这样做,一可以让孩子取得优秀的学习成绩,二可以让孩子始终保持学习的兴趣和信心,进而促使孩子形成主动学习的好习惯。

培养孩子主动学习的习惯不要急躁,不要攀比。要允许孩子犯错误,要允许孩子暂时落后,要知道并接受这样一个道理:一个人不可能事事都比别人强,我们的孩子也不例外。在孩子的学习状态或成绩没有达到我们的期望甚至和我们的期望相差很远时，要平静地对待，冷静地分析原因，诚心地给孩子鼓劲加油，并给孩子以针对性的帮助，和孩子一道解决存在的问题。在任何情况下，都不要对孩子说负面的话，不要对孩子发泄负面的情绪，更不要给孩子贴负面的标签。

一个父亲，有两个孩子。他的大孩子三岁多时就能从一数到一百，小孩子五岁了，还不能做到这些。孩子妈妈很着急，总担心孩子智商有问题。这位父亲郑重地告诉自己的爱人："每个孩子都有自己的特点，每个人的发展道路都是不同的。我在七岁时才能从一数到一百，我现在的智商不也没问题吗？你现在的担心不仅对孩子没好处，还会不由自主地在言谈举止中流露出来，对孩子形成负面影响，打击孩子数数的兴趣和信心。你千万不要有这种过度的担心了。"

他的爱人听了丈夫的话，说："好吧，我听你的。"

一年以后的一天，他们的小孩子愉快地和父母在一起玩数数的游戏。这一次，在没有父母提醒的情况下，孩子顺利地从一数到了一百。他们夫妇两人相视一笑，不约而同地给孩子鼓起掌来。

这个父亲给自己定了一个规矩，绝不因为学习上的事去批评孩子。孩子因为学习而出现的问题，诸如学得慢、记不住、拖时间、不专心、做错题、考试成绩低等，他只是引导、鼓励、帮助。这样，他的孩子面对学习可以保持一种相对轻松的心态，至少不抵触、不反感。时间一长，孩子适应了对书本的学习，成绩也好了，进而学习的兴趣浓了，信心也足了，自然就形成了主动学习的好习惯。

家长通过言传身教以及环境的影响，让孩子理解人生的意义，体会生活的艰辛，树立远大的理想，产生奋发向上的动力也是培养孩子主动学习意识和习惯的好方法，并且影响深远。

现在，物质条件好了，社会生活也丰富了，高考也不再定终身了。靠改变命运的自觉和理想追求的引领来促使孩子主动学习的想法似乎已不合时宜了，其实不然。一个人只要勇于追求，总会有更好的生活、更好的人生、更美好的未来，同时也会感染和带动孩子积极向上，主动学习。

为什么有人给孩子讲了很多上进求学的道理却收效甚微？因为他本人

就安于现状,不思进取,没给孩子做好榜样。大家想想,是不是这个理?孩子主动学习习惯的培养,我在下文接着说。

谈主动学习习惯的培养(二)

有一些孩子,小学低年级学习成绩还不错,到了小学高年级或初中阶段,学习成绩就开始下滑。

造成这种现象的原因大致有三种:一是有些孩子在小学低年级学习成绩的取得靠的是在父母和老师帮助下的大量重复训练,自己没有形成主动学习的意识和习惯;二是有些孩子没有养成深层思考的习惯,不能适应大容量深层次的学习任务;三是孩子自我约束的意识和能力还不是太强,学习之外的事情耗去了过多的时间和精力。

这些学习效果不理想的孩子,往往也知道为什么要学习,自己也想学习,可就是落实不到行动上。为什么?理由一般有这些:基础差,听不懂,记不住。这些理由都确实存在,但问题的关键是,很多孩子被这些理由束缚住了思想,内心认定自己学不好,因此索性就放弃了学习。

他们中的一些人,表面看着在听课,其实根本就没用心。对待作业也是应付的态度,或者照抄,或者机械模仿,只管做,不管正确与否。我把这种学习状态称为"假学习"。处于"假学习"状态的孩子并非存心欺骗父母和老师,只是身不由己而已。

面对这样的孩子,家长应该怎么办?

一是要继续做孩子的思想工作。一方面给孩子讲学习的意义和道理,帮助孩子树立人生理想和学习目标;另一方面要鼓励孩子,给孩子介绍学习方法,帮助孩子树立信心。做孩子的思想工作要真诚,要有耐心,要重实例,最好要让孩子有亲身体验,切忌空洞生硬的说教。

二是要加大对孩子的督促力度,让孩子不得不学。具体做法是:关注孩子每天的学习过程,对孩子每节课的学习效果都及时进行详细的检查和验收,督促孩子当天补上课堂上的学习漏洞。对上述行为要长期坚持,直到孩子形成主动学习的习惯为止。一般情况下,家长只要能坚持三个月,就会有明显的效果。

　　董女士夫妇经营了几辆大货车，平时工作忙，压力大，对孩子张明的关注较少。张明小学一至四年级学习还可以，数学是他的优势学科，每次考试都能得八十分以上，语文和英语不太好，但每次考试都能及格。张明上小学五、六年级的时候，由于贪玩，学习上分了心，成绩急剧下滑。小学六年级期末考试，他的三门文化课都不及格，其中数学考了五十多分，语文和英语都是四十多分。

　　董女士夫妇的货运生意赚钱不少，但每天都很辛苦，还有一定的风险。长期的生活实践让他们达成共识，希望他们的孩子张明能考上大学，将来能有更好的生活、更好的发展。然而，张明日渐落后的学习现状却让他们忧心忡忡。董女士夫妇曾语重心长地给张明谈过学习的意义，提过学习的要求，也曾求教有丰富教育经验的老师，并请他们给张明介绍学习方法，但都收效甚微。

　　这一次，张明小学六年级的期末考试成绩触动了董女士夫妇的心，促使他们做出了一个决定。他们调整了经营策略，卖掉了一部分货车，只剩下一辆，由董女士的爱人和他们雇佣的两名司机负责运营。董女士则专门在家，一边照顾老人，一边督促并帮助张明搞好学习。

　　董女士督促张明学习的做法是这样的：每天中午和下午放学后，让张明把当天课堂上所学的内容给她复述一遍，并把课本上的例题或习题再做一遍，把需要背记的内容背写一遍。如果例题或习题做出的答案和书上的答案不一致，就要求张明说明原因，并且重做。如果需背记的内容没有背会，就要求张明复习后重背，直到背会为止。第二天早上上学前，董女士还会提问张明前一天比较生疏的问题。周末，董女士不但要求张明认真做好老师布置的作业，还要求张明把一周来该背记的内容再背一遍，如果有生疏的和不会的，就要求张明复习后重背。

　　董女士做以上这些事情，态度很温和，但意志很坚定。她对张明说："孩子，我知道你能行。我的陪伴和督促是对你成长和学习的帮助。在现阶段，你需要我的帮助。我相信有一天，你会自己做得很好。"

　　张明对董女士的要求很配合。一是他理解了父母的良苦用心，明白了学习的意义和重要性;二是尽管他学习基础不好,但初中一年级每天每堂课的学习内容并不多,他只要用心听课,认真背记,就能够完成妈妈要求的学习任务;三是妈妈每天陪着他,关注他每节课的学习效果,让他有一种兴奋感,每次完成一天的学习任务,都让他很开心。自上初中以后,张明每堂课都会用心听讲,课后也会及时复习,不懂就问。

一个月后,学校进行阶段考试,张明的各科成绩都在七十分以上,总分位于全班第十五名,这对董女士和张明的鼓舞都很大。两个多月后学校举行期中考试,张明总分位于全班第十二名;三个多月后,又一次阶段考试,张明又取得了进步,总分位于全班第七名。

从那儿以后,张明在整个初中阶段的学习成绩都不错,一直位于班级前列。更为可喜的是,老师的夸赞,同学的羡慕,以及自身成功的体验让他对学习产生了浓厚的兴趣,由刚开始的"不得不学"变成了"自觉想学"。初中毕业后,张明以优异的成绩考上了一所省示范高中。

现在,张明在省城的一所一本院校上大一,他每天的生活很充实,学习积极主动,职业理想是做一名优秀的程序员。董女士在陪伴张明学习一年后,又重新和爱人经营起了货运生意,生意规模又恢复到了以前的盛况。所不同的是,他们每周都会安排时间陪伴老人和孩子,每天都很开心。

我认为,董女士的成功之处在于,首先她帮助张明进入了"被动的主动学习"状态,并引导张明把这种状态转化成了主动学习的状态,最终形成了习惯。

"被动的主动学习"是我自创的一个名词,这种状态的特点是当事人受到外人强有力的督促,不得不以学会为目的,用心、尽力学习。让孩子处于这种状态,和孩子处于主动学习的状态一样,都能取得良好的学习效果,可以作为让孩子养成主动学习习惯前的一个过渡。

要让处于"假学习"状态的孩子达到"被动的主动学习"状态,只靠一次或几次严厉或动情的说教,然后让孩子凭自觉是不行的,必须像董女士一样,对待孩子既有殷切的期望,又有充分的耐心,把对孩子学习过程和效果的关注具体到每一天,每一节课,不怕费时间,不怕费精力,并且做到一丝不苟,坚决落实,长期坚持。

独立思考习惯的培养(一)

养成独立思考的习惯不仅对孩子的学习有用,而且对孩子的生存、生活和发展都是非常必要的。

如果我们把大脑当成一个普通的仓库,那么需要掌握的知识和技能就是普通的物品。

有些孩子到了小学高年级或初中阶段,即使学习很主动,也会感到很吃力,原因是他们深层次思维的能力不强。

小学高年级或初中阶段,特别是初中二年级,需要孩子掌握的知识量陡增,并且还有一些知识很抽象。这些孩子能力有限,而时间又紧,往往搬不过来,或者根本就搬不动,即使费劲搬进去了,需要时又找不到,因此学得又累又苦。这样的状况持续的时间一长,就容易掉队。

要想解决上述问题,就要培养孩子深层次思维的能力。具有较强深层次思维能力的孩子,在学习新知识时,总会把新知识和他们已掌握的知识以及自身的经验阅历联系起来,找出其内在的规律,然后分门别类,举一反三。他们积累知识时不是往仓库里搬东西,而是让新的物品在旧的物品上生长出来;他们在运用知识时不是一件一件去翻找,而是根据相关的信息和线索,交叉定位,直达目标。这样的学习,效率高,效果自然就好。

怎样培养孩子深层次思维的能力?要从小培养孩子独立思考的习惯,也就是说,深层次思维的能力是可以练出来的。

如何培养孩子独立思考的习惯?我觉得有以下三个途径:一是鼓励和保护,二是激发和诱导,三是专项训练。我着重谈谈第一条途径。

独立思考是孩子与生俱来的习惯和能力。在现实世界里,有的家长对孩子独立思考的行为和习惯很重视,能够及时地鼓励,并加以保护,从而使孩子独立思考的习惯和能力渐渐强大起来。有的家长对孩子自发的独立思考的行为和习惯重视不够或者毫无意识,甚至压制打击,从而使孩子独立思考的习惯和能力渐渐弱化甚至完全消失。

一个五岁的孩子问她的父亲:"爸爸,刚才和你打招呼的人是谁?"

父亲说：“他是我们村的一个人。”

孩子问：“他叫啥？”

父亲说：“李福田。”

孩子说：“他也姓李吗？”

父亲说：“是呀。”

孩子说：“爸爸，我发现一个规律，人的姓都在名字的前面。是不是呀？”

父亲说：“是呀，这确实是一个规律。孩子，你真棒，真会动脑筋。”

大家想想看，如果你的孩子有这样的思想和言论，你是欣赏肯定，还是漠然视之？有的朋友也许会说："我家的孩子就不好动脑筋，就不会独立思考并提出这样的问题。"如果真是如他所说，那最有可能的原因就是，在他孩子还小的时候，他的疏忽和淡漠已经把孩子独立思考的习惯给抑制住了。

大家对照一下，看看我们的生活中有没有这样的家教场景：

孩子问父亲："爸爸，刚才和你打招呼的人是谁？"

父亲说："你不认识。你问这干啥？"

孩子说："我想知道，你给我说说吧。"

父亲说："他是我们村的一个人。"

孩子又说："他叫啥？"

父亲说："哎，你咋恁好奇哩。他叫李福田。"

孩子说："他也姓李吗？"

父亲说："他叫李福田，他不姓李姓啥？"

孩子迟疑了一会儿，又问："爸爸，是不是人的姓都在名字的前面？"

父亲说："看你这孩子，人的姓不在名字前面在哪里？"

孩子张了张嘴，没再说话。

据我所知，类似的情景在生活中是普遍存在的。这样的态度和做法对孩子独立思考习惯的培养是极其不利的。

独立思考习惯的培养(二)

我小的时候,有一年冬天,深夜下了一场雪,那是那个冬天的第一场雪。第二天天亮的时候,我还没有起床,我的父亲指着窗外墙头上的一片白,问我说:"那是什么?"

我想了想,说:"那是棉花。"接着觉得不对,又想了想说:"那是盐。"父亲微笑着对我说:"你出去看看。"走出屋外,我才知道是雪。

那个时候,我意识到,白的东西,不仅有棉花,有盐,还有雪。四季轮转,到了冬天,就会下雪,雪会在白天开始下,也会在深夜开始下。

在我的记忆里,类似的例子还有很多。父亲总是喜欢找机会让我开动脑筋,独立思考。他经常这样对我说:"吃别人嚼过的馍不香。学知识要自己动脑筋多想想,理解了,消化了,才算是自己的。"在父亲的激发和诱导下,我养成了独立思考的习惯。这个习惯让我受益良多。

对孩子进行独立思考习惯的专项训练,可以从小学三年级开始。家长在争得孩子同意的前提下,可以给孩子购买一本和数学教材配套的习题集。买的书不要太厚,题目要少一些,但要有一定的难度,不要太直白,要有思考的价值,最好有一定的趣味性。习题集的后面要附有题目的解析和答案。

买来了合适的习题集,就可以鼓励孩子进行专项训练了。具体的做法是,一天让孩子做一道题,不要多。做一道题的时间不要限制,几分钟或十几分钟做出来我们予以肯定,想了一天才做出来同样要鼓励。如果实在想不起来,要看解析和答案,我们也要支持。有一点要注意,不要给孩子讲套路、说公式。之所以这样做,是因为我们的目的是培养孩子对思维的兴趣以及提高孩子的思维能力,而不是急于要题目的答案。

这样坚持一段时间以后,孩子的思维兴趣和能力会有较大的提升,独立思考的习惯自然就形成了。到那时,孩子不但不会怕动脑筋,还会主动找问题去思考和解决,对此我深有体会。20世纪七八十年代,有一个姓樊的民办老师,他用类似的方法培养孩子独立思考的习惯,非常有效。他的四个孩子都学业有成,顺利地考上了大学。樊老师的教子故事至今还在熟知他的人群中流传。

在学校,老师也注重培养学生的思维能力和习惯,但由于学生个性的差异和教学时间的限制,老师很难给每个学生留足独立思考的时间。家庭教育中培养孩子思考兴趣和能力的专项训练正好可以和学校教育互为补充。

也许有的朋友会说,我的孩子已经上了中学,还没有养成独立思考的习惯,怎么办?我的答案是,现在培养还来得及,只要你有这份心,只要你尽这份力。

学用结合

有"发明大王"之称的爱迪生学历不高,基本上算是自学成才。他从小喜欢做实验,总是在做中学,在学中做。这种学用结合的习惯让他取得了举世瞩目的成就。

生活中,有一些学生,喜欢捣鼓电器,能自己组装收音机,他们的物理电学部分往往学得非常好。这是他们能做到学用结合的缘故。

我在近几年的教学经历中发现这样一个现象:讲一遍胜过学几遍。如果让一个学生提前准备一下,然后让他在班里给同学讲一道题或者一个知识点,那么他对所讲内容的掌握会非常扎实。他以后再遇到同类问题,要比其他同学解决得既好又快。这也是学用结合的功效。

怎样培养孩子学用结合的好习惯?我有几个建议。

一是自孩子一出生就要对孩子抱着欣赏鼓励的态度,对孩子的任何尝试行为,只要没有直接的危险或明确的负面后果,就要允许,好的要及时赞赏和鼓励。现实中,有的孩子落落大方,喜欢在众人面前表演自己刚学的儿歌或舞蹈;有的孩子则畏畏缩缩,在众人面前总是羞于展示。前者多是父母欣赏鼓励的结果,而后者则多是父母要求严指责多的缘故。

二是让学龄期的孩子每天给你复述学习内容,给孩子一个展示的平台。在这个过程中,家长要亲切、和蔼、有耐心,要抱着欣赏学习的态度去倾听,要始终鼓励,绝不能指责。培养这个好习惯可以从学龄前让孩子试着复述一些简单的故事做起。如果孩子能把在父母面前展示学习成果当成一件快乐的事情并形成习惯，那么这个孩子的学习效果一定会非常好。

三是要关注、了解孩子每个阶段的学习内容，适时地结合学习内容给孩子创造学用结合的条件和机会。具体的做法有以下几点：

家长可以根据孩子不同的年龄阶段，带孩子去博物馆、科技馆、图书馆。在这些地方，孩子不但可以开阔视野，还可以印证所学的书本知识，进而引发思维以及激发继续学下去的兴趣和动机。

家长可以引导孩子看一些相对正统严肃的影视剧以及弘扬传统文化或益智类的综艺节目，并适时地和孩子探讨，倾听孩子的评价及观点，给孩子施展才华的机会。

家长可以根据孩子当前的学习内容，针对性地安排孩子参加一些和学习内容相关的生活实践，并且和孩子就生活中的一些问题进行沟通和交流。比如，夏天小区内一个露天歌舞烧烤摊噪声扰民，影响了小区居民正常的生活和休息，小王（上高三）的父亲多次制止未果，一怒之下掀翻了烧烤摊。对此你怎样看？再比如，你所在的县市有什么特产？如果把这些特产运到北京销售，有几条途径？各途径分别有什么优缺点？这些既是中学教材上的学习内容，也是生活中会遇到的问题。生活中，像这样和孩子的学习内容相关联的例子还有很多。我们可以给孩子时间和空间，鼓励孩子观察生活，参与生活。这些既是对书本知识的运用，也是另一种形式的学习。

家长可以给孩子提供一些工具和材料，支持孩子做实验，绘制地图，做手工。这些都是对课堂学习有益的补充，有助于孩子的全面发展。

家长可以鼓励孩子进行一些实用文体的写作，比如记家庭日记、写信、写个人简介、写申请等。我上小学五年级时曾给在县城住院的父亲写过一封信，那个过程让我感受到了语言的魅力和学好语文的重要性。

亲爱的朋友，只要我们有培养孩子学用结合习惯的意识，持之以恒地支持和鼓励孩子在学中用，在用中学，孩子就会在这个过程中感悟到所学知识的本质，体察到所学知识的细节，同时体会到学习所带来的成功以及快乐，从而养成学用结合的习惯并取得优异的学习成果。

第三讲　影响人一生的十二个好习惯及其培养(二)

阿娟的日记

阿娟是 21 世纪初我教过的学生。她上初三时,在全年的八次大型考试中次次都是全校第一名。最后她以全市总分第六的优异成绩考入了一所省示范高中。

阿娟的成绩曾让我感到惊奇,因为当时初中毕业班的学习氛围很浓厚,同学们你追我赶,竞争十分激烈。一个人得几次第一倒也正常,但次次都是第一就比较罕见。

为了解开这个疑团,我和阿娟的班主任兼数学老师王老师进行了沟通交流。王老师介绍说,阿娟有一个特点,凡是她在考试中或者在平时的练习中犯过的错误,绝不会再犯。细究原因,是她不但勇于总结反思,并且勤于总结反思,善于总结反思。

阿娟对待做题时出现的错误,不是就题论题去纠正,而是用心找到出现错误的内在原因。这些原因,或是某些方法没有掌握住,或是某些知识点没有记准,或是把一些相近或者相似的知识点给弄混了。阿娟每次都会把它们找出来一一解决。不仅如此,阿娟还会反思自己学习过程中为什么会出现这样的错误,从而改进自己的学习方法。

阿娟的这些做法,其实是老师们不断给学生讲到的,只是大多数同学都做不到或者不能完全做到。那么,阿娟为什么能做到?她的总结反思意识、习惯以及能力是如何形成的呢?带着这个疑问,我又采访了阿娟的父亲,并请他在学生家长会上介绍家庭教育的经验。我这样做,一是希望了解到阿娟总结反思的意识和习惯是如何培养的,二是希望好的经验能在更多家庭中得到推广。

阿娟的父亲很谦虚。他介绍说,阿娟的成长和学习他没有费太多的心,全靠学校老师教育。孩子很懂事,学习也很自觉。阿娟上小学时成绩在村办学校属于中上等,后来一直在进步。到了初中一年级,成绩就稳定在全校前十名,进入初中二年级以后,学习成绩又有进步,一直到初中三年级,成了全校第一名。

阿娟父亲的介绍给与会的学生和家长树立了一个好榜样,但并没有解开我的疑团。直到多年以后,我才有了明确的答案。

两年前的一天,我和阿娟的父亲又一次见面。他告诉我阿娟已经从一所全国名校读完研究生,和一个知名的央企签订了就业协议。我向他表示了祝贺后,再次向他请教家庭教育的方法。

阿娟的父亲认真地想了想说,前几年我问了他同样的问题后,他就一直在思考阿娟成长过程中的特别之处。他记起了这样一件事,阿娟上小学四年级的时候,作业不多,每天放学回家后很快就完成了。他见阿娟没啥事干,就建议阿娟写日记。阿娟听了父亲的建议,就开始每天写日记。

最初的一段时间,阿娟的父亲每天都会看看阿娟写的日记,并指导阿娟把自己一天来的心得体会写下来。阿娟很用心,写得也很不错,总会得到父亲的及时表扬。从那以后,阿娟写日记的习惯就坚持了下来。

听了阿娟父亲的介绍,我问他阿娟写日记的习惯坚持了多长时间,他说后来他没有再看过阿娟写的日记,但据他所知,阿娟写日记的习惯一直保持着,直到现在每天还在写日记。对此我表示了惊奇和赞赏。

我想,正是阿娟每天写日记的习惯促使她形成了勇于并勤于总结反思的习惯。这两个好习惯,前者是显性的,后者是隐性的,它们具有互相促进的关系。阿娟能够在各个阶段的学习中不断进步,取得骄人的成绩,得益于她总结反思的好习惯。

谈总结反思习惯的培养

1980年,我上小学三年级。暑假的一天,父亲正在给我理发,一个同学走过来说,校长通知学生们返校。

我听说事情紧急,便让父亲停止了理发,一路小跑赶到了学校。到校时,发现返校的学生只有几个人,我属于早到的。校长马老师看到我理了一半的"阴阳头",问明了情况,笑了笑,表示赞许。

这件事我一直留存在记忆里,作为自己从小做事认真的典型案例。近几年,我重新总结反思这件事,觉得父亲的教育理念、态度和方法才是最值得赞赏的。

假如那一次父亲这样对我说:"急什么,把头理完再走。学校的事不会有多急,晚一点去没关系。"那么对我的影响会是怎样的呢?我还会坚持我的认真吗?很难说。

可贵的是父亲没有那样说,而是毅然支持了我的选择。也许我从小就是认真的,但能形成认真的习惯得益于父亲对我认真行为的鼓励和支持。

通过对这件事的总结反思,我对家庭教育和一个人的成长历程及其关系的认识又加深了一层。

总结反思的作用就是这样,它不但能巩固人们对事物的认识,还能促使人们找到事物内在的联系和规律,从而能使人们对事物的认识整体化、系统化、深刻化。

养成总结反思习惯的人,在做人、做事、学习上常常能够达到举一反三、事半功倍的效果。长期坚持下去,一定能成就非凡的人生。

那么如何帮助孩子养成总结反思的习惯呢?我认为,最好的办法就是陪伴、倾听、欣赏、鼓励。

学习是一个人与生俱来的天性,孩子的学习原本就是在模仿、总结、反思中进行的。孩子小的时候,他们的总结反思在成人看来很简单很幼稚,但对他们来说都是了不起的创举。如果家长能及时发现孩子总结反思的行为,并能给予欣赏和鼓励,那么孩子就会发展这种行为并形成习惯。如果家长对此是漠视的态度,孩子的这些行为就可能会淡化甚至消失。

一个星期二的早上,一个五岁的孩子问妈妈:"妈妈,今天是星期二吗?"

妈妈说:"是呀。"

孩子说:"今天星期二,那明天星期三,后天星期四,大后天星期五,大大后天就是星期六,然后是星期七。是不是,妈妈?"

妈妈笑着说:"对呀,你算得真好。"

这时孩子的爸爸在旁边听了她们母女的对话,也高兴地说:"孩子你真棒,不但善于思考,还能总结出规律,真不简单。"

这个五岁的孩子听了父母的夸奖,开心极了。

在和幼年的孩子相处的过程中,上述的情况会有很多。如果我们都能像上面例子中的父母那样对孩子抱着欣赏的态度,及时给孩子以明确的鼓励,那么培养孩子总结反思的好习惯就不是一件难事。

第四讲　和孩子熟记一本家教经典

《三字经》里的大道理

王应麟是南宋末期的著名学者、教育家、政治家。他在晚年所作的《三字经》一书，本是为了教育自家子弟的。文末"人遗子，金满籯。我教子，唯一经。勤有功，戏无益。戒之哉，宜勉力"一句，可以看出作者对后代子孙的殷殷深情。

《三字经》介绍了作者对世界、社会和人的本质和规律的认识，讲解了做人、做事和学习的原则和道理，描述了中华经典概况和中国历史轨迹，列举了一些典型的家教榜样和学习榜样，篇幅不长，却给初入世者绘制出了一幅详细的人生成长向导图，可谓言简意赅、纸短情长。

时过境迁，人们的某些观念已经改变，但《三字经》里的主要观念和方法仍值得我们学习借鉴。只要我们结合现实，用发展的眼光去解读它，去利用它，同样能使它在家庭教育方面发挥巨大的作用，散发迷人的光彩。

一个人生下来就具备了做人的物质条件，就像一台电脑具备了硬件。但要成为真正意义上的人，还需要父母和社会向其输入一系列的意识和观念。这些思想条件，就像人们给一台电脑安装的运行程序等软件。

人的婴幼儿期、童年期以及青少年时期都是接受人类社会的思想意识和价值观念的关键时期，错过了，就要出问题。缺乏正确思想观念支撑的孩子，表面上看也是一天天在长大，但心智水平可能会落后。如果一个人被植入了与人类社会相违背的错误的思想观念和意识，那他的发展就更可怕。

那么，有没有一套完整的、系统的、高效的人生原始启动系统呢？有。我觉得《三字经》就是一个不错的选择。其中的详情和具体的使用方法，我在后文接着说。

开篇金句（一）

《三字经》开篇直接表达观点，容易让诵读者认为这些观点原本就是自己的，不知不觉地认可并接受它，可谓妙极！

其中开篇的前四十二句，简明阐述了作者对人性，对人的发展，对学习和教育的意义的看法，充满了积极向上的正能量。我把它们称为"开篇金句"。如果这些句子能被处于童年时期的孩子反复诵读并加以理解和记忆，将会给他们以后的生活和发展打下坚实的思想基础。

"人之初，性本善"是《三字经》里最温暖的一句话。它的作用有两个：第一可以让孩子有一个非常好的自我认定——"我是好的，我是积极向上的"，这个意识会让孩子一生都充满力量；第二可以让孩子认为这个世界上的其他人也是好的，这会让孩子产生对这个世界和他人的基本信任，内心有安全感，易于亲近社会，而不是疏离社会。这些对一个孩子来说，是很重要的。

有人认为人性本恶或无善无恶，这两个观点或许都有些道理，但这些是哲学思辨问题，与当下孩子的启蒙教育和成长关系不大。有人担心如果孩子太善良，过于相信别人，就容易受到伤害。这种担心不多余，但它可以在后续的教育中得到解决。大家想一想，是不是这个理？

"性相近，习相远。苟不教，性乃迁。"这些是现实而且富含能动性的观点。人原本是善的，但不接受教育就可能会变化。大家想想，一个孩子不接受人类社会的基本理念和观点，能成为一个真正的人吗？显然不能。

我们的教育内容包含着对人的本能的限制。可这个限制不要行吗？不行。因为社会规则是客观存在的，它对人既是限制，也是保护。

那怎么办？如果孩子接受了"苟不教，性乃迁"的观点就相对好办些。这相当于让孩子这样认为："我原本是好的。但是这个好是会变化的。要想一直好或者更好，就要接受父母正确的教育。"你说妙不妙？

接着"教之道，贵以专"和"养不教，父之过。教不严，师之惰"几句，给孩子灌输了正确的教育观念。

　　孩子受教育过程中有三个常见问题：一是学习不易专心致志、持之以恒；二是习惯于父母的关心爱护，不乐意接受父母的劝导告诫；三是不能领会严师的良苦用心。这三个问题好像是拦路虎，阻碍了孩子的学习和成长。但是如果孩子通过对《三字经》的诵读接受了上面几句话所包含的观念，就具备了解决这三个问题的思想基础。

开篇金句（二）

　　《三字经》从"子不学，非所宜"到"首孝悌，次见闻"讲了人为什么要学习，学习的基本内容是什么。这和前面讲的人要接受教育才能保持善的本性并且有所发展一脉相承。其中有道理，有例子，可谓金玉良言。

　　黄香为父母温席和孔融把大梨让给同辈兄弟的故事随着《三字经》被人们广为传诵，成了中华民族孝敬父母、礼让兄弟姐妹的典范。孝悌观念是十分重要的，它是支撑人的各种观念的起始和基础。自古就有"求忠臣于孝子之门"的说法，至今这个说法仍然大有道理。

　　培养一个人的孝悌观念不仅仅是对父母好，对家庭好，对社会好，受益最大的还是具有孝悌观念的人自身。社会上有很多人，他们负重奋进，努力工作和生活；他们规避风险，保护自己；他们爱惜荣誉，传承美德。其根本原因是他们爱父母，爱家庭。这样做，他们也获得了充实而幸福的人生。

　　我十八岁那年，已经工作。到了冬天，我的手还是和往年一样被冻坏，肿得像红萝卜一样。母亲看见了很难受，埋怨我说："长大了，上班了，还不会照顾自己，真让人操心。"

　　母亲难受的表情深深地刺痛了我的心。为了不让母亲再难过，我在十九岁那年的冬天，特别注意保护自己的手，尽量不让手裸露在冷空气里受冻。这样一年冬天下来，我的手没有被冻坏。

　　接下来的又一个冬天，我的手仍然保护得很好，就这样坚持下去，我年年冬天手被冻伤的顽疾竟然彻底好了。治愈它的灵丹妙药就是我对父母的孝敬之心。

孝悌观念这样重要,怎样来培养?从小培养。"父善教子教于孩提",如果不在孩子小时候对孩子进行孝悌教育,等孩子大了,已经养成了自私自利的性格才去教育就有些晚了,因为"嗜欲可以夺孝"。

进行孝悌教育的具体方法有三:一是渗透孝悌观念;二是明确孝悌要求;三是做好孝悌榜样。《三字经》开篇这几十句,就是给孩子渗透孝悌观念的好教材。在孩子孩童时期,在茶余饭后的休闲时光里,父母和孩子一起手捧《三字经》,读一读,讲一讲,议一议,该是何等地温馨幸福。这样做对给孩子渗透孝悌观念十分有益,其教育意义和价值胜过给孩子满筐金、满箱银。

《三字经》里看世界(一)

"首孝悌,次见闻。知某数,识某文。一而十,十而百。百而千,千而万。"这些句子说明,一个人在养成孝悌意识的同时,还要丰富自己的见闻。丰富自己的见闻要从知数、识文开始。

知数是一个人起码的教育条件,十进制是人类文明智慧的结晶。孩子们读《三字经》中的这段文字时,如果已经知数,会产生一种自豪感;如果还没有知数,可以以此作为知数的起点。

接下来,《三字经》巧妙地用数字来描述这个世界的概况,诸如"三才""三光""三纲""四季""四方""五行""六谷""六畜""七情""八音""九族""十义"等。这些涉及了自然环境及其构成、人类社会的框架和运行规则、人类赖以生存的物质条件以及人的基本情感特征和传承等方面的内容。

《三字经》里的这些内容不但格局很大,而且简明扼要,门类广泛,易读易记。因此,尽管随着时间的推移,人们对自然、社会以及人类自身的认识已经发生了很大的变化,但是我们仍然可以让孩子诵读这些内容,作为他们对这个世界和社会认识的起点和基础。

在具体的诵读过程中,我们可以给孩子做一些简单的解释。随着孩子年龄的增长,我们还可以引导孩子去探讨这些文字的深层含义。

"三才者,天地人。"把人和天、地并称"三才"既反映了人们对自然环境的重要性的认识和对自然的敬畏之情,又体现了人们对自身价值的充分肯定和积极向上的进取精神。

《易经》上对"三才"的描述是这样的:立天之道曰阴与阳,立地之道曰柔与刚,立人之道曰仁与义。这句话包含天人合一的思想,还包含凡事要一分为二又要合二为一的辩证统一思想。我个人认为,古人把"阴""柔""仁"分别放到"阳""刚""义"的前面,隐含了"柔弱胜刚强"的生活哲理。

孩子在少年儿童时期,对《三字经》的诵读会让他们产生对这个世界的粗浅认识,这样他们就有可能在以后的生活、学习和成长的道路上逐步加深和发展这些认识,从而变得更豁达、更睿智、更积极。

关于"三纲"的内容,有不少人提出了反对的意见。事实上,对"三纲"思想的错误引申和僵化运用也确实阻碍了社会的和谐和进步,这些现象不容否认。然而,"三纲"思想的本质究竟是什么?它对人类社会的构成和运行有没有积极的意义?现在有没有学习和探讨的必要?这些问题,我在下文接着说。

《三字经》里看世界(二)

对于"三纲",有人这样说:"君为臣纲,父为子纲,夫为妇纲。"还有人说:"君叫臣死臣不得不死,父教子亡子不得不亡。"这种一边倒的君臣、父子、夫妇关系,让人望而生厌。

在现实世界里,确实存在过上面这些思想,也确实出现过上面这样的现象。有这样思想和现象的社会和家庭往往是僵化的、腐朽的,一般都不能持久,其短暂的平衡很快就会被打破。有句话这样说:"君不君,臣不臣。父不父,子不子。"

那么,"三纲"究竟如何来理解呢?如果真的是"君为臣纲,父为子纲,夫为妇纲",那为什么不说"三纲者,君父夫"呢?事实上,《三字经》里是这样说的:"三纲者,君臣义。父子亲,夫妇顺。"

我个人认为,"三纲"的意思是这样的:人生在世,有不可回避的三种社会关系,分别是君臣、父子、夫妇。这三种关系构成了一个人人生的主要框架,好比是纲。所谓"纲",就是提网的总绳。人与人的关系密密麻麻,错综复杂,就像一张网。上述的三种关系是主线,是纲,纲举则目张。

"三纲"中的每一种关系都有两个主体,其关系都是相互的,其中的每一个主体都有自己的责任和义务。

社会发展到现在,"三纲"中的三种社会关系已发生了很大的变化。君臣关系,现在主要是国家和公民的关系,或者也可以看作在社会各个组织单位中的上下级关系。

父子关系现在应该泛指父母和子女的关系。这种关系可以简称为亲子关系。

夫妻关系在古代一般是男性占主导地位,或者说是男主外,女主内。而现代社会中夫妻关系已演变成了两种类型:一种类型是夫妻双方完全民主平等,另一种类型是夫妻在家庭主导权上有主次之分。其中第二种类型有男性占主导位置和女性占主导位置两种情况。

尽管"三纲"中的三种社会关系的形式和内容都发生了这么大的变化,但有一些根本的东西没有变:一是这三种关系极其重要,是任何一个人在社会上都不可回避的;二是其中的每种关系的两个主体之间都有对应的责任和义务,两者只有相互尊重,才能和谐统一。

大家试想一下,一个人如果这三种关系都处理得很好,那他的人生会差到哪里?一个人如果这三种关系中的某一种关系处理得不好,那他的人生又会好到哪里?

让孩子在少年儿童时期读读《三字经》,接触一下有关"三纲"的内容,给孩子一个初步的印象,在孩子的成长过程中,引导孩子去思考,去判断,逐步形成自己对上述三种社会关系的看法和观念。这样做对孩子的为人处世是有帮助的,同时也是在为孩子一生的发展和幸福奠定基础,是一件很有意义的事。

中国谣

"曰仁义,礼智信。此五常,不容紊。"《三字经》中提到的"五常",从社会层面讲,是指社会的规则和运行秩序;从个人角度来说,是指人的核心价值观念。

培养孩子的核心价值观念,是非常必要的。核心价值观念是一个人人生航程的指向标,也是让一个人心灵宁静的定海针。

随着时代的变迁,人们的核心价值观念有不变的东西,也有逐渐发展变化的内容。我们在引领孩子诵读《三字经》的时候,可以以其中"三纲五常"的内容为由头,和孩子们探讨交流有关核心价值观念的问题。当然,这件事需要一个长期的过程,不能一蹴而就。具体怎样做?下面我谈一下自己的做法。

近几年,我在引领孩子们诵读《三字经》的时候,把自己创作的以社会主义核心价值观为内容的"中国谣"加了进去。其详细内容是这样的:

中国人,有慧根。五千年,核心存。至当今,路更明。价值观,共奉行。国与家,当富强。集众智,倡民主。尚文明,和谐生。社会大,任自由。人平等,事公正。权责明,法治公。我公民,当爱国。勤敬业,家国兴。讲诚信,立身稳。重友善,人人敬。大道简,笃行之。传万年,仍有名。

我认为,这样做一可赋予《三字经》以时代气息,二可借此让孩子们记住并逐渐培育社会主义核心价值观。

可能有些人会认为,倡导和培育社会主义核心价值观,主要是对国家有意义,因为人民有信仰,国家就有力量。其实,养成社会主义核心价值观对个人也有着十分重要的作用。

"富强"是社会主义核心价值观的第一个关键词。弱国无外交,一个国家只有富强起来,才能让人民拥有真正的尊严和幸福。一个国家是这样,一个家庭也是这样。如果一个孩子具有了这样的观念,还怕他没有追求,还怕他不去奋斗吗?

"自由"是社会主义核心价值观在社会层面的第一个关键词。海阔凭鱼跃,天高任鸟飞。这个观念有助于孩子潜能的开发,能激励孩子去追求更为广阔的个性发展空间。"法治"也是社会主义核心价值观的一个关键词,它看似和"自由"对立,其实它们是一对和谐的统一体。自由需要法治的保障,法治是为了更多人更大的自由。如果一个孩子树立了这样的观念,还怕他不能很好地融入社会吗？

"爱国"是社会主义核心价值观在个人层面的第一个关键词。爱国主义教育不仅仅是学校和社会的责任，也应该是家庭教育的重要内容。一个爱国的人，时时刻刻和祖国同呼吸，共命运，每天都会很有精神，每天都会很有力量。他们一般都积极、乐观、有担当。一个不爱国的人，会觉得周围绝大多数人和事都和他无关，或者都在和他作对，整日郁郁寡欢，怨天尤人。他们一般都消极、悲观、缺乏责任心。这两种人的人生境遇可以说有天壤之别。由此可见，培养孩子的爱国观念是一件很重要的事。

事实上，社会主义核心价值观中的每一个关键词对每个公民都有着重要的意义。在《三字经》中加入社会主义核心价值观的内容，既是对《三字经》的补充和发展，又给社会主义核心价值观的培育和发扬提供了一个很好的载体。

我们以加入了社会主义核心价值观内容的《三字经》为教材，引导孩子诵读、思考、践行，就像在孩子的心灵深处播下了一粒粒希望的种子。这样做，我们可以坚定地认为，孩子的未来可期。

《三字经》中提到的经典书籍

《三字经》从"凡训蒙，须讲究"到"经既明，方读子。撮其要，记其事。五子者，有荀扬。文中子，及老庄"，列举了人们求学经世必读的主要书目。

这些书目中的大多数，诸如《周易》《诗经》《论语》《孟子》《大学》《中庸》《春秋》《荀子》《老子》《庄子》等至今仍影响着我们的思想、文化和生活。

现如今，中小学语文课本上的古诗文有相当多都出自上述典籍，从侧面说明了让孩子们了解这些经典的必要性和重要性。

我个人认为，学习这些典籍有三个作用：

一是可以让我们洞悉人生哲理，丰富我们的思想和灵魂。

《周易》上有一句话："天行健，君子以自强不息；地势坤，君子以厚德载物。"古代的先贤们善于观察和学习，积极进取，效法天地，具有朴素的唯物主义世界观、人生观。他们看到天上的太阳无论风雨阴晴,无论春夏秋冬,无论天南地北,每天都从东方升起,从西方落下,成年累月,从不间断;他们看到大地广阔无边,承载万物,滋养万物,不厌不弃,从容不迫,敬仰之情油然而生,进而产生了效法和学习的念头。这句话可以说是我们中华民族的精神支柱,可以作为我们每个人做人做事的准则和目标。有些学校以"自强不息,厚德载物"作为校训,正是取的这个意思。

二是可以指导我们的生活、工作和学习。

《论语》中有这样一句话:"学而不思则罔,思而不学则殆。"这句话的意思是单纯学习而不动脑筋思考就会陷入迷茫之中,只空想而不学习就会精神疲倦而无所得。这两种学习方式都不会得到好的效果。

《论语》中还有这样一句话:"不愤不启,不悱不发。"这句话的意思是不到学生努力想弄明白,但仍然想不透的程度时,先不要去开导他;不到学生心里明白,却又不能完善表达出来的程度时,先不要去启发他。这个道理也适用于父母对孩子的教育。

以上两句话道出了教与学的真谛,至今对人们仍有指导意义。在《三字经》所提到的这些古代典籍中,类似的语句和篇章还有很多,涉及我们生活、学习、工作的方方面面。

三是能让我们领略到语言文字的精妙和魅力,提高我们的表达水平。

这些古代经典书籍,精练简洁,篇篇都是美文,为后世留下了许多成语和典故,至今仍在广泛使用。

"合抱之木,生于毫末;九层之台,起于累土;千里之行,始于足下。"这句大家耳熟能详的名言就出自两千五百年前的老子的《道德经》。类似的例子不胜枚举。

引导孩子在少年儿童时期诵读《三字经》,让他们对这些古代经典有初步的印象,一可使他们在语文课堂上学到相关篇目时有一种亲切感,易于接受;二可引导孩子在人生的某个阶段走进古代经典的殿堂,陶冶情操,修身养性。这些就是利用《三字经》进行家庭教育的大成果。

历史是一面镜子

历史是一面镜子，以史为镜，可以知兴替。《三字经》自"经子通，读诸史。考世系，知终始"起，用了一百余句简明地介绍了中华民族的朝代更迭史，其中宋代以后的内容为后人补充。这段内容是对孩子进行历史知识启蒙的绝佳教材。

"嬴秦氏，始兼并。传二世，楚汉争""迨至隋，一土宇。不再传，失统绪"。秦朝和隋朝都是中国历史上由长期的分裂走向统一的王朝，是强盛的王朝，同时也是短命的王朝，都是经历了两代皇帝就灭亡了。

秦朝和隋朝快速由盛到衰的主要原因是当政者骄傲自满，贪大求功，以至于过度地消耗了国力、民力，同时又忽略了潜在的危险。

这两个朝代的后继者汉朝和唐朝都从前朝吸取了经验和教训，因而能够长治久安，在中国乃至世界的历史上赢得了显赫的地位。

汉朝初期的休养生息政策促成了"文景之治"的局面。唐太宗听从魏徵的建议，把江山社稷比作船，把普通百姓比作水，说："水能载舟，亦能覆舟。"这种民本思想是"贞观之治"形成的重要基础。吸取前朝教训，居安思危，励精图治，是产生这些思想和做法的深层原因。

秦朝和隋朝给后世留下的不仅仅是教训，还有宝贵的经验。这些宝贵的经验涉及政治、经济、思想、文化等各个方面，有些至今还在发挥着作用。秦朝初创的郡县制和隋朝初创的科举制度就是其中明显的例子。

隋朝皇帝创建科举制度，开科取士，主观的想法是广泛地选拔人才，为其政权服务，客观上起到了防止社会阶层固化的作用。自隋以后的约一千三百年，又经历了唐、宋、元、明、清几个大的封建王朝，这些朝代能够长期统治有诸多原因，其中重视科举制度，广泛选拔人才，打通了广大基层民众上升的渠道是一个重要因素。

一个人不可能生活在完全封闭的世界里，要想适应这个社会，要想有更加幸福的生活，需要不断学习。和年幼的孩子一起诵读《三字经》，学习《三字经》，探讨交流，借助先贤的智慧对孩子进行启蒙教育，不也是一种明智之举吗？

王应麟劝学的启示

赵普是宋太祖赵匡胤的一个重要谋士,是北宋开国功臣,后官至宰相,表现出了非凡的治国理政才能。

他酷爱学习,每天处理完政事回到家,无论早晚,总要拿出书来读,他的经历为后世留下了"半部《论语》治天下"的美谈。可以推测,赵普之所以具有超常的智慧和过人的才能,与他终身勤奋学习的精神和态度是分不开的。

王应麟在《三字经》里用"赵中令,读鲁论。彼既仕,学且勤"记录了赵普勤学的故事,以此说明读书学习的重要性,激励后代子孙勤学习,勤读书。

在《三字经》里,自"昔仲尼,师项橐"到"唐刘晏,方七岁。举神童,作正字"用了近二百字列举了大约十五个经典的勤学故事,这些故事有各种类型,除上面提到的功成名就依然坚持学习的例子外,还有圣贤勤学、无书勤学、无师勤学、家贫勤学、身劳勤学、年长勤学、年迈勤学、男童勤学、女童勤学等。

在这些故事后面,作者语重心长地说了一段话:"犬守夜,鸡司晨。苟不学,曷为人。蚕吐丝,蜂酿蜜。人不学,不如物。"透过上面这些文字,我们可以看出王应麟劝后代子孙读书勤学的良苦用心。

万事开头难,引导孩子读书学习也不是一件容易的事。一个人生来就有学习的意识和能力,但这里的学习是指对与基本的生存和生活相关的常识及技能的学习。要想让孩子通过书本去学习人类几千年来积累下来的间接知识,我们需要对他们进行引导和激励。

引导孩子读书学习,是用"牛不喝水强按头"的办法,还是用循循善诱的办法,这是一个问题。我想,答案明显是后者。王应麟用讲故事的方式来劝学的方法给我们指了一条明路。

在孩子学习的启蒙阶段,教孩子读读《三字经》,给孩子讲一讲文中提到的古人勤学的故事,用这种方式给孩子说明学习的意义,树立学习的榜样,对培养孩子的学习意识,坚定孩子的学习信心是十分必要的,也是十分有效的。

读《三字经》，要把它读活，不要把它读死。一方面，对其中的勤学故事要结合现实，有所删减，有所侧重，有所补充，力争让所讲道理深入孩子的心里。另一方面，要领会其思想实质，开拓思路，积极实践，把引导孩子勤奋学习的意识转化成具体的行动。

李先生的孩子今年六岁，到了该上小学的年纪。就在前几天，李先生按事先的约定，带孩子去参观村里的小学。刚出门的时候，孩子对李先生说："爸爸，以后上学你能天天接送我吗？"李先生说："可以。"

在路上，李先生和孩子边说边聊，不时给孩子介绍路边的景物特征，有意地让孩子熟悉道路。

到了学校，校门锁着。透过门栅栏，可以看到清幽整洁的校园和一排排教室。李先生指着一个教室让孩子看，告诉她那就是一年级的教室。静静的夏季中午，轻松愉快的氛围，让孩子的内心生起了对新学年新学校的向往。

返回的路上，李先生对孩子说，村里的这所学校虽然小，却培养了许多优秀的学生。孩子接话说："爸爸，你是不是其中优秀的学生？"李先生说："我是，但不是最优秀的。有一些毕业生比我优秀。"孩子说："谁比你优秀，你能给我说说吗？"

李先生听了孩子的话，微微一笑，指着路边的一户人家，说："能呀。这家有一个学生就非常优秀，她在咱村学校上学，直接考上了省重点高中，后来又考上了上海的一所大学，毕业后为国家和社会做了很大贡献。"

听李先生这么一说，孩子说："这个优秀的学生是不是你以前给我讲过的，从小家庭条件不好，每天上学前还要烧火做饭，一边烧火做饭，一边看书学习的那个人？"李先生说："是呀，你真用心。"

父女两人又走了一会儿，孩子问李先生："爸爸，我是不是一个优秀的学生？"李先生说："只要你用心学习，一定会成为一个优秀的学生。因为'青出于蓝而胜于蓝'。"孩子听了李先生的话，很开心。

到了家门口，孩子对李先生说："爸爸，以后上学我自己去，我知道路，太近了。"李先生高兴地说："好。"

在过后的几天里，孩子每天都在盼着开学的日子。

第五讲　科学认识孩子成长的不同阶段

一句扎心的话

五年前的一天,在省教育厅组织的一次家庭教育指导师培训总结会上,负责组织工作的杨老师介绍了部分学员的学习心得。她说到一个学员的学习心得是这样写的:"通过这次培训,我发现自己过去在教育子女的问题上,简直猪狗不如。"

杨老师的这些话一出,全场一片哄笑。我也跟着大家笑了笑,但很快就陷入了沉思之中:究竟是谁会写出这样的心得体会?他以前又是怎样教育子女的呢?

当时我回忆起了 20 世纪 80 年代的一个人,一件事。这个人是一名国有工厂的工人。他一个人在城里,爱人和孩子都在农村老家。他通过自身的经历和对社会的了解,认为读书学习考大学是孩子将来过上幸福生活的最好出路,因此非常重视孩子的学习。

他不仅给孩子提出了明确的学习要求,还从生活费中挤出钱来,给孩子买了很多课外书籍和文具。在当时的农村,重视孩子学习的人不少,但能像他一样在孩子学习上投资的人不多。

他的孩子们学习都很努力,但学习成绩一般,这种现象在当时很普遍。因为影响学习成绩的因素很多,不只是靠努力就行。他面对孩子这样的学习成绩,内心很焦躁,对孩子的督促更严了,时不时还会呵斥和责骂孩子。

有一天,他调休在家,闲着无事,就站在村口等孩子从邻村放学回家。远远地,他看见自己上初二的孩子和另外三个同学一同走了过来。这三个学生他都熟悉,他们的家境一般,父母都是农民,学习上也没有过多的投资,但学习成绩都比他的孩子好些。那个时刻,他的心莫名地烦躁起来,脸色变得很难看。这时,他的孩子也看到了他。孩子见经常不在家的爸爸回来了,并且来接他,显得非常兴奋,飞快地跑了过去,热切地叫了一声:"爸。"这时,他竟然说了这样一句话:"叫啥叫,叫爸学习就好了?"说完这句话,扭头就走了,留下了惊呆的孩子和他的三个同伴。后来,他的孩子因精神压力太大,初中没上完就退学了。其中的详情和细节与本文的主题关系不大,我就不再赘述了。

我想,他如果参加了家庭教育指导师的培训,系统地了解了儿童成长和家庭教育的原理和规律,他会有怎样的感受?又会写出怎样的心得体会呢?

孩子的发展有三个方面:一个是生理的发展,包括孩子的大脑、神经系统、身体各个器官的形态、结构和功能的发展变化;一个是认知的发展,包括孩子的感觉和知觉、注意力、记忆力、思维、语言和智力的发展和变化;一个是人格和社会性的发展,包括孩子的自我意识、情绪的表达和控制、处理同伴关系和亲子关系的态度和能力、行为动机的发展和变化等。

孩子的发展有以下五个规律:第一,发展是连续的;第二,发展是有顺序的;第三,发展是不平衡的;第四,发展是有个体差异的;第五,发展存在一定的关键期。

上例中的这个人重视孩子读书学习原本是对的,但他只关注了孩子的认知发展的某些方面,忽略了孩子整体发展的重要性。同时他又不了解孩子发展的规律,急于求成,并且态度粗暴,结果在孩子的教育问题上酿成了大错。

前车之鉴,后事之师。为人父母不容易,单单是教育孩子就不容易。并非孩子一生下来我们就可以轻松地做好父母,就可以随意地教育孩子了,我们还需要学习一些必要的科学知识,用这些知识来武装我们的头脑,来指导我们的言行,使我们在养育孩子的道路上大方向不错,少犯些错误,尽量让孩子健康全面地发展。

从本文开始,我将陆续给大家介绍有关孩子成长的一些知识,希望能对大家有所帮助。有一个词叫"抛砖引玉",我想用到这里很贴切。我的介绍只是自己的一点浅见薄识,要想系统地了解孩子的成长和发展规律,还需要大家通过合适的渠道和方式进一步学习。

三岁前的孩子(一)

人的胚胎在形成两个月时,大脑就开始迅速发育。在怀孕期间,母亲合理充足的营养、愉悦平和的心情、轻松适度的运动和外界刺激以及赏心悦目的环境都是对胎儿最好的教育。

胎教是家庭教育的序幕,孩子从出生的那一刻起,正式的家庭教育就开始了。从本文开始,我计划用三篇文章说说三岁以前孩子的家庭教育。

著名发展心理学家埃里克森提出的心理社会发展观指出,人的一生分八个阶段,每个阶段都面临一个发展危机,每一个危机解决得好与坏都影响着他以后的发展。

这八个阶段中,最初的两个阶段在孩子三岁之前。第一个阶段从孩子出生起到孩子一周岁半止。这个阶段的孩子面临着对世界和他人是信任还是怀疑的危机,其中对孩子发展影响最大的是他的照看者。第二个阶段从孩子一周岁半起到孩子三周岁止。这个阶段孩子面临的危机来自自己的吃喝拉撒等日常行为和对外界的探索。此阶段对孩子发展影响最大的是孩子的父母。

如果一个人在婴幼儿时期对世界和他人怀有基本的信任,对自我的管理和对外界的探索是自觉主动的,那么这个人的内心就是温暖的,也是幸福的。这是一个人自信的源泉,也必将转化为绵绵不断的巨大的成长和发展的力量。

反之,如果一个人在婴幼儿时期对世界和他人持怀疑态度,对自我的管理和对外界的探索是被动羞怯的,那么这个人的内心就会缺乏温暖,幸福指数会比较低,容易形成自卑的性格。这样的人成长和发展的力量就相对较小。

综上所述,三岁前的孩子所受到的家庭教育是他一生发展的基础,决定这个基础好坏的是父母的教育智慧和态度。

这个时期的教育,无外乎充足合理的营养、无微不至的关注体贴,再加上微笑、欣赏和鼓励。换一句话说,就是无条件的接纳和爱。这些说起来不算难,但做到不容易。

或许是身心疲惫,或许是情绪烦躁,或许是急于求成,或许是懵懂无知,有很多父母没有照顾好处于婴幼儿时期的孩子,没有给孩子适当的教育,没能够帮孩子很好地度过人生的前两个发展危机,给孩子以后的发展造成了不良的影响。

让人感到可悲的是,有些父母给孩子造成了不良的影响还不自知,还以为孩子天生如此,埋怨不停。

有这样的情景:夜深人静,父母沉沉睡去,他们身边的婴儿醒来,或是因为饥饿,或是因为干渴,或是因为尿液浸凉了身体,或是偶然醒来,因面对黑暗和寂静而惊惧。这时,父母却迟迟没有觉醒,那婴儿会是什么样的感觉?偶尔几次也许不算什么,如果一个婴儿经常面对这样的情况,或者从梦中醒来时父母根本就不在身边,那这个孩子对这个世界和他人的初印象会是信任的还是怀疑的呢?

还有这样的情景:父亲或是母亲要给孩子把尿,可孩子执意不尿,父母根据经验或是不想折腾,非坚持把尿。这时孩子号啕大哭,父母百般劝解,结果孩子就是不尿。等到把孩子放到床上,还没一会儿工夫,孩子尿湿了被褥。此时,父母大恼,埋怨训斥不说,更甚者还把孩子狠打几下,孩子又一次号啕大哭。下一次,父母更加坚持地把尿,孩子还是不尿,上面的情景将再次重演。

在上述过程中,父母是辛苦,但孩子更委屈。问题是孩子自主管理的内在积极性受到了打击,容易形成被动羞怯的性格。正确的做法是,父母可以适时提醒并帮助孩子撒尿,但不要违背孩子的意愿,要心平气和地接受孩子尿床的行为,态度温和地帮孩子更换干净的被褥。对孩子在撒尿问题上的点滴进步,要及时给予表扬和鼓励。这样做,有利于培养孩子的自主意识。

更常见的情况是这样的:为了省事,或是为了干净,抑或是为了让孩子舒服一些,有很多父母约束和限制了许多本应该孩子自主探索的思想、语言和行为。

有的父母不支持两岁多的孩子自主吃饭、自主穿衣,而是完全由自己代劳;有的父母不支持孩子在地上爬行;有的父母漠视、耻笑甚至斥责孩子的一些自发的思想和言行,嫌孩子幼稚或是给自己丢了面子。岂不知,这些做法都不利于孩子自主意识的培养和发展。

养儿不易,育儿也难。了解孩子不同成长阶段的科学规律和教育原理,依据这些规律和原理对孩子进行培养和教育,很有必要。这样做往往可以起到事半功倍的教育效果,特别是在孩子三岁以前。希望我在本文分享的内容能给你带来有益的启示。

三岁前的孩子(二)

孕期的最后三个月和出生后的头两年被称作"大脑发育加速期"。新生儿的大脑重量通常在三百五十到四百克,占成人大脑重量的百分之二十五。一岁时大脑重量增至九百克左右,两岁时增至一千一百克左右,已经达到成人大脑重量的百分之七十五。

婴幼儿大脑的发育包括三个方面:一是神经系统的基本单元——神经元的发育,二是连接神经元的神经纤维和突触的快速增长,三是大脑左右半球及其各个区域功能分工的专业化。

三岁以前,孩子的动作、认知、言语、情绪、个性与社会性都开始发展,并且速度很快,可谓日新月异。这些发展是孩子一生发展和成长的基础。同时,这些发展都以孩子大脑的发育为基础,反过来,这些发展又刺激和促进了孩子大脑的发育。

那么,我们能不能通过有意识地给处于婴幼儿时期的孩子以适度适当的外界刺激来促进他的大脑发育,提升他的智力水平,为他一生的成长和发展打下坚实的基础呢?可以,并且作用非常大。

具体应该怎么办?我给出一些建议,供大家参考。

第一,多和新生儿对视,表情要温和丰富,尽量多微笑,经常呼唤孩子的名字,温柔地和孩子说话。不要担心孩子听不懂,你要给他的是有益于他大脑发育的刺激。

第二,在外部环境发生改变的时候,要告知孩子或者提醒孩子注意。比如,开门或关门时,父母对孩子说"开门"或者说"关门"。类似的话还有"下楼了""上楼了""开灯""关灯"等。说这些话要和具体的情境相结合,要有耐心,语调要轻柔。孩子稍大一些能到室外活动时,要适时地结合自然环境的变化与孩子进行交流和沟通。比如,指引孩子看着月亮说"月亮",或者说"月亮真明呀"。类似的话还有"天亮了""太阳""太阳升起来了""刮风了"等。这些交流要在轻松和谐的氛围中进行,要长期坚持。

在孩子能和父母互动的时候,可以和孩子做一些简单的益智游戏。比如,父母手中拿一件东西,先在孩子面前伸开,让孩子看,然后把手握起来,让孩子寻找。这类游戏可结合场景灵活进行,要适时地运用微笑、惊讶、拥抱等表情和动作,始终对孩子保持鼓励和欣赏。要经常带孩子走出家庭,到学校、公园、动物园等地方去。这些地方人多,特别是孩子多,并且有秩序,可以给孩子大量新鲜有益的刺激。对孩子表现出来的新奇表情、模仿行为、交往欲望等,要给予关注和鼓励。

在孩子有了一定的言语能力以后,可以结合实物给孩子渗透一些具有对比意义的形容词,比如高低、大小、多少。在适当的时机,可以结合实物让孩子直观认识数"1"和"2"的意义。这个过程不要追求一蹴而就,要循序渐进,静下心,慢慢来。要明白这样做的目的并不是给孩子灌输知识,而是给孩子有益的刺激。

讲故事是对孩子的一种非常有益的刺激。给三岁以前的孩子讲故事,要简单形象、生动有趣。可以结合生活自编一些故事,自编的故事要注意内容一致,尽量不要让孩子脑海里存储自相矛盾的内容。讲书上现成的故事要注意甄别,要剔除其中过时或错误的思想和内容。到适当的时机,可以鼓励孩子自己复述甚至创造一些简单的故事。

三岁前的孩子(三)

今年夏天,我采访了一位教子有方的母亲,印证了我的家教心得。下面是我们谈话的内容。

我说:"你这两个儿子教育得不错,亲朋好友都赞不绝口。"

第五讲 科学认识孩子成长的不同阶段

她说:"是呀,我对这两个孩子都很满意。他们很懂事,从小到大,从上学到结婚,都没让我和他爸多操心。他们的婚礼都是他们自己操办的,我和他爸只是做些帮衬的事。两个儿媳妇通情达理,也让我们很满意。"

我笑着说:"这都是你教育得好。听说他们在上小学和初中的时候,每逢放学和节假日,你都要让他们跟着你去地里干活。有这事吗?是不是这样做让他们养成了好的品质和习惯?"

她说:"有这事。可这不是最重要的,最重要的是要让孩子从小养成规矩。现在的孩子为什么有很多没长成好成色,二三十了还让爹妈费心?主要是爹妈一开始惯着孩子,没让孩子养成规矩。"

她这样说激起了我更大的兴趣,于是我接着问她:"你说得太好了。培养孩子的规矩意识,从什么时候开始好呢?"

她说:"教孩子有规矩得趁早,晚了就不起作用了。"

我又问:"那得在孩子几岁?五六岁吗?"

她说:"五六岁就晚了,两三岁时就要教孩子有规矩。你没见有好多五六岁的孩子,爹妈说着不听,打着也不听,随便得没个样子。"

我说:"是得早些。你是怎样教孩子学规矩的?有没有打过孩子?"

她说:"不用打孩子,也不用咋费劲。平时注意点就行。"

我一听,笑了,说:"你真是一个家庭教育的行家。你能说一个具体的例子吗?"

她说:"行呀。"

下面是她分享给我的一个教子故事。

她的大儿子两岁多的时候,他们两口连同孩子的外公外婆去镇上赶集。到了中午,他们去一家牛肉汤馆吃饭,最初的安排是大人喝牛肉汤吃烧饼,给孩子在旁边店里买一个豆腐串夹馍。可孩子说要和大人一样吃烧饼,不吃豆腐串夹馍。这位母亲就给孩子了一个烧饼,同时给孩子盛了一些牛肉汤。等到大人们吃完饭,孩子的烧饼也吃了一半。这时,孩子说不想吃烧饼了,要求买一个豆腐串。孩子的外公听孩子这样说,就要给孩子买夹馍。这位母亲制止了孩子外公的行为,对孩子说,把烧饼吃完,如果还感到饥饿,就买夹馍,如果不饿了,这次就不买夹馍,想吃的话,下次再买。孩子听了妈妈

119

的话,就没再坚持买夹馍,而是拿着烧饼,边吃边跟着大人离开了饭店。

分享完这个故事,这位母亲说:"在孩子三岁以前教给孩子规矩,比如让孩子为自己的选择负责,不浪费等,孩子容易接受。如果三岁以前放任孩子,不给他定任何规矩,等到孩子养成了不讲规矩的坏习惯,到了不约束不行的时候再去给他讲道理,或者骂他打他,作用都不大了。"

我听了她的分享,说:"是呀。三岁以前正是孩子认识这个世界的初始阶段,给他讲规矩他会认为理应如此,讲规矩成了他的认知,甚至变成了他的潜意识,因此以后会自觉践行。如果在孩子三岁以前放任他不讲规矩,他会认为不讲规矩是天经地义的,等到孩子大了你让他讲规矩,他从内心深处就不接受,自然会反抗。"

这位母亲说:"还是你说得好,就是这个意思。"

我笑了,说:"说得好不如做得好,你是说得好又做得好。"

她听我这样说,也笑了。

三岁前的孩子,处在建立对世界和社会以及自我的基本信任,奠定智力基础,养成规矩意识的关键期。俗话说"三岁看小",此话不虚。希望以上三篇文章能引起大家的思考和重视。

学龄前期的孩子(一)

三岁到六七岁这段时间和三岁以前一样,也是给整个人生打基础的重要时期。这个时期可以称为学龄前期。

在这个时期,孩子试图像成人一样做事,希望承担更多的责任。可以说,孩子成人以后所取得的成就和这个时期的发展状况有一定关系。

如果他的行为能得到父母充分的欣赏和鼓励,那么他的主动性就会得到很好的发展,进而促使他将来取得较大的成就。反之,他会产生内疚感,成为一个依赖性较强的人,未来的成就一般情况下会较小。

现实生活中,很多父母能够做到对三岁以前的孩子完全接纳,但面对三到六岁的孩子却不够淡定,常常会急躁焦虑,批评斥责孩子,甚至给孩子下定义,贴负面标签。这些对孩子主动性的发展是不利的。

为什么会有上述现象？因为三到六岁的孩子会经常出现以下两类问题。

一是会一而再，再而三地犯同样的错误，怎样提醒都不听，都改不了。比如，学龄前期的孩子会在吃饭时执意要求自己盛饭，还要给爸爸妈妈盛饭，可是他又盛不好，四下撒饭，弄得满身满桌都是饭，还时不时地碰到爸爸妈妈身上。爸爸妈妈在一旁一再提醒要小心，并教给他方法，可他就像没听见，继续尝试，继续制造出问题，让人觉得他好像在故意捣乱。

二是学习意识不强，记忆能力差。比如，有些家长想教学龄前期的孩子识几个数，认几个字，背几首简单的古诗，这本无可厚非。可有的孩子就是记不住，或者干脆不配合，或者磨磨蹭蹭，时间用了不少，效果一点也没有。可反观一些别人家的孩子，同样的内容早已背得滚瓜烂熟。但其实自家孩子对一些他本人感兴趣的事物，也能够记得清清楚楚，让成人都自愧不如。可这些他记忆的内容，却大多与他将来上学要学的东西无关。

从表面上看，具有上述行为的孩子存在着问题。其实不然，这些都是孩子成长过程中的正常现象。我在前面说过，孩子成长的过程具有顺序性和不平衡性。在学龄前期，孩子神经的兴奋性发展优于其抑制性发展，无意记忆的发展优于其有意记忆的发展，这是产生上述现象的内在原因。简单地说，一个人将手臂伸开和收回需要神经的兴奋性，也需要神经的抑制性。健康的成人两者均衡发展，故能收缩自如。而学龄前期的孩子神经的兴奋性发展快，因此能主动做出很多动作。但由于神经的抑制性发展慢于其兴奋性的发展，因此动作的控制性不强，具有不稳定的特点。这是现象一的内在原因。

无意记忆类似于有心栽花花不发，无意插柳柳成荫。孩子对经过、见过、听过的内容，如果特别感兴趣，就会不自觉地记住，这叫无意记忆。有意记忆是自己即使不感兴趣，也能被动地去记忆。学龄前期的孩子，无意记忆的发展很快，已经接近成人的水平，而有意记忆的发展却刚刚起步，处于萌芽状态。这是现象二的内在原因。

别人家的孩子能背几首古诗，你家的孩子却不会，大概是因为别人家的孩子对那几首古诗恰恰有兴趣，而你家孩子却不感兴趣而已。待到你引导自家孩子对那几首古诗产生了兴趣，或是你的孩子再长大一些，有意记忆发展起来，背几首古诗，其实很容易，实在不必着急。

正常发展的孩子被父母误解、批评、斥责，不但不利于孩子的成长，反而是对孩子的伤害。对学龄前期的孩子来说，这种伤害是巨大的，难以弥补的。

真诚地希望大家能用心研读此文，并系统地学习一些心理学和教育学的知识，做一个有智慧的家长。这样做，不仅有益于自己的家庭，也会有益于这个社会。

学龄前期的孩子（二）

一个人人生的每一个阶段，总有一些人对他有着重要的影响。我们不妨把这些人称为重要他人。

人在一周岁前，重要他人是其照看者；一岁到三岁，重要他人是其父母；三岁到六七岁，重要他人是他所在家庭的全体成员。

有一个道理许多人都明白。父母养育孩子，一要关系和谐，二要教育观念基本一致，三要在具体教育行动中协同配合。实际上，要想养育好孩子，全体家庭成员也要达到这三个要求，特别是在孩子的学龄前期。

孩子在学龄前期，关注和交往的主要对象由父母扩展到全体家庭成员，并以此为过渡，慢慢发展到家庭之外的其他人。在这个时期，每一个家庭成员都会对孩子产生重要的影响。

如果一个家庭的成员在教育孩子问题上观念不一致，甚至恰恰相反，又不知沟通交流、求大同存小异，而是各行其是，那么不但会让孩子左右为难，还会给孩子的成长发展造成不良的影响。

如果一个家庭的成员关系不和谐，彼此拆台，互相攻击，又不知避讳孩子，甚至以孩子为工具，发泄自己对家庭其他成员的不满，那么就会给孩子的人格及核心价值观念的形成造成不良影响，给孩子留下难以弥合的伤痛。

孩子在学龄前期，随着其生理方面和心理方面的成长发展，其视野和活动范围也逐渐由家庭扩展到家庭之外。相对于社会上的其他人，家庭成员和孩子的关系是稳定的、亲密的、有爱的，这一方面可以帮助孩子增强对社会的基本信任，另一方面可以帮助孩子养成建立亲密关系的意识。

亲密关系的对象除父母、其他家人以外，还有同学、老师、同事、恋人、爱人等。建立亲密关系是人的一种社会需要，它能让人从中获得安全感和力量。

一个在和谐友爱的家庭中成长起来的孩子，对社会和他人怀有基本的信任，容易和他人建立亲密关系。在亲密关系中，他的感觉是自然自在的、平等的、安全的、温暖有力的。

一个在关系不和谐的家庭中成长起来的孩子，尽管也有与他人建立亲密关系的渴望，但对建立亲密关系会有内在的恐惧和担心。他在亲密关系中很难感受到自在、平等和安全。这样的孩子建立亲密关系会比较困难，在这方面走的道路会曲折一些。

鉴于上面的情况可知，平等和谐的家庭关系对每一个人都很重要，对学龄前期的孩子尤其重要。

在现实生活中，家庭和谐并不是很容易就能做到的，因为这不仅牵扯到很多情况和因素，而且需要家庭全体成员的配合和努力，不是哪一个人单方面就能做到的。然而，即使再难，我们也要用心营造平等和谐的家庭关系，这是孩子健康成长的必要条件。

家有小学生（一）

家有小学生，家教千万条，培养自信第一条。

自信心对一个人有多重要？我用一个例子来说明。作为教师，我常常鼓励并帮助学习成绩处于中下游的学生努力学习，赶超先进。结果有不少学生的成绩有了明显的提升，同时也有一些学生没有变化，甚至有些还会退步。

经过观察和思考，我发现那些成绩有提升的学生，往往都有一种内在的自信，相信自己能行。而那些成绩变化不大的学生，虽然也能体会到老师的情谊,但由于内心深处不自信,认为自己在学习上是无能的,根本就学不好,所以不想努力学习,或者说做不到努力学习。

其实,自信对于做任何事情都发挥着关键的作用。换句话说,一个人自信,他做事的成功率不一定是百分之百,但一个人不自信,他做事的成功率基本会很低。

孩子六岁到十二岁,是培养自信心的关键期。在这个时期,家长引导孩子独立做一事情,学一些东西,让孩子体验因勤奋带来的成功,有助于孩子自信心的养成。

七岁那年,我上了小学。父亲喜欢让我思考一些有趣的问题,我也很乐意尝试。我们父子二人有一种默契,我不想别人告诉我现成的答案,父亲也总是希望我能自己解决问题。就这样,一个个有趣的问题被我解决了,我也一次次地体会到了钻研和成功带来的快乐。

小学二年级的时候,由于我能用几种方法解决鸡兔同笼问题,老师认为我用的可能是凑数的方法,让五年级的几个老师来听我讲解,验证我的方法。这件事对于我来说是一个极大的鼓舞,让我认定了独立思考解决问题的学习方法是正确的,同时大大巩固了我在学习上的自信。

在学习这件事上,我有这样一个认知,只要我想学,就一定能学会,一定能学好。这份自信来自我在小学时期的成功体验,它是一次次累积起来的。

孩子在六岁到十二岁,处于自我认知的关键期。他会通过自己的生活经历和体验来判断自己是不是有价值,是不是有能力,自己的价值和能力能不能通过自己的勤奋付出而逐步提升。

非常重要的是,在这个时期,孩子的上述判断会转变成孩子的潜意识,使孩子或是自信,或是自卑。这些潜意识会长期影响孩子,甚至可能影响孩子的一生。

家有小学生,在培养孩子自信心方面,具体应该怎样做呢?咱们下文接着说。

家有小学生(二)

家有小学生,家教千万条,培养自信第一条。培养孩子的自信心,主要做法如下。

要充分相信孩子的天赋和潜能,要给予孩子绝对的信任。

影响孩子建立自信心最关键的人是孩子的父母,影响孩子建立自信心最关键的时期是孩子的小学时期。孩子在小学时期及以前,所进行的每一点尝试,所取得的每一点进步、每一点成就,都是他成长的阶梯,同时也是奠定他自信大厦的基石。不管这些成就在成人世界里显得多么微不足道,都值得关注、欣赏和鼓励。孩子在这个时期,无论他在同一件事上失败多少次,无论他所犯的错误从成人的角度看多么愚蠢可笑,也无论他在一件小事上花费多少时间和精力,都不要嘲笑、批评和指责他,也不要强行打断他的尝试,而是要给他以鼓励,肯定他的执着和耐心,告诉他任何人任何事的成功都需要一定的时间;要给他以适当的指导和帮助,以及一些有效的方法或助力。对孩子想完成但难度较大的事情,可以帮孩子把事情分解成几个梯度,让孩子一小步一小步去实现。孩子可以在这个过程中体验到勤奋给自己带来的力量。

家有小学生,在培养孩子自信心的道路上,最难迈过的坎是孩子的学习。孩子上学了,拼音不会,算数不会,书写蹩脚,听讲不认真,学知识慢,作业拖拉,考试分数低,名次落后,最让人难以接受的是周围的好多孩子都比自己的孩子强。怎么办?坚决不能因上述情况批评指责孩子,更不能说孩子笨,给孩子贴负面标签。这样的话,孩子的自信心就会受到严重伤害,他很可能一生都生活在自卑的阴影里。上述情况其实很正常,很多人最初学习的时候都是困难的,有孩子现在学得好,只是他开始得早而已。也会有一开始就学得好的孩子,这种差异是因为人的成长发展既有顺序性,又有个体差异性。放到一个更长的时间段看,每个孩子的潜能都是大致平衡的,要对自己和自己的孩子有信心,同时要有耐心。造成上述现象的原因还有一个,现在有部分家长和老师对孩子有超前教育的做法。具体表现有:只需孩子认读的字让孩子会写、会组词;只需孩子会读的课文让孩子会背;算术题难度超纲;家庭作业成倍超量;等等。在这种情况下,孩子学习效果不好,有畏难情绪,做作业拖拉,字写得不好等,都是很正常的。

作为家长,面对上述现象,我们要充分理解孩子,要自始至终给孩子以欣赏和鼓励,要多给孩子加油打气。有必要的话,可以减少孩子的学习任务,降低孩子的学习难度,降低对孩子的学习要求。要适时地和孩子交流,让孩子明白学习能力的提高需要一个过程,他最终一定能行。请记住一句话,家有小学生,培养孩子的学习信心和让孩子保持对学习的兴趣比学习具体知识重要得多。

善待人生三个我(一)

有心理学家把一个人分成三个层面,分别叫作本我、自我、超我。这种划分非常有意思,有一定的道理。我们在自己认知成长和培养教育子女时,有必要了解和运用相关的知识。

本我包括人饥饿的感觉和吃的欲望、追求安逸和关注、渴望自由、趋利避害、爱慕异性等本能。自我是从本我中逐渐分化出来的,是指个人有意识的部分。它遵循现实原则,调节本我与超我之间的矛盾,以合理的方式来满足本我的要求。超我是道德化的自我,由社会规范、伦理道德、价值观念内化而来,遵循道德原则。人生三个"我"是有机的统一体,又各有分工。本我最具动能,是一个人人生力量的源泉;自我聪明灵活,是人在社会上生存和生活的有力工具和保护符;超我智慧豁达,对人的语言、行为、思维有潜移默化的作用,可以引领人取得更大的自由,感受到更深层次的愉悦和幸福。我们无论自己认知成长,还是教育子女,抑或悦纳自己、培养自信,都要善待人生三个我,不可偏颇。

邻县一个小姑娘,今年十三岁,上初中二年级。她近一年来学习格外努力,成绩突飞猛进,最近一次期末考试取得了全镇四十八名的好成绩。这个成绩较之于她刚上初中时,进步了一百五十多名。她为什么会有如此大的变化和进步?原因是这样的:她的哥哥于一年前大学毕业找了一份工作,工资不算高,但工作体面干净,关键是单位伙食好,顿顿都是免费的自助餐,每顿饭都有几十种菜品。

这个姑娘非常羡慕她哥哥的生活,也想努力学习考上大学。她有一次对外公说:"我在家很长一段时间才能吃一次肉,我哥顿顿都能吃肉。我也要像我哥那样,好好学习考上大学,找一份好工作,天天都能吃肉。"一年以来,这个姑娘学习既主动自觉,又勤奋刻苦,从没让老师和家长催促过。这就是本我的力量。古往今来,多少人因为趋利避害的本能一次次摆脱了危险;多少人为了免除繁重的劳动改进了方法创造了技术,进而提升了生产效率、推动了社会的进步。这都是本我的力量。

生活中,人们常常自觉不自觉地压制和打击一个孩子的本能,这种做法的危害性很大,对孩子的成长和发展极其不利。比如有些父母常常这样说自己的孩子:"好吃嘴""好穿""怕出力""好吃懒做""自顾自,太自私"。这些评价都是不适当的,都是对本我的打压。试想一下,如果一个孩子没有对吃穿和安逸的追求,他成长的动力又会在哪里?还有些家长对孩子对异性的好奇和爱慕担心和压制,说男孩"小流氓",说女孩"瓜瓜妮,不知羞"等等,让孩子以了解和亲近异性为耻,这也是对本我的压制。这样做可能会造成孩子长大以后和异性交往的障碍。

正确的做法是,首先认可和接受孩子的一切本能行为,然后在必要的情况下予以适当的引导和规范。

善待人生三个我(二)

上文中提到的本我是与生俱来的,具有巨大的源源不断的力量。然而本我在现实世界里是不可能完全实现的,它必须适应环境和社会规则而做出改变。当然,每个人都会因适应环境和社会规则而做出改变,这就是自我的意义。自我是人在世界上主要的生存方式和表现形式。我们要悦纳自己,建立自信心,就要接受和肯定自我,欣赏自我。

善待自我,既是一个人树立自信心的基础,又是一个人人生幸福的基础。一个人开车来到十字路口,面对红灯,他凭直觉判断没有危险,认为能够闯过去。他心里也想闯过去，只是他担心被摄像头拍到后受处罚。因此他决定遵守交通规则，等绿灯亮了再通过。这个事例中，当事人的自我起到了重要作用。它让当事人避免了不可预知的人身危险，同时又维护了社会的秩序和规则。

在孩子的人生成长历程中，自我的成长和发展是重要的组成部分。作为家长，我们一定要悉心体察，用心呵护，关注孩子的自我，理解孩子的自我，尊重孩子的自我，欣赏孩子的自我，鼓励孩子的自我。善待孩子的自我，不仅会给孩子一份自信的力量，还会帮助孩子奠定人生幸福的基础。

生活中常常有这样的场景：A 小孩想吃一种食品，让妈妈给他买，妈妈就给他买了一份。这时，B 小孩来了。B 小孩是 A 小孩的好朋友，他也想吃 A 小孩手中的食品。A 小孩的妈妈让 A 小孩把食品给 B 小孩分一半，A 小孩内心不情愿，但碍于当时的情形，还是给 B 小孩分了一些，所分食品不到总量的一半，大概比总量的四分之一多一点。这时，B 小孩接受了这个现实，并且相当满意，然而 A 小孩的妈妈看到这个情形，认为自己的孩子太吝啬，丢了自己的面子，当时就想批评训斥孩子，又怕控制不住局势，就忍着没发作，但脸色很难看。在这个事例中，A 小孩的妈妈虽然没有直接批评纠正孩子，但她的脸色已经让孩子感受到了不满和否定，这样就对 A 小孩的自我造成了打击。事实上，A 小孩把食品分一部分给 B 小孩的行为，体现了他的自我对现实的适应以及应对现实而做出的改变，应该得到肯定、欣赏和鼓励。

孩子在人生之初，就像事例中的 A 小孩，为适应环境和社会规则而做出改变，这是非常可贵的事。如果这种行为得不到父母或其他亲人的肯定，得到的反而是难看的脸色，甚至是"吝啬""虚伪""狡猾"等负面的评价，这不但会影响孩子和父母的沟通交流，还会打击孩子的自信心，降低孩子的幸福感，给孩子的成长和发展造成不利的影响。在这里，我真诚地希望事例中 A 孩子的妈妈转变观念、改变做法，善待孩子的自我，接受和欣赏孩子成长之路上的每一步。

善待人生三个我(三)

前面说过,自我体现了人对现实的适应,是人类生存生活的主要方式。善待自我,既是培养自信心的基础,又是人生幸福的基础。然而,单单有本我和自我的人是很难获得人生幸福的。其原因是,本我不可能完全实现,自我虽然既兼顾了本我又适应了现实,但总要在本我和现实之间做选择,让人有些别扭,不自由,也不自在。好在每个人都有超我。超我是人类出生以后建立的认知系统,它存在于人的意识和潜意识之中,和本我与自我一道,对人的语言、行动和思想起着指导和支配的作用。

超我和本我与自我不同的是,它能帮助人理解和接受自然与社会的规律及规则,从而促使人的行动与心灵和谐统一,进而更加自由自在,得到更深层次的幸福。这就是超我的可贵之处。一个人开车来到十字路口,面对红灯他自然地停车,耐心地等待。绿灯亮起,他从容地通过。在这个过程中,他的内心平静祥和,没有急躁,也没有犹疑。为什么这个人能做到从容安详地遵守交通规则?因为他既深度理解和认可交通规则,也高度认同个人遵守交通规则的意义和价值。这里体现了超我的意义。超我虽然被称为"道德的我",但它不等同于道德。它是人在出生后对自身、对他人、对社会和自然环境及其相互关系的认知。当然,这些认知包括对道德、规则及法律的认知。这些认知不是写在纸上的,也不是说在嘴上的,而是根植于人的内心的,是一个人不可分割的一部分。超我指导和支配人的思想、语言和行动,自自然然,没有痕迹,却又强大无比。它能让人达到身心的高度一致,从而使人到达自由自在的幸福境界。

超我的形成和发展往往伴随着人的一生,是一个漫长的过程。《论语》有云"七十而从心所欲不逾矩",说的就是超我的最高境界。古往今来,有很多人为了自己的社会理想和自身价值的完善而终生奋斗,展示出了巨大的生命活力和人性的光辉,这就是超我的力量。生活中有一些人在对物质生活的追求遭遇瓶颈期的时候就会产生倦怠,变得迷茫而又麻木,以至于在人生的最后几十年里混吃等死。这是因为他构建的超我体系不够健全。当然,这种人在现实世界里并不多见。我们中的大多数人,重视家庭的传承,重视子女的培养,把这些当作人生的使命和自身生命的延续。这些思想和意识是超我体系的一部分。它们无论对于我们自身,还是对于社会,都是很有意义的。

善待超我,就是要不断地学习和思考,完善自己的认知体系,使自己逐步达到身心合一的境界。在教育和培养孩子的过程中,我们要重视孩子超我的养成。具体做法有这些:第一,做好自己;第二,给孩子创设一个相对良好的成长环境;第三,引导孩子养成思考的习惯;第四,引导孩子看一些有价值的书;第五,鼓励和支持孩子接受学校教育。作为家长,我们学一些教育学和心理学的知识是必要的。这样做能让我们在培养孩子的过程中既知其然,又知其所以然。学海无涯,我之所学所知,仅仅是一些皮毛,如果本文能给大家一些启发,吾愿足矣。

科学认识青春期的孩子

青春是美好的。然而,有很多家长认为孩子到了青春期就有个性了,不好管了。其中的原因很简单,那就是孩子成长了,离成为一个独立自在的成人更近了。这是一件自然的事,也是一件让人欣喜的事。和处于青春期的孩子打交道,以及培养、引导和帮助他们,需要了解他们的思维特点。这样才能深刻地发现他们的可贵和可爱之处,进而欣赏他们,宽容他们,激励他们,成为他们的良师益友。

青春期的孩子在思维上有以下四个特点:抽象性和逻辑性;自我中心性;批判性;片面性和表面性。这很有意思:单看前三条,青春期的孩子就像一个睿智独立而又勇敢的成人,充满着活力和创造精神,可加上第四条,青春期的孩子就会显得既幼稚又倔强。青春期的孩子自我意识明显增强,不再盲目地接受自己不理解的要求和看法,凡事会经过自己的分析推理后再做出判断,或认可,或否定。这些是一个人必备的素质,让人独立而又坚定。同时,青春期孩子的阅历和生活经验有限,再加上他们的思维体系不够完善和成熟,使得他们对事物的看法有时会不全面不深刻。这些使他们和阅历丰富且思维稳定成熟的成人形成了鲜明的对比,二者有时还会有尖锐的矛盾和冲突。

作为家长,我们如何面对处于青春期的孩子,如何来处理和孩子潜在的矛盾和冲突呢?首先,不要认为自己一定对。孩子的视角和思维不易受固有成见的影响,有时会更接近时代和真相。其次,即使明明知道孩子错了,也要安心地接受这个现实,从容应对。事实上,孩子思维具有片面性和表面性的问题是一个人成长中的必然性问题,也是一个暂时性问题,它会随着孩子年龄的增长和阅历的丰富得到改善和解决。作为家长,我们一要明白孩子能通过思考得出结论并且能够坚持这个结论,是值得肯定的事;二要相信孩子在家长的引导下,通过自己的观察和思考、学习和成长,有能力校正自己的错误认知,找到事物的真相。对于青春期的孩子,家长要有耐心,要给予更多的关注,要做怀着欣赏心态的倾听者、身份平等的交流者、尊重孩子的学习者,不要做救世主一般的关怀者、高高在上的建议者、以爱为名的支配者。有些家长好以长者和成人自居,认为孩子年幼无知,少不更事,对孩子的态度不诚恳,常常说教、要求、命令,有时还敷衍和欺骗。这样不仅会伤害孩子的创造性和好奇心,还会影响到孩子自信心和自尊心的发展,同时还会对亲子关系造成不良影响。

进入青春期以前,由于孩子的自我意识相对比较淡薄,上述做法的危害性容易被遮盖和隐蔽起来,显得轻松而又平常。一旦孩子步入了青春期,这种做法的危害性就会凸显出来。有些人认为孩子青春期教育问题的根源在于孩子,认为孩子变了,变得不听话了,开始叛逆了。其实,不是孩子变了,而是家长最初对待孩子的态度和教育方法就有问题。

人的发展是终身的

埃里克森的心理社会发展观指出,人的发展是终身的。一个人从十二岁到十八岁,他的发展主要体现在建立同一性上。他需要明白自己要什么,想成为什么样的人,并且有清晰的实现途径,否则,就容易陷入迷茫。从十八岁到三十岁,他的发展主要体现在建立亲密关系上。这种亲密关系一般是指和恋人、伴侣或朋友的亲密关系。如果这个阶段发展不好，则容易产生孤独感，会有疏离社会和人群的现象。从三十岁到六十岁，他的发展主要体现在培养下一代或者为这个世界创造精神和物质财富的意识上。如果他没有上述意识，就会感觉自身以外的一切事物都索然无味。在六十岁以后，他的发展主要体现在产生人生满足和完美感上。如果他没有产生这种感觉，就可能悲观绝望，郁郁而终。对上面发展造成影响的，主要有朋友、伴侣、子女、社会文化规范等，在不同的时期各有侧重。

　　人的发展是终身的，家庭教育也是终身的。智慧的父母，会提前考虑到孩子下一个发展阶段要面临的问题，适时地为孩子下一个阶段的发展做好铺垫，做好引导。

　　孩子在十二岁以后，是否能建立同一性，对一个人的终身发展意义重大。父母在孩子进入这个阶段以前，就要积极承担家庭和社会责任，内外兼修，表里一致，踏实勤奋，给孩子做出榜样。这对孩子形成同一性是很好的助力。

　　反过来，如果父母缺乏进取心，没有担当精神，表里不一，言不由衷，要求孩子做的是一套，自己做的是另一套，就给孩子做了一个坏样子。这样会让孩子难以形成核心信仰和追求，以至于言行、思想散漫无章，角色错乱。生活中这种悲剧很常见，希望做父母的对此能有清醒的认识。

爷爷是个鬼

　　无论是人际交往还是家庭教育，都需要沟通交流，本文说一说沟通的学问。有研究表明，在平时的沟通中，语言文字内容所表达的信息量只占到整个沟通信息量的百分之七，其余的百分之九十三的信息量，包含在语气、声调、肢体动作、情绪、气场等语言内容以外的因素之中。

　　之所以会这样，是因为人类用于沟通的方法和手段是多方位的，语言文字只是人类用于沟通的工具之一。同时，语言文字作为一种符号，由于概括性强，歧义多，因此有一定的局限性。这就需要我们在与他人沟通交流时，不仅仅要聆听对方所说的话，还要关注到对方的语调、情绪、肢体的状态以及变化，并以此作为领会对方意图的依据。

在现实世界里,很多人在和他人说话时,习惯于沉浸在自己的世界里,只关注自己的思想以及要表达的内容,很少会关注到对方的表达。他们常常认为,对方的意思自己已经明白,自己的一些情况对方也已经知道,只表达自己需要表达的内容即可。可事实往往是,对方的意思他并不知道,对方也不知道他的一些情况,而他所说的内容在对方看来,或者是不着调,或者是一些让人生厌的陈词滥调。这样就会使沟通无效或低效,甚至会起到反作用,影响双方的关系,造成冲突。

有些时候,我们在与人沟通时,目的不明确,奢望一次沟通能解决所涉及的所有问题。这样做往往会事与愿违,事倍功半。

比如,一个家长想让孩子早饭后把餐桌清理一下。他看孩子行动不是那么积极,就给孩子说到了家庭责任,又讲到了劳动的重要性,又说到了孩子平时的表现和学习,甚至讲到了孩子将来的家庭生活。这些道理都对,与清理桌子也有一些相关性,可这些问题会在这一时一刻解决吗?孩子会听进去吗?

要解决上述问题,我们在和他人沟通时就需要做到换位思考,关注对方在考虑什么,需要什么,同时要就事论事,既不贪多求全,又不冒进。

高效的沟通是有涵养的体现,也需要智慧的支撑。掌握高效的沟通能力,需要一个长期的用心锻炼的过程。

李先生的孩子将近七岁了。一个星期天,李先生和孩子一起待在家里。李先生在看书,孩子在画画。这时,孩子说:"爸爸,我画一张全家福。"李先生说:"好。"

过了一会儿,孩子指着画上的一个图案对李先生说:"这是一个鬼。"李先生心里一惊,心想"小小年纪,咋会想到画鬼呢?",就愣了一下,没有说话。孩子看了一眼李先生,又说:"这个鬼是爷爷。"李先生听到这话,心里五味杂陈,想了很多,后又定了定心,没多说什么,只是表示疑问地"哦?"了一声。孩子接着说:"爷爷死了,不就是鬼吗?"李先生听了这话,既担心过早思考死亡问题给孩子造成阴影,又忧虑孩子对亲人的不敬。尽管这样,李先生认为这些问题即使有,也不可能在那一刻马上解决,因此还是恢复了平静。他轻轻地温和地"嗯"了一声。孩子看了看爸爸,轻快地一边画一边说:"我给爷爷加一个王冠。"一会儿工夫,孩子用寥寥数笔给画上的图案加上了王冠。看到整幅画明快了起来,又看了看欢快的孩子,李先生心里轻松了许多。他抚摸着孩子的头,夸赞孩子说:"真懂事,真有创意。"

  李先生事后反思这件事,很庆幸自己学了一些心理学和家庭教育的知识,有意锻炼了自己倾听的能力和沟通的技巧。他想,如果自己没有经过这些学习和锻炼,很可能不等孩子把话说完就打断孩子,或是批评,或是讲一番大道理。那样的话,就不会了解到孩子的真实思想,甚至会和孩子爆发一场冲突,由此可见良好的倾听能力和沟通技巧的重要性。

第六讲　培养责任心的意义和方法

一个藏在生活里的秘密

　　子女对父母的依恋敬爱之情是天生的,将这份依恋敬爱之情转化成对父母的孝心,也是自然的,至少是一个大概率事件。那么,是不是所有的子女都会孝顺父母、赡养善待年老的父母呢?答案是不一定。

　　20世纪70年代有一个老婆婆,她的儿子和儿媳对她就不孝顺,不仅不让她吃饱穿暖,还时常呵斥和责打她。为什么会这样?是这个老婆婆曾经虐待过她的儿子吗?不是。这个老婆婆青年丧夫,生活艰难,对自己的独生子却很好,从没有让他挨过饿,受过冻,作过难。这个老婆婆的儿子儿时的衣着穿戴甚至是村子里同龄人中最好的,上学也上到了当时能上的最高学段。对于老婆婆儿子媳妇的忤逆不孝行为,乡邻们很气愤,也很费解。我也曾长时间地思考过这个问题。老婆婆的孩子最初应该也是有孝心的,也应该明白孝敬父母的道理,只是他缺乏责任心。为什么会缺乏责任心?老婆婆对他太娇惯了,使他从小就没有承担过任何责任。在他的心目中,得到的一切关照和帮助都是亲人应该做的,发生的一切过错和问题都是别人的错。这样就使他的责任心极为淡漠。

　　人无完人,他的母亲也会有过错,或者有对不住他的地方。他一开始也许会忍耐一时,但很快就会埋怨,甚至怨恨自己的母亲。因为他缺乏责任心,就凭着自己的好恶轻易地放弃了对母亲的赡养义务。

　　孝敬父母是人天生的本能吗?因为孝敬父母是美德就会被人自然地践行吗?我的答案是:不确定。孝老敬亲之所以作为传统美德被千古传颂,表明这种行为是可贵的,也表明让人做到并不容易,尤其是让每个人都做到更难。人们一直大力倡导弘扬孝老敬亲的行为,是因为这种行为是人类文明的标志,有利于社会的稳定。

促使人孝老敬亲、赡养父母的途径除了道德的弘扬和约束外,还有宗族规矩和国家法律的强制,这一点古今中外都是一致的。从这个角度看,孝老敬亲、赡养父母的行为除了符合人的本性,具有人性的光辉外,同时也是社会因组织需要而赋予人的责任和义务。

孝心和责任心好比一个硬币的两面,都具有自身的价值和意义。换句话说,孝心需要责任心的支撑才能转化成具体的行为。这是一个明显的道理,有时又好似一个藏在生活里的秘密,不为人所知。家庭教育中对孩子责任心的培养十分重要。当然,培养孩子的责任心的意义不只是为了培养孩子的孝顺品质,还关系着一个人的做人做事态度以及人生前途。

责任心的三重作用

责任心是根植于人的内心的一种认知,也是一种意识,或者是潜意识。它支配着人的行为,使人的行为指向一个确定的目标,连绵不断,不达目标不会休止。世上的每个人都有责任心,只是强弱不同,指向也有所不同。责任心往往是和人的生命同在的,生命不朽,责任不已。其作用有三重:安身、立命、发展。

有一个传说,说是一个人要外出七天,留下孩子独自在家。为了让孩子有东西吃,这个人烙了一张大饼,在饼中间挖了一个洞,套在孩子的脖子上。这个饼足够大,足够他的孩子吃七天。七天过后,这个人回到家,发现他的孩子饿死了。原来,他的孩子只吃了嘴前面的,没有用手去转动着吃这个饼。这个传说是在讽刺生活中的懒人,也是在劝告为人父母者不要过于娇惯孩子,因为过于娇惯孩子不利于孩子的成长和发展。那么传说中的孩子究竟缺了什么?我认为是缺了责任心。一个人至少应该有一个责任,那就是为让自己好好活着负责。这就是责任心的安身作用。

人无信不立。这句话是说人没有信用就不能在社会、团体、家庭中站住脚,就无法成为真正意义上的人。信用这样重要,那一个人如何才能有信用呢？人的信用需要责任心来支撑。对自己、对他人、对团体、对社会等有责任意识，人的信用行为就会是发自内心的、自然的。如果一个人心里没有责任意识，只是为了面子，或是为了怕受惩罚而维持信用，那么他的信用就是肤浅的、表面的，我们不能称其讲信用。

比如，一个工人受雇于人，组装一辆三轮摩托车，如果他对自己的工作质量及今后的工作前途有责任心，对老板的生意有责任心，对将来的骑车人的行车安全有责任心，那么他组装的三轮摩托车一定是安全可靠的，他的工作信用也是极好的，他的工作前景也是可喜的。

如果这个工人没有责任心，只是形式上履行合约完成了工作，那么，他组装的车辆的质量就很难保证，由此很可能给老板和社会造成潜在的隐患和损失，给他带来信用的破产。

以上所讲是责任心的立命作用。

有的人以天下兴亡为己任，结果成了圣贤、领袖或历史功臣；有的人以振兴家庭、光耀门楣为己任，结果造就了一部兴家传奇；有的人以完善自我、成就自我为己任，结果成了社会贤达和精英。由此可见责任心对一个人的发展有重要作用。

有人说，心有多大，舞台就有多大。这句话我不作评判，只想借助这个句式说一句，责任心有多大，人生的舞台就有多大。

人身责任

一个人需要对自己的生存和生活负责，这是人最起码的责任，我们不妨称其为人身责任。人身责任包括关注自己的饥饱、冷暖，维护自己的身心健康，保障自己的生命和财产安全，爱惜自己的形象和名誉，规划自己的前途并为之行动，力争把握自己的命运，等等。

人身责任是一个人生存生活的巨大动力，也是一个人不断进步的源泉。为吃饱穿暖而辛勤劳动，为改善生活条件和社会地位而努力学习，为健康长寿而积极锻炼，为荣誉前途而坚守公德，不断提升。这些行为对于那些有人身责任心的人来说，是非常自然的。然而，在现实社会中，有些家庭因为不良的家庭教育使自己的孩子对自身的责任心缺乏或丧失,造成了人生悲剧。有些家庭过分娇惯孩子,孩子从出生到成人前,衣食住行完全由家长包办,不让孩子操一点儿心,作一点儿难。还有一些家庭对孩子过度保护,主观上从不让孩子有一星半点儿哪怕是很微弱的风险,一旦孩子有了小小的闪失,立马把责任揽在自己身上,或是推在别的人或物上。这些做法都容易使孩子丧失对自身的责任心。

有些家长怕孩子骄傲轻浮,或是觉得孩子过于自恋自夸,有意打压孩子、贬低孩子,或是在孩子出现失误时嘲笑孩子,或是针对孩子在某个时期的短板给孩子贴负面标签,由此使孩子产生自卑和低能感。一般情况下,这样的孩子荣誉感不强,他们为自己的荣誉而奋斗,追求美好前途的责任心也会大大降低。这些家长之所以会有上面的做法,或是认为孩子还小,长大后会懂事的,或是认为自己做的一切都是为了孩子更美好的未来生活,或是觉得孩子上学学习是当前最重要的事。岂不知,当一个孩子缺乏人身责任的时候,他还会自觉努力地学习吗?他还会有由自己创造的平安幸福的后半生吗?显然不可能。

圣贤做事也要遵循"道",遵循规律,我们常人也要如此。在养育孩子时,一定要注重对孩子责任心的保护和培养,让孩子从小做起,循序渐进,切不可随心所欲。具体的做法,我会在后面的文章中跟大家交流。

家庭责任和社会责任(一)

一个人不但要有人身责任,还要有家庭责任和社会责任。有了人身责任,就可以生存,也可以有精彩的人生;有了家庭责任,可以使人生更幸福;有了社会责任,可以使人生更和谐,更开阔。

如果个人是船,家庭就是港湾。个人之船在家庭的港湾里始发、补给、栖息、再出发、归航。每个人都会希望自己的家庭温馨、和谐,有生气,有活力,这个毋庸置疑。那么如何做到呢?

一个和谐而有活力的家庭需要每个成员都具有家庭责任。有句话说得好,"大家一条心,黄土变成金",如果一个家庭只有一个或几个成员对家庭有责任心,其他成员对家庭没有责任心,那么家庭的温馨和谐只会是暂时的,很难持久。生活中有很多事实能说明这个道理,我们用心体察便会发现。

家庭责任包括什么?包括看家护院、日常运行、赡养老人、抚育子女、增加财富、排忧解难、传承家风、维护名誉、增添荣光等等。家庭责任是一个人的担子,是压力,同时也是人生的动力。担负家庭责任,实现家庭目标,也是个人人生价值的体现。

现实中,有许多人历尽艰辛,忍辱负重,辛勤劳作,默默耕耘,上养父母,下育儿女,撑起了一个个平凡却又温馨的家庭。在这个过程中,他们总体上是满足的,是幸福的。是什么给了他们顽强的毅力和斗志?是他们对家庭强烈的责任心。对家庭的责任心也是一个人的护身符。有时我们想放弃,但对家庭的一份责任心,让我们重新振作;有时我们想放纵一把,逾越某些规制,但对家庭的一份责任心,让我们重新归于平静和谨慎。这样做看似怯懦,其实恰恰是对我们的保护,它让我们规避了一些危险,走出了新的道路。对家庭的责任心会不会牵制个体的发展和自主性?不会。智慧的家庭不仅注重整体的利益和发展,同时还会注重每个成员的利益和发展,这两者是一致的。

有些父母为了孩子个人的高速优质发展,不让孩子承担一点儿家庭责任,这样容易使孩子失去家庭责任心。缺乏家庭责任心的孩子不仅会给现在的家庭带来窘境和危机,还会在他将来组建的新家庭中无所适从,吃尽苦头。这种结局和为人父母者让孩子终身幸福的初衷是相悖的。如何培养孩子对家庭的责任心?关键的做法是,一定要让孩子在孩提时期就承担一些力所能及的家庭事务,让他从小就明白,家是大家的,有福同享,有事大家分工合作,共同担当。

家庭责任和社会责任(二)

社会责任指对国家、社会、单位负责。国家兴亡,匹夫有责。社会责任包括自觉遵纪守法、讲求公德、传播正能量、抵制歪理邪说和各种谣言、敬业爱岗、关爱他人、对集体和社会做贡献等。人身责任、家庭责任、社会责任各有侧重又相互联系，从某种意义上说是浑然一体的，故有修身齐家治国平天下之说。

社会责任是社会对个人的要求，还是个人生存发展的需要？答案是两者都有。人类作为一个物种，能历经漫长的时间发展起来，成为这个世界的主导者，起关键作用的是人类的群体性和社会性。自人类文明产生之日起，维护社会的整体利益一直在意识形态中占主导地位。当然，维护整体利益不是不要个人利益。在文明的社会里，整体利益和个人利益是相辅相成的。如果一个人只有对自己人身和家庭的责任心，而没有对社会的责任心，他也能生存和发展，也能体验到幸福，也能实现个人的人生价值，但他的人生之路会有更多的阻碍和限制。他往往要孤军奋战，所得到的帮助大都要靠利益来交换。他也要遵守规则和公德，也要为社会和他人服务，但这些行为并非出自本心，因此他会有约束和压抑感。这些感觉不仅会影响他的行为的持续性和连续性，还会影响他的身心健康。更为关键的是，他很难得到公众和公共机构的认可，容易受到大家的非议，失去很多发展机会。

人都有融入社会和人群、受到尊重和关注、拥有良好的人际关系的需求。可是，没有社会责任心的人，极易被社会边缘化，上述需求难以满足。这是人生的一种悲哀。一个具有社会责任心的人，容易接受社会的规则和道德，也容易得到外界的认可和帮助，自己发展和实现人生价值的道路也更为开阔。我身边有一些朋友，他们时常提起父母对自己的嘱托："在单位好好干，不要总想着家""咱可不要做那些伤天害理的事""国家培养了你，你要为国家出力""做人要正直，不要让人戳脊梁骨"等等。诸如此类的话语，包含了年老的父母对儿女的关心和爱，也包含了普通民众对社会责任的理解和重视。千百年来，这份理解和重视一直留存在人类的血脉之中。

社会主义核心价值观对个人层面的要求是爱国、敬业、诚信、友善，这四者都蕴含了国家对公民的社会责任心的呼唤与要求。一滴水融入大海之中就会永不干涸，一个人有了对社会的责任心就会和世界同在。和社会与世界同在的人，他的心胸是开阔的，他的视野是宽广的，他的动力是巨大的，他的世界是温暖的，他的人生是和谐的。在家庭教育中，相对于人身责任和家庭责任,人们容易忽视对社会责任心的养成教育,或是在这方面做得很少,或是根本就没有培养孩子社会责任心的意识。

为什么有一些孩子求学上进的动力不足?为什么有些孩子的发展空间窄狭,很快就遇到了"天花板"?其实正是孩子缺乏社会责任心的缘故。诚心地希望大家能认真地思考这个问题。

培养责任心的十六条建议

如何培养孩子的责任心,我给大家提一些建议,包括心想、言传、身教三大类,共十六条。

心想就是心中有培养孩子责任心的意识。言为心声,身随心动。家长心有所想是培养孩子责任心的基础,具体包括以下三条:一是要意识到培养孩子责任心的重要性,产生强烈的培养动机;二是要坚信孩子的责任心是可以培养起来的,因为从某种意义上说,责任心也是一种习惯,而习惯是可以养成的;三是要意识到培养孩子的责任心是一个系统工程,需要循序渐进,坚持不懈。

言传就是用语言给孩子讲道理,引导孩子做需要做的事,具体包括以下九条:一是引导孩子逐渐承担学习和生活中力所能及的事;二是引导孩子承担力所能及的家务;三是在适当的时机让孩子明白家庭的收支情况;四是在适当的时机给孩子讲家庭历史,特别是先辈创业的艰辛和他们对家庭的贡献和担当;五是给孩子讲明白自己的家庭理想以及对孩子的期望,但要注意,期望就是期望,不要限制孩子,更不要用期望绑架孩子;六是引导和支持孩子讲公德、守法纪的意识和行为;七是引导孩子明白一个人应为自己的过错和过失承担责任的道理;八是鼓励和支持孩子在学校好好学习,在单位好好工作;九是向孩子渗透家国观念,让孩子明白一个稳定和谐的国家对家庭和个人的重要性,以及个人对国家应尽的责任。

身教就是给孩子做榜样。相对于言传,身教的力量更大。一般情况下,具有责任心的父母更容易带出有责任心的孩子。身教具体包括以下四条:一是爱国敬业,遵纪守法。家长能如此,孩子自然不会差。二是在家庭中孝老敬亲,勇于担当。家长能如此,孩子自然照样学样。三是在亲戚圈中有大样,乐于付出;在朋友圈中乐于助人,不怕吃亏。这一条要把握好度,适可而止,不要强求。四是言谈举止文明得体,为人处世正直上进。

以上十六条建议供大家参考。在具体实行过程中,要注意以下三点:一要平等尊重,不可居高临下、傲慢地对待孩子;二要循序渐进,不可急躁冒进;三要给孩子适时适当的帮助,用温情预防或及时消除孩子对责任的畏难情绪。

生产队走出个大老板

20世纪80年代初,一个生产队有十八个男劳力一同外出打工,从事建筑行业。几年后,这些人中有一个人成了施工员,两个人成了包工头,八个人成了熟练的匠人,六个人一直干小工。还有一个人,成了建筑公司的大老板。这个建筑公司的老板叫老高,公司有百十人,每年能干一至两个百万元以上的项目,收入颇丰。老高为什么会成为一个大老板?是他理想远大,有追求吗?不是。他在没有成为老板以前,只想多挣些钱,让一家人过上丰衣足食的宽裕日子,并没有当大老板的想法。是他身强力壮,心灵手巧,建筑技艺精湛吗?不是,他身体素质一般,智商平平,手也不巧。说实在话,如果他没有成为建筑公司的大老板,那么他很可能一直是一个打下手的小工。是他运气好,遇到了什么机遇吗?不是,他能成为老板,是他步步主动,饱经艰辛闯出来的。

那究竟是为什么?是被贫困的生活逼出来的吗?似乎是这个原因,但又不全是。老高家经济条件不好,家里大人孩子六口,只有他一个劳力,日常的吃饭都成问题。好在生产队对困难户有照顾,他一家才得以维持生活。困顿的生活确实是老高努力打拼的动力,但要说老高借此成了大老板,显然不是。因为当时他们一同出来打工的十八个人,家里的经济条件都不怎么好,还有几个由于家里有病人,比他家的经济条件还要差。可后来只有老高成了大老板,可见生活困顿并不是老高成为大老板的充分条件。

其实,老高成为大老板,与他最初欠生产队的一百二十元钱有关。当时生产队里的困难户由于工分不够,都要向生产队借粮食,今年借,明年还,还不上就记在账上。后来农村实行包产到户,生产队进行钱物清理分配,有些人家就欠下了一些债务。这种现象在老高的生产队里很普遍,他们同行的十八个人中,有一半人都欠了生产队的钱。由于欠钱户较多,加上生产队的功能已经弱化,所以大多数人认为所欠的钱可以长期拖下去,或者干脆不用还了。持这种观点的,包括欠钱的人和没有欠钱的人。然而,老高却不这样认为,在他的心目中,欠钱一定要还。老高有这种意识与他的父亲有关。老高十几岁时,家里为给他的奶奶治病向一个远房的表亲家借了五十元钱。钱没借多久,那个表亲家发生了一场火灾,损失了一些财物。老高的父亲听说了这件事,没等自己的亲戚开口要账,就卖掉了自己家仅有的一头猪,换来八十元钱,给那家亲戚送去,五十元是还账,三十元是帮扶。那头猪当时还未长成,提前卖掉让老高家亏了很多。

  当年父亲卖猪还债的事给老高留下了深刻的印象。欠钱一定要还,一个家庭要有自己的面子和尊严,作为当家人,要担负起家庭的责任。受父亲影响,这些意识在老高的心里扎下了根。老高在建筑队当小工的时候,一天能赚一元两角钱。他在心里盘算过多次,要想把欠生产队的钱还上,一家人扎紧腰带也得三年。这是老高极不情愿的事。看着周围的一些人正为过上宽裕的日子干得热火朝天,他也不想落后。他觉得,这有关自己这个当家人的尊严和面子。内心的责任和困窘的现实就这样在老高瘦弱的躯体里交锋,震荡。

  有一天,老高打工的工地上来了一个人,这个人自称是附近一个学校的总务主任,想请工头给他们学校盖一个小厨房,出价五百元。还说他转了很多工地都没人愿意承包这个活,所以他愿意自己出钱给承包者买一条香烟。当时,除老高外其他人都没有理会这件事。老板嫌工程小,关键是工匠们都没有承包工程的意识。可老高不一样,他当时听到五百元钱的时候,心里极大地震动了一下。他并没有想太多这个工程的难度,他想的是接下了这个活,就可以把欠生产队的钱还上,就可以专心地为让一家人过上好日子而奋斗了。

  在那个人就要失望地离开的时候,老高的心里就像一团火烧着一样,给领工的头儿请了假,跟着那个人到了学校,接下了盖小厨房的工程。从那以后,老高走上了成为建筑公司老板的道路。其实,老高成为大老板的道路走得并不顺利。他承包的第一个工程虽然小,但麻雀虽小五脏俱全。钢筋、水泥、砖块、木材等啥材料都得要。木工、瓦工、钳工、施工员等,啥工人都得找,另外还需要许多工具。这区区五百元的工程,让资质平平的老高跑断了腿,磨破了嘴,受够了气,吃尽了苦头,最后总算完成了。交工后一算账,除了几把瓦刀和几把砖钳外,一分钱也没赚到。好在一分钱也没赔。老高在第一个工程中积累了一些经验,增长了一些能力。从此,他开始主动地去承包工程,并且越干越好,越干越大,一步步带出了一个小有名气的建筑公司。随着公司的发展,他家的日子从贫困走上了充裕,又从充裕走上了富裕。他不但把欠生产队的钱及时还上了,还帮助了不少有困难的亲友。

老高干工程总是能挣钱,得益于他的两个过人之处:一是每接下一个项目,一开始就把建筑材料买足,这样就避免了工程期间建材上涨造成的影响,保障利润和预算没有大的差别。二是用工人不以体壮能力强为首要标准,而是专门选家庭经济条件差而又比较顾家的人。如果是家中有父母又很孝顺的工人,老高更是高看一眼,倾心相待。他认为这些人能力不一定强,但吃苦耐劳,不易跳槽。事实证明老高的工人队伍确实很稳定,这对保障项目的质量和工期起到了关键的作用。

老高当老板的本事从哪里来?来自他对自己和家庭的责任心。由于他不想让自己和家人再过贫困拮据的日子,因此他内心有坚决不能赔钱的意识。因为不能赔,所以要细打算;因为不能赔,所以要谋长远;因为不能赔,所以要长本事。

人们大都希望孩子能力强、前途好、人生幸福,这个愿望如何来实现呢?要从培养孩子的责任心开始。责任心不但能促使一个人能力增长,还能为一个人的平稳发展保驾护航。希望大家能从本文的故事中体会到这个道理。

第六讲 培养责任心的意义和方法

永远并不远

少年时期,读杜甫的诗,看书上对他的介绍,知道他"穷则独善其身,达则兼济天下",心生羡慕之情,随即引圣人之志为己所有。几十年过去,有时同行者熙熙攘攘,有时同行者屈指可数,发现"兼济天下"固然不易,"独善其身"也很艰难,好在总算坚持了下来。

儒家经典《大学》给学子的人生做了这样的规划:修身、齐家、治国、平天下。《左传》上有言:立德、立功、立言。这三件事被人们称为"三不朽"。北宋理学家张载把人生的追求总结为四句话:为天地立心,为生民立命,为往圣继绝学,为万世开太平。在人生的历程中,陆陆续续接触这些思想,热血沸腾时有之,心生疑虑时有之,更多的是理性的深入的思考。

一个人以微薄之身心系天下苍生,以国家民族兴旺为己任,眼界直达几十年后的将来乃至于身后的万代千秋,意义何在?大胸怀、大责任激励人奋发图强,冲破磨难,战胜强敌,创千秋之伟业,古今皆有之。终身致力于让中华民族屹立于世界民族之林的毛泽东,为中华之崛起而读书的周恩来就是其中的典型代表。尽管伟人总是少数,但追随伟人足迹者何止千万。更何况,哪个伟人不是脱胎于凡人?在家庭教育中,培养孩子的大胸怀、大责任自有其意义。尽管不是每个胸怀大责任的人都能创造出非凡的业绩,但取法其上得乎其中,胸中有大责任的孩子注定不会简单。这就像一个人终生矢志不渝地在山上挖宝,也许他最终没有挖到宝,但他挖过的满山遍野的松软的土地上必定能长出郁郁葱葱的森林。这森林无论是对于社会,还是对于挖宝人本人,都是一笔财富和福报。再者说,当今社会哪些人是国家和社会的脊梁我们知道,而五十年后又是谁来承担这些责任我们不知道,他们的高矮胖瘦以及性别出身都不确定,但可以肯定的是,他们一定是有大胸怀、大责任的人。

诚然,胸怀大责任的人,其道路往往充满了磨难,自己也要承受各种痛苦,还需要做出各种牺牲甚至于牺牲生命,这是让人不自在处。但有哪个生命不经历痛苦和磨难?又有哪个生命能永生呢?更何况,心中装着天下苍生和遥远未来主动去找苦吃,虽苦犹甜。只想着自己和眼前的利益而被动受苦,注定苦不堪言。在生产力低下、物质贫乏的年代,生存生活环境差,人均寿命短,一个人为了自己和家人的生存生活,为了基本欲望和需求的满足,动力十足,韧性十足,撑起充盈的一生。现在就不一样了,一是生活物资丰富了,人们轻易就能满足生活需求,向上的动力不足了;二是休闲时间长了,意识的空白区增大,精神世界亟待丰富。这样就出现了各种各样的问题:有些人萎靡不振,郁郁寡欢;有些人骄奢淫逸,奢侈浪费;有些人只能在群聚时得到片刻的欢愉,而在独处时只能忍受孤独和寂寞。在青少年中也出现了一些问题,有些孩子思想空虚,爱慕虚荣,贪图享受;有些孩子情绪低落,动力不足,学习效率低甚至厌学;还有些孩子无视规则,寻衅滋事;等等。

　　如何来解决上述问题?在家庭教育中怎样才能引以为鉴呢?从小培养孩子的大胸怀、大责任是一剂良药。培养孩子的大胸怀、大责任不仅有益于孩子的将来,也有益于孩子的现在。有些事看着离我们很远,其实并不远。

第七讲　介绍一套优质的学习方法

学习是个事

家庭教育中,孩子的学习是一个绕不开的话题。孩子自尊自信,身心成长好,精气神养成好,有追求有责任心,这是他们具有学习动机、动力、信心的基础。孩子有了学习的动机、动力、信心,剩下的事交给学校和老师即可。引导和帮助孩子学习,是老师的专长。家长需要做的,是配合学校和老师,帮助孩子打好这个基础。

有些家长不太喜欢帮孩子打基础,而是喜欢督促、参与孩子的学习。由于急于求成,又加上不专业,结果不但没有帮到孩子,反而影响到了孩子,使孩子的学习动机和信心弱化,甚至使孩子意识里反感学习,给孩子的成长埋下隐患,最终把本不是个事的事变成了事。

常见的错误做法有三种。一是不考虑孩子的主观意愿,也不考虑孩子的发展规律和个体差异性,一味给孩子压学习任务。往往是一个任务刚完成,新的任务又来了,让孩子不胜其烦,最终产生了对学习的厌恶感。二是只注重孩子的学习,不注重孩子的其他身心需要和成长需求。孩子学习就高兴,就支持,孩子干其他事情就生气,就反对。这样把学习搞得太功利化,最后还是会让孩子厌烦学习。三是在孩子学习出现了问题或成绩不理想时,不给孩子安慰和鼓励,不帮孩子想办法,而是一边倒地批评指责孩子,把孩子说得一无是处。这样会让孩子信心减弱甚至消失,以至于放弃努力。

上述三种做法对孩子的学习危害极大,希望有这些思想和行为的朋友及时改正。那么怎样做才能帮到孩子的学习呢？我这里提出三种策略:上策是培养孩子持久的学习动机和坚定的学习信心,中策是指导孩子掌握高效的学习方法,下策是直接给孩子灌输各种知识。下策或是需要家长直接教孩子,或是让孩子参加各种文化课补习班。前者要求家长各级各科知识都会,很不现实,后者需要家长花不少钱,成本太高,关键是孩子根本就没有那么多的时间。上策是根本之法,我每一讲都在讲这些事。所讲内容虽然不是直接针对学习,但都对培养孩子的学习动机和信心有益,希望大家细细领悟。

本讲我主要说说中策。好的学习方法可以高效促进孩子学习能力和成绩的提升,进而又可以提高孩子的学习兴趣,强化孩子的学习动力,达到学习上的良性运转。家长了解一些学习方法及其原理,可以在生活中潜移默化地教给孩子,这对孩子的终身学习都有益。本讲的主题是"介绍一套优质的学习方法",此文为开讲的引言。

重阳节登山的启示

几年前的一个重阳节,李先生和几个伙伴相约登山。到了山脚下,一部分人想去较远的三皇寨,另一部分人想休闲一些,就在附近的山上玩一天。于是原有人马分成了两路。李先生随着休闲的一路。刚开始大家兴致很高,登高呼啸,眺望美景,相互嬉闹,组团打牌,玩得不亦乐乎。然而不到两个小时,大家一个个都兴致大减,觉得没啥意思。还没有到中午,他们就开始聚餐,又热闹了一番,然后各自回家。这一路人前前后后只玩了半天,和最初的打算差了一半。另一路人到了傍晚才到家。他们一路上历经艰辛,路难走不说,中间因为对道路不熟悉还绕了远道,有几个体弱者脚上还磨出了血泡。好在他们都坚持了下来,没有一个人半途折返,都到达了目的地。

重阳节登山这件事引发了李先生的思考。最初大家都想玩一天,第一路人运动量小,没有实现,第二路人运动量大,实现了。这是为什么?原因是后者的目标明确而又具体,而前者的目标宽泛而又模糊。明确具体的目标对人有很大的激励作用。做事有明确目标的人,行动力足,效率高,成效大;做事目标不具体不明确的人,行动力弱,效率低,成效小。

在日常的学习中,有些孩子有理想有追求,同时能把当前的学习和自己的理想追求结合起来;有些孩子虽然没有明确的理想和追求,但能够因为荣誉或其他原因把取得好的学习成绩作为自己的目标和方向。这两类孩子都容易完成学习任务,并取得好的学习效果。而那些学习上提不起劲,学习效果差的孩子,大都是没有学习目标或学习目标模糊的人。在很多行业,目标激励法都是提升员工工作效率的常用和重要的方法。事实上目标激励法也是一个很有效的学习方法。具体怎样运用,我举一个例子。

小乙刚上初中时学习成绩在班里是二十名,处于中等位置。他的父母为了激励孩子学习,给小乙定了一个学习目标,一个月后的期中考试考到班里前十名。为了让小乙能够重视这个目标,小乙的父母给小乙许诺,达成目标就买一台电脑,接上网线,让小乙使用。小乙特别喜欢电脑游戏,对父母的许诺很向往,同时也认为父母提出的目标并不高,自己一定能实现。从那以后,小乙学习特别上心,每天起床早,上学早,听讲认真不说,还在课后主动背读自己认为重要的课文,做数学老师布置的选做题,向老师和班里的前几名学生求教不懂的问题。这些做法小乙以前从没有过。期中考试成绩揭晓,小乙考了班里第五名。这样的好成绩,让小乙和他的父母既意外,又高兴。

在这个事例中,小乙的父母成功地帮助小乙明确了近期的学习目标。小乙以前学习只是学过即可,现在追求的是学会,学好。啥叫学会?学会就是知道知识,理解知识,记住知识,会运用知识。这一点小乙很清楚。

其实,大多数成绩平平的孩子都和小乙一样,知道啥叫学会,知道怎样学才能学会,只是由于种种原因没有把学会作为自己的学习目标而已。有的孩子对未来没有打算,或是没有把自己的未来和当前的学习联系起来;有的孩子对学习有畏难情绪,缺乏信心;有的是生活安逸,热衷学习以外的游戏和娱乐,满足现状。如果家长能结合这些孩子的现状和特点,帮助他们设定明确的学习目标,并使他们将这些目标内化于心,一定能对孩子们的学习产生巨大的促进作用。具体怎样做,我在后文接着说。

在这里需要说明一下,小乙父母的做法也有不妥之处。他们以买电脑让孩子上网打游戏来激励孩子学习,只是让孩子明确了一时的短期学习目标,却不利于孩子今后长期的学习和成长,可以说是弊大于利。这件事的结局是,小乙的父母没有兑现承诺,小乙放弃了学习,成绩一落千丈,让人叹息。

豪车模型

　　给孩子每一阶段的学习定一个力所能及的目标,同时设置一个奖励,这对提升孩子的学习效率和成绩是有效的。只是这个奖励不但要对孩子有吸引力,还需要对孩子的身心健康有益,并且是在家庭的正常承受范围之内。另外,通过给孩子奖励来帮孩子确立学习目标只能是权宜之计,最终还是要引导孩子体会到学习的意义和快乐,从而自觉地去追求一个个具体而又明确的学习目标。这中间需要一个过程。一般情况下,一个人只要能坚持深入学习一段时间,是会体验到学习的意义和快乐的。

　　帮助孩子确立明确而又具体的学习目标,使其对促进孩子的学习有强大的作用,还是要鼓励或帮助孩子树立人生梦想,并让其意识到实现梦想和当前的学习息息相关。一个人在童年时期和少年时期,总会对自己的未来有各种各样的梦想,有的孩子想当伟人,有的孩子想当科学家,有的孩子想当明星,有的孩子想开飞机,有的孩子想当医生,有的孩子想当教师,有的孩子想当大老板,有的孩子想开发游戏,有的孩子想到各地旅行,有的孩子想尝遍天下美食,等等。作为孩子的父母,我们一定要关注孩子,及时捕捉到孩子对未来的想法,不管这个想法是什么,一定要欣赏他、理解他、鼓励他、支持他!要满怀热情地和孩子探讨他的梦想,探讨梦想实现以后的场景,探讨实现梦想的道路,探讨现在需要为实现梦想做些什么。只要我们理性地分析,孩子的任何梦想都会和他当前的学习联系起来。

　　千万不要忽视或轻视孩子的梦想,也不要因为孩子的梦想或是太虚太大,或是太过微小,或是不合你的意愿等就给孩子泼冷水或是企图改变孩子的梦想。要知道,梦想的最大意义是激励人现在去努力,去奋斗。也许梦想会变,也许梦想最终没有实现,但它的激励作用是不可估量的。

　　小杰十岁生日那天,远在省会城市的姑姑给他邮来一件礼物。这件礼物是一种名车的模型,很精致,是小杰平时最喜欢的那一款。收到这件礼物,小杰当时发自内心地说了一句话:"长大我一定要开上这种车。"小杰说这话时,在场的有三个人:小杰的爸爸、妈妈和小杰妈妈的好朋友。小杰的爸妈还没对小杰的话做出反应,妈妈的好朋友接了一句话:"孩子,你的想法太不切实际了。"随后她解释说:"咱们这种平常人家,将来能通过上学找个正式的工作就行了,不要好高骛远。另外,你看开豪车的都是啥人?一个个牛气哄哄,有几个正经的?你可不要向往这种人。"小杰的妈妈听自己的好朋友这样说,随声附和了几句。小杰听了这些话,虽没说什么,但情绪明显低落了许多。就在当天晚上,小杰含着眼泪把那个豪车模型扔到了他家附近的一条河里。小杰的爸爸是一个有心人,在豪车事件的当天他虽然没有表态,但注意到了孩子情绪的变化。经过一番思考,他觉得应该支持孩子开豪车的梦想。随后,他和自己的爱人针对小杰的梦想问题交流了思想,达成了共识。

几天后,小杰的父母来到小杰的房间,送给他一个新的豪车模型,还是那个品牌。小杰看到父母和新的豪车模型,既惊讶,又高兴。接着,他们亲子三人进行了热烈的交谈。小杰的爸爸表示了对小杰开豪车梦想的肯定和支持,同时深情地说不管别人是怎样开上豪车的,小杰将来的身份一定能和所开的豪车相匹配。小杰表示,自己一定要好好学习,将来上好的高中,上重点大学,提升自己的素质,然后靠自己的双手闯出一片天地。从那以后,小杰在学习上有了一些变化,更踏实了,也更主动了。以前他考到班里的前十名就自满自得,后来他追求更扎实地掌握知识。这样,他的学习目标更明确更具体,学习动力也更足了。

在随后的十几年里,开豪车的梦想一直伴随着小杰走过了初中、高中、大学的求学时光。现在,小杰在一个国产品牌汽车公司的研发部门担任负责人,在国内外都有一定的声望。他的梦想已不再是开豪车,而是带领他的团队研发出世界一流的国产品牌汽车。在小杰办公室的案头,摆放着当年爸爸送给他的那辆豪车模型。他对同事说,关于豪车的梦想,无论是以前,还是现在,都是激励他努力拼搏的动力。

孩子的梦想往往是学习动力的孵化器。当你发现自己的孩子有梦想时,一定要像面对一个新生的小生命一样呵护它,使它成长起来,壮大起来。

开门七件事

开门七件事,柴米油盐酱醋茶,件件都得花钱。一个家庭要维持正常生活,要想更体面、更舒心,还要花更多的钱。谁家的钱也不是大风刮来的,都得靠自己的大脑和双手去挣。童年和少年时期读书学习,是为了长见识、提素质、练能力,为自己将来长大挣钱做准备,打基础。虽然人生不全是为了挣钱,但至少得有一项是挣钱。最起码,得有挣钱的本事。要不然,如何在社会上立身?如何赡养父母,抚育子女?如何撑起一个家庭?

20世纪80年代初期,我在乡里的重点中学上初中。有一段时期,由于轻狂,我的英语学习落下了很多,几乎到了考试得零分的程度。其他学科也有所下滑,总分名次较之于初一上学期,已经是大幅度退步。这样的程度要想升高中上大学,希望是非常渺茫的。有一天,我走在回家的路上,想着父母在家里的辛苦,想着父母对我的期望,又想想自己的学习现状,心里特别难过。那时候,父母天不亮就要起床,给我们做好饭,带上馍和开水就去远在南坡的地里。在地里劳动一阵子才吃早饭,吃过早饭继续在地里劳动,中午饭也是在地里吃。吃过午饭后用一个多小时在山坡上割草,然后接着劳动。等到回家的时候,天已经很黑了。到家还有很多事:铡草烧水喂牛饮牛,蒸够第二天吃的馍,做饭吃饭。这些是父母那时候的常态,他们几乎天天如此。

看到父母日常的劳动那么繁重,我很心疼,却没有好的办法免除他们的负担,毕竟一家人的吃喝花销都要从父母的劳动中来。父母虽然很辛苦,但从没有让我停下上学的事去帮他们。我只是在星期天和节假日去地里参加劳动,干一些较轻的活。父母让我干活的时间一般都不长,总是给我留足完成作业的时间。我知道,父母是想让我通过上学在城市找个工作,摆脱种地的辛苦。我也想通过上学成为更有出息的人,让父母早日脱离繁重的劳动。难过之余,我曾有一个念头,想逃离这个环境,躲得远远的,不让父母因看见我而失望,我也不再拖累父母。很快,我否定了自己的这个想法。我知道父母并没有逼我学习,他们让我学习只是希望我更好。较之于考不上学,失去我会让他们痛苦得多,逃离是一件绝不能做的事。何况,我自己一路走来也不容易,我要相信自己,为自己负责。当时,我下了决心,一定要改变自己轻浮的毛病,竭尽全力把学习搞上去,考上一所好的高中。如果考不上,我绝不复读,而是直接回家劳动,减轻父母的负担。后来,这个决心激励我回到了踏实求学的道路上,补上了落下的功课。

一个孩子可以没有梦想,但不能不规划自己成人以后的生活。单单这一条,就能够促使孩子规划自己的求学路线,明确自己的学习目标。现在社会生产力发展了,大部分人都不用从事繁重的劳动了。然而,生活的艰辛却没有减轻,每个时代都有每个时代的甜,每个时代也都有每个时代的苦。为了追求更美好的生活,大部分人都还在努力地打拼。生活中总会有不断的需求。有些家长,无论自己平时挣钱多么不容易,都没有告诉过孩子,也从不让孩子苦着累着,总是尽量满足孩子的一切需求,让孩子生长在福窝里,不知生活的本质和世事的艰辛。这样养出来的孩子,就连生活的目标都不明确,更不要说学习目标了。可以说,父母这样做是好心办了坏事。

父母得让孩子知道家里的钱从哪里来以及自己的辛苦和难处,得让孩子参加力所能及的劳动,体验挣钱的艰辛和挣到钱后的快乐。还得让孩子明白,现在挣钱主要靠父母,将来主要靠孩子。做这些事说这些话要发自内心,表里一致,不要做样子、走过场。

在上述做法的基础上,可以引导孩子规划自己的人生,让孩子清晰地明白以下几点:一是将来要过什么样的生活,要通过干什么工作挣足够的钱来支撑这种生活。这是长远的规划和目标。二是具备这样的挣钱本事和资历需要上哪一类或哪一所大学,上这类或这所大学需要有什么样的高考成绩,要上哪一类或哪一所高中。这是中期规划和目标。三是要上规划中的高中需要什么样的学习成绩,需要怎样来学习,需要学到什么程度,当前当天当时应该怎样做。这是近期的规划和目标。有了这三个层次的目标,搞好学习是早晚的事。

如何引导孩子明确近期的学习目标,使其发挥理想的效果,我在下文接着说。文末送大家四句话:开门七件事,家有读书郎。莫道未来远,未来在眼前。

吴卓能的学习目标

人生大目标就像灯塔,指引着孩子的学习方向。也许现在确定的目标以后还会变,但它对孩子当前成长的鼓舞和指引,意义绝对是积极的。只是仅有这个大目标还不行,还要把这个目标分解,让它有梯度,可操作,可把控。这就需要有中期目标和近期目标。

长远目标好比一头牛的身子,中期目标好比一头牛的四条腿,近期目标好比一头牛的四只蹄子。只有这三者俱备,目标激励法这头"牛"才会发挥出巨大的威力。

中期目标一般应有上高中和上大学这两个环节,可以具体到上哪一所高中和哪一所大学。家长可以让孩子平时就对这些学校有所了解,强化目标的作用。

近期目标要具体到最近一次考试的各科成绩。学校每学期要举行两次大型考试,即期中考试和期末考试。家长可以引导孩子制定最近一次期中或期末考试各个学科及总分的成绩目标。

定近期目标要注意三个原则:一是要让孩子自己定,二是要有适当的拔高,三是家长要有理性的指导。

李先生的孩子小学六年级毕业时是 21 世纪初,她的成绩在全镇排四百多名。为了给上初一打好基础,消除对上初中的畏难情绪,孩子在李先生的建议下利用暑假把初一数学、英语上学期的内容自学了一遍。

在初中的第一次月考中,李先生的孩子竟然考了全镇第二名。这样的成绩让孩子萌发了下次考试当第一的想法。李先生知道了孩子的想法后,认为孩子虽然进步很大,但考第二名有偶然因素,孩子的实力还没有达到全镇前几名,应该在全镇前一百名左右。孩子把下次考试的目标定为考全镇第一,背负的思想压力就过大,如果到时和目标差得太远还容易产生挫败感,影响孩子的学习信心。这些对孩子搞好学习都是不利的。

这次月考后,李先生找了个适当的机会,和孩子进行了沟通交流,肯定了孩子的进步和巨大的潜力,同时也指出了孩子月考成绩突出的客观因素,建议孩子把期中考试目标定位在全镇前五十名,并让孩子意识到实现这个目标就是相当大的进步。

孩子在李先生的引导下,卸去了思想包袱,轻装上阵,在期中考试中取得了全镇第二十七名的好成绩,较之升初中时的全镇四百多名,已是很大的进步。从此孩子的学习信心大增,到初三下学期,孩子的学习成绩已稳居全镇前三名。

这个事例说明,目标应该由孩子自己定,家长要理性指导,低了就提一提,高了就压一压。这里需要强调,学习目标最好是各科的分数和总分,而不是名次。分数目标比名次目标更有优势,一是因为分数目标决定于自己,不涉及别人,二是因为分数目标直接指向对知识的掌握,更为明确和具体,有助于孩子静下来,潜心学习。

近期目标定好了,还要有具体的措施。这个措施一般应包括如何预习,如何听课,如何做作业,如何复习,不懂的问题如何解决,零星时间如何利用,星期天时间如何安排,薄弱学科和薄弱章节如何补习等。措施要让孩子自己定,家长做好指引和帮助。

目标和措施定好了,还要加强过程管理和督促,一切照章办事。当考试结果出来时,要对照目标一科一科进行分析。

有些科目的目标达到了,家长要给予肯定和鼓励;有些科目的目标没有达到,家长要引导孩子分析原因,先看看有没有考试题目特别难的客观情况,若有,也可以认定孩子完成了目标。没有客观原因就找主观原因,查看是目标过高,是措施不够完善,还是执行措施不够有力。

找出原因后,要研究出针对性的解决办法,使其体现在下次的目标和措施里。下次的目标和措施制定要及时,要在上次考试成绩出来并分析过原因后就制定,不要延迟。较之于上次,目标需要重新定,措施只用调整或补充。

对近期目标的管理,建议家庭制作一张表格,把每一次的近期目标及实现情况都罗列出来,上面是目标,下面是对应的实现情况。每一次的目标及实现情况都列在上面,长期坚持,一次也不要少。坚持目标激励的学习方法时间长了,孩子就会把目标意识内化于心,变成习惯,进而产生强劲的学习动力。

下面是一个同学定的期末考试的目标和措施,供大家参考。

吴卓能期末各科成绩目标及措施

语文	数学	英语	历史	政治	生物	地理	总分
100	100	120	40	55	45	40	500

措施:

1.上课认真听讲,勇于发言并敢于实践。

2.下课抓住时间,回顾课上讲的内容,好好思考,做到弄懂。

3.晚上睡觉前回顾一天中学到的知识。

4.抓住周末时间,好好复习学过的知识。

5.利用三餐后的时间,多看看题,理解题意。

6.星期天在家里做手工、做实验(有助于大脑进行思考)。

吴卓能同学和她的家长在三年前听了我的有关学习方法的讲座后,就采用目标激励法来助力自己的学习,坚持了三年,从初一时全镇一百多名进步到中考时全镇前三十名,顺利考上了省示范高中。

吴卓能同学不但有具体的近期目标,还有长大后靠自己让父母过上幸福生活的长远目标,以及考上当地省示范高中和考上好大学这个中期目标。这三者的结合是她在学习上取得进步的主要原因。

编码记忆

前面几篇文章介绍的目标激励法,作用在激励学习者,使其有学习动力,并明确学什么、学到什么程度。本文介绍知识编码法,说明怎样来记忆。记忆和理解是学习的两个关键环节,同时也是学习效果的主要呈现形式。两者的关系非常密切,往往相伴相生。理解是记忆的基础,记忆也是理解的基础。

人类的记忆大致可分为两种,一种叫原始记忆,一种叫编码记忆。原始记忆是人们在幼年时期经过反复感知而留存下来的记忆。编码记忆是人们把接触到的新事物和以往的记忆建立联系而形成的记忆。在一个人的学习过程中,编码记忆是其记忆的主要形式。人们接触到一个新知识,或是一个概念,或是一篇文章,或是一个定理,如果不和以往的知识、阅历建立联系,只是机械地背读几遍,要想记住是很难的。即使暂时记住了,也会很快忘记。一旦忘记了,由于它和以往的其他记忆没有任何联系,因此很难再回想起来。采用编码记忆就不一样了。它是让新知识和以往的知识经验联系起来,就像长在以往的记忆上一样,既容易记住,又容易想起。童年时候背古诗,只能记住一些浅显的绝句。对于那些较为生涩的长句,就有点望尘莫及了。长大后就不一样了,李白的《长干行》共三十句,我采用知识编码的方法,用了三十分钟,读了几遍就记住了。不但记住了,还很熟练,以后不管啥时候用到,总能回想起来。这是如何做到的?因为随着阅历的增长和学习的深入,知识储备多了,用来编码的素材也多了。比如"郎骑竹马来,绕床弄青梅。同居长干里,两小无嫌猜"几句,正好和以前学过的成语"青梅竹马,两小无猜"联系起来,很容易就记住了。在这个过程中,还伴随着发现已知成语出处的喜悦,让学习变得更有趣味。事实上,在知识编码的过程中,类似的喜悦常常会有。作为家长,我们如何指导孩子运用知识编码的学习方法?玩转知识编码法的关键又在哪里?咱们下文接着说。

达尔文成长之谜

知识编码原本是人的一种自发意识。人们感知新的事物时,会不由自主地联想起和这些事物相关联的经历和经验。这种联想就属于知识编码。运用知识编码的方法来学习就要把自发的编码意识转化成自觉的编码行为。可以给孩子举例子、做示范,同时鼓励孩子积极尝试,体验知识编码带来的成就和乐趣。这些做法要坚持一段时间,让孩子养成对知识进行编码的习惯。

玩转知识编码的学习方法的关键是丰富孩子的阅历和知识储备,让孩子具备丰富的编码素材。地球上的生物不是造物主创造出来的,而是经过几十亿年的历程,一步步从简单到复杂,从低级到高级,从水生到陆生进化来的。这是科学家达尔文的进化论中的观点,现在已被人们广泛认可。初一时学到进化论,这个伟大的理论让我十分佩服,同时,我对达尔文产生了一个疑问:他有怎样的成长历程,让他有如此渊博的生物学知识和强大的思维能力呢?后来,一本介绍达尔文的小人书帮我解开了谜团。这本书上介绍说,达尔文小的时候,他家的后院是一个植物园,里面有许许多多的植物和昆虫,以及一些小动物。达尔文非常喜欢这个植物园,几乎天天都去那里,观察各种各样的动植物。达尔文有一位慈祥温和的母亲,她总是陪伴在幼年的达尔文身边。每当达尔文诉说自己对动植物的观察体验时,母亲总是耐心地倾听,微笑着鼓励他。对于达尔文提出的一些问题,母亲也会和他交流沟通,一道去思考探索。

就这样,达尔文对观察和思考动植物的兴趣更加浓厚,逐渐在大脑里储存了大量的动植物的形态、性能等知识和问题。这些储存拓展了他大脑的有效利用空间,更为他长大后思考生物形成的问题提供了海量的编码素材。可以想象,经过不断的知识编码的过程,达尔文在脑海里形成了一个巨大的知识网络。这个知识网络是立体的,上面有许多节点,每个节点都和其他的许多节点有联系。正是这样一张网,促使达尔文产生了生物进化的伟大构想。

2020年一个教育大县的高考理科第一名学生的经历和达尔文的成长经历就有异曲同工之妙。这位优秀的学生出生在一个小山村,父母都是普通的农民。他小学和初中都是在本村学校就读,从没有参加过任何补习班。他的学习较之于常人显得较为轻松,并且不断在进步。初中升高中时在县里是一百名左右,到高二时就考到了第一名,高考成绩是六百九十五分,非常突出。他是怎样做到的?经过走访,我发现了他的一个过人之处:在上小学时他就读过了村里农家书屋的全部图书。当时,他的母亲在小学任代课教师,这是一位亲切而又智慧的母亲。这位母亲先是给孩子讲书上的故事和知识,引起孩子对书的兴趣,然后引导孩子看一些简单的薄薄的书,后来孩子就迷上了看书。

据这位母亲说,孩子对书的痴迷,达到了废寝忘食的程度。有时到了晚上,孩子看书看得有些困了,眼睛几乎睁不开了,母亲让他休息,他舍不得停下来,就对母亲说:"妈妈,你给我读书吧。"母亲听了他的话,就给他读书。

他再听一阵子,然后在母亲的书声中进入了梦乡。有很多夜晚,他都是这样度过的。

可以想象,和达尔文小时候的成长经历类似,这位优秀的学生在幼年时期读过的书同样拓展了他大脑的有效利用空间,也为他后来在学习中进行知识编码储备了大量的素材。读书的作用不仅仅是丰富语言,有利于写作,还能够启迪思想,提供各个门类的知识。这位优秀学子的成功,很大程度上得益于他在小学时期读过的书。

家长要帮助孩子掌握知识编码的学习方法,就要在丰富孩子的编码素材上下功夫。一方面可以引导孩子接触自然,深入生活,多观察,多思考,多实践,另一方面可以引导孩子广泛地阅读各类书籍,不要让孩子单纯地学习,学习,再学习。试想一下,一个没见过山的孩子如何能读懂有关山的文章?一个没吃过李子的孩子如何能记住李子的滋味呢?

难易之辨

世上的事物众多,知识也很繁杂,如果不分主次去理解和记忆,即使用知识编码的方法也掌握不了太多。

一个人即使记住了很多知识,但是如果这些知识在他的大脑里没有层次,也没有条理的话,当他需要这些知识的时候,也很难及时提取出来。

如何来解决上面的问题呢?用知识构建的方法。知识构建就是透过事物和知识的表层,抓住其实质和内在规律,使其在头脑里形成系统。这个系统就像一棵树,有主根,有主干,有分支,有树叶。其中主根和主干就是基本的名词、概念和规律,分支和树叶就是细碎的知识和具体的题目。

摘树叶难还是种树难?浅层次上看是种树难。然而摘树叶虽容易,可树叶何其多也,何况掉了还会长。种树虽然难,却可以拥有树的主根和主干。有了主根和主干,分支和树叶自然就尽在掌握之中。因此,从深层次和长远处看,摘树叶是事倍功半,虽易实难,种树是事半功倍,虽难实易。

其实,对于学习来说,如果没有掌握基本的概念、原理和规律,没让知识在头脑里形成系统,完成知识构建,就是做一道具体的题目也是不容易的。

李先生刚上学的时候，一段特别的见闻，使他在脑海里形成了尽量避免在学习时死记硬背的意识。在面对新的学习内容时，他总是要搞清其内在的联系和背后的规律。他常思考的问题是：这个知识是什么？为什么是这个样子的？它从哪里来？能用到哪里？

在小学一、二年级的时候，李先生学习习惯的作用并不明显，和那些直接背记知识的同学相比，学习效果并没有太大的差别。到了小学三年级，李先生的学习成绩就突飞猛进，特别是数学，不但学起来很轻松，而且几乎每次考试都是满分。

其原因何在？原因是李先生的学习习惯帮助他在大脑里形成了层次分明的知识系统。有了这个自主构建的系统，在学习时自然就能触类旁通，举一反三，越学越得心应手，越学越容易。

数学中圆锥曲线部分难不难？难。椭圆、抛物线、双曲线，这三种曲线既有各自的特征，又有一定的联系。很多同学在学习这一部分知识时，只是对具体的知识点进行理解和记忆，没有整体观念，更没有深层探究，结果是越学越不清晰，感觉它难得让人高不可攀。

李先生在学圆锥曲线时，首先弄明白了其三者的实质都是二元二次方程和平面直角坐标系中的曲线建立的一种对应关系，其方程的特征决定了其图形的特征，然后把三种曲线放在一起对比，弄通其不同和相同之处，最后绘制出这一章节的知识结构图，让这三种曲线的各自特征和对应关系清晰完整地展现出来。

完成上面这个过程用了七八个小时的时间。由于是亲身参与，李先生对这个章节的知识结构和内在原理掌握得非常透彻。在做这个章节的题目时，有人是似会非会，无从下手，而李先生却能很快找到解题思路，把题目做出来。

作为家长，我们如何引导孩子自觉运用知识构建的学习方法呢？关键是家长得有这个意识。在孩子为学之初就要为孩子谋长远之道，培养孩子深层思维、追根究底的习惯和能力。相对于让孩子多掌握具体知识，培养孩子的深度思维的能力和习惯更重要。

在生活中，我们可以寻找机会引导孩子理解知识构建的意义。比如，我们可以让孩子去整理一堆凌乱的树枝。怎样整理？拿起树枝的根部是最好的办法。我们可以让孩子观察思考大楼是怎样建起来的。怎样建起来？关键是打好基础和建立框架。这些都和知识构建的学习方法有一定的联系。

一个星期天，我带几个孩子去砍耕地边一些杂生的构树。最初，我让他们砍树枝，他们发现树枝虽然容易砍掉，但一棵树树枝太多，费很长时间也砍不倒一棵树。

接着，我让他们直接砍树干，他们发现砍掉主干就解决了一棵树，效率高多了。只是构树的主干又粗又硬，砍起来太费力气，但总的来说还是比砍树枝容易。

后来，我引导他们抓住构树的主干，用力拉，把构树的根拉了出来。由于土地松软，构树的根被拉出了好长好长。一开始，构树的根比较粗，后来就越来越细，以至于很容易就被折断了。孩子们看到这一幕，很惊奇。就在那个现场，我给孩子们讲了深层思维和知识构建的一些故事和道理。

世上的事，难与易，我们要辩证地看。希望本文对你有所启发。

黄金两分钟

黄金是贵重的，时间比黄金更贵重，关键看你怎样用。有很多家长这样说："我家孩子上课能听懂，就是记不住。"还有很多家长这样说："我家孩子当时能记住，但很快就忘了。"以上两种现象其实都很正常，因为遗忘是人的天性。人就是要把每天感知的事物都忘掉，这样才会减轻大脑的负担，不至于让大脑不堪重负。需要记住的内容，要不断地复习巩固才行。记忆就是和遗忘作斗争。

有些人之所以过目不忘，是因为所感知的事物对大脑的刺激太强烈，让人不由自主地在脑海里去回想而已，这实际也是在复习巩固。有些家长看到孩子学东西记不住，或是记住了又忘了，就认为孩子不是学习的料，以至于放弃了对孩子的引导和激励，让孩子错过了学习的大好时机，实在是可惜！本文说一说遗忘的规律和应对的方法，给你一个锦囊妙计，让你能够帮孩子玩转记忆，玩转学习。

遗忘的规律是先快后慢。在记忆后的一小时,人会忘掉记忆总量的百分之五十以上的内容;一天后,会忘掉百分之七十以上的内容;七天后,会忘掉百分之八十以上的内容;二十一天后,会忘掉百分之九十以上的内容。当一个人把某个记忆保持二十一天后,基本就可以长时记忆,甚至终身不忘了。这个规律怎样来用?及时复习。在记住的知识被遗忘以前,及时地把它留住,让它在你的大脑里留存二十一天,成为长时记忆。

　　假如,我们背记诸葛亮的《诫子书》,经过知识编码和反复阅读,我们把这篇文章留存在了大脑里,这就好比一个人住进了由大脑神经元构建的房间里。我们不妨把这个人称为"诸葛亮先生"。"诸葛亮先生"最初是不安分的,因为环境陌生,他总是想溜走。在他每次要溜走以前,我们都要及时复习关注他,好像亲切地对他说:"诸葛亮先生,请留步。"这样他就不好意思走了。如此重复多次,让他在房间里待上二十一天,他对环境适应了,就会安稳地待在房间里。对在校上学的孩子来说,每堂课结束后的两分钟非常关键,要引导孩子在这两分钟里把课堂上学习的新知识在头脑里过一遍。不要轻视这个小小的举措,它能有效地留住正要快速流失的记忆。及时抓住课后两分钟时间回顾课上所学新知识,其作用之重堪比黄金。要知道,课后如果不及时复习,课上的新内容就会遗忘一半以上。待到第二天再用到时,还得重新理解记忆,又要费去许多时间。这样学学忘忘,效率极其低下。有些学习成绩差的孩子比学习成绩好的孩子用在学习上的时间还多,为什么?就是因为这些孩子在学习上就像猴子掰玉米一样,掰一个丢一个,又去掰下一个,掰后再丢。这样辛辛苦苦掰了成千上万个玉米,最后一个也没有得到。

　　有些朋友会说,两分钟里能把一节课的知识回顾一遍吗?能。因为课程都是循序渐进的,一堂常规课,新增的知识点不会太多,两分钟时间是可以回顾一遍的。也会有朋友这样说,课间有限,孩子能挤出两分钟时间吗?能。一种情况是老师会在课程结束时领着学生们总结当堂所学内容,孩子们只要利用这个契机主动复习巩固即可。另一种情况是老师在课堂中间就结束了课程,余下的时间让学生做题。孩子们可以在做题以前进行复习巩固。还有一种情况是课上了整整一节,课堂上老师没来得及总结,这就需要孩子在课间挤出两分钟时间来复习巩固。如果孩子能意识到这两分钟和黄金一样珍贵，他是会挤出这个时间来的。当然，单靠课后两分钟的时间是不能长久记住所学知识的，随后还要有多次的复习巩固。每天中午和晚上，各用十五分钟时间把当天所学内容复习巩固一下，第二天和第三天都要再一次复习巩固。第四天到第二十一天复习的时间密度可以递减，但必须复习。

复习巩固的方法有多种，可以读，可以说，可以想，可以写，可以做题，可以给别人讲，这些方法都有保持记忆的作用。坚持复习巩固，让记忆保持二十一天，一定会有奇效。每个人的一天都是二十四小时，每个人的一年都是三百六十五天，安排不同，效果也不同。用得好，时间贵如金；用不好，时间贱如土。希望本文能给你的学习以及家庭教育带来有益的启示。

弱化动机

二十年前，我对老子的《道德经》十分向往，也想和别人一样通背全篇。可是"欲速则不达"，每次开始背读时，都下了很大的决心，攒了很大的劲儿，结果总是还没背几句，就背不下去了。读不进去且不说，心里还有莫名的急躁。

六七年前，一个偶然的机会，我又拿起了《道德经》，一次看一点儿，读读原文，看看故事，不知不觉竟然看进去了。当时没想着一定要背会，只是想拓展一下自己的思想。就这样坚持了半年的时间，读完了整本书，其中大部分章节都能够背下来。这个效果，让我感到惊喜。

凡事有"非……不可"的精神，固然勇气可嘉，对于做单纯而又明确的事会有很大的助力。但对于一些复杂而又抽象的事来说，既设置具体的任务，又设置具体的完成时间，确实是一件难事，不但不利于事件的完成，还会增添一些精神上的负担。倒不如弱化动机，慢慢来，一小步一小步向目标迈进。这样做未必实现不了目标，未必不能高效率地达成目标。

一座千米的高山，坡很陡，只有一二百米的水平距离。一次登山比赛要求参赛者在三小时之内登上这座山。结果，没有一个参赛者完成这个任务。大家都太心急了，不是一开始冲劲儿太大耗尽了力气，就是急于求成弄伤了身体,或是慌不择路,迷失了方向。有好多人在中途就放弃了比赛。让人惊奇的是,有一些观赏者却登上了山顶,其中有几个人的登山时间还在三小时之内。这些人是如何做到的?弱化动机而已。他们没给自己设定登山任务,也没给自己设定登山时间,心中只想着登山赏景。

人生往往就是这样,恰恰是心中只有登山赏景意识的人,比那些一心只为了在登山比赛中获得胜利的人,登得更高,走得更远。这正应了一句老话:"有意栽花花不发,无心插柳柳成荫。"学习的道路上要爬一座一座的山。山有多高?不知道,因人而异:在山顶的,山如平地;在山腰的,山顶在望;在山脚的,山顶隐约可见;在山谷的,山顶只能在别人的描述之中,好像一个传说。

如果让以上这四种人同时攀上山顶,现实吗?显然不现实。可是,有些成人就是这样急,非得让在山谷和山脚的孩子和在山顶和山腰的孩子同时登顶。这样做,孩子或者干脆不动,或者急着上去,弄得筋疲力尽,甚至遍体是伤,再也不想爬山了。更为严重的后果是,不但这座山孩子不想爬,而且凡是学习上的山都不想爬了。反正已经晚了,爬上了也不合成人的意。

弱化动机,是一种学习方法,也是一种人生智慧。作为家长,我们要用心体察孩子的学习状态。孩子学习的劲头不足了,就要适时地给孩子鼓鼓劲、打打气。如果孩子的学习动机过于强烈,以至于产生了焦虑情绪,影响了正常的学习和生活,就要给孩子松松劲儿,减轻一些精神负担。有一些孩子几乎不学习,上课不认真听讲,课后不认真做作业,考试成绩七门课加起来也不到一百分。当老师和家长给他们讲人生追求,加压力,提要求时,他们听得很认真,道理都懂,就是不改变。这时,变换一种方式,不再讲太多的道理,让他们安安静静地上每一天的课,不提要求,不预设任何的学习目标,接纳他们,看到他们的细微进步并予以肯定。让他们专注于当堂当时所学,不背负任何其他的负担。就这样坚持一段时间,我们会发现这些孩子变了,变得开始认真地对待学习了。这就是弱化动机的作用。

张老师是教育方面的行家里手,他的一个孩子在一所有名的高中上高三。这个孩子有理想有抱负,学习勤奋,成绩优异,在高三上学期已稳居全校前二十名。现有的成绩并没有让这个孩子满足,他的目标是全校第一。

谁知在高三第二学期的第一次考试中,这个孩子考了全校第八十名。这要在以前,张老师一定会找到孩子,谈谈思想,分析分析考试失利的原因。可是这次,张老师并没有主动给孩子谈起考试的话题,只是一如既往地关注孩子的生活。又过了一个月,又一次考试,这个孩子成绩又退步了,在全校排到了一百二十名以后。张老师还是和上次一样,没有与孩子主动谈起考试的事,更没有批评孩子。他还说服自己的爱人,不给孩子施加额外的负担。又过了一个月,又一次考试,张老师孩子的成绩又有一些退步。张老师还是没给孩子说考试的事,他的孩子着急了,找了一个时间,对张老师说:"爸爸,我这几次考试都没有考好,你为什么不说我,不批评我?"

张老师拍拍孩子的肩膀,平静地说:"孩子,你已经够努力了,我不想再给你添加任何的负担。"孩子听了张老师的话,感动得掉了泪。张老师接着又和孩子进行了交流,帮孩子卸去了一些思想压力。后来,张老师的孩子情绪稳定了下来,考试成绩也恢复了常态。当年高考,他考了全县第七名。朋友,你的孩子学习现状如何?其学习动机是需要强化呢,还是需要弱化?请三思而后行。

游泳教练

一个世界游泳冠军的教练却不会游泳,他是如何指导学员的?有两点:一是善于激励,二是能教给学员有效的方法。作为家长,我们不是专业的老师,不可能每门功课都会,但是我们可以像这个游泳教练一样培养出学习成绩优异的孩子。怎样做?一是给孩子以有益的激励,二是给孩子以有效的方法。

本讲介绍了五种学习方法,其中目标激励法意在激发孩子的学习动机,并帮助孩子明确每天每节具体要学什么,学到什么程度。知识编码法意在让孩子明白怎样才能记住所学内容,同时让孩子明白自然和生活与学习具有密切的联系。知识构建法意在让孩子自觉开发深层思维能力,让大脑更灵活,让学习更高效。黄金两分钟法意在让孩子明白及时复习巩固是记住知识的必由之路。弱化动机法意在让孩子学会轻装上阵,能够高效率地开展学习。作为家长,我们若能理解领会以上这五种学习方法,并能在日常和孩子接触时潜移默化地教给孩子,让孩子领会运用,一定会对孩子的学习起到巨大的推动作用。朋友们读到这里,可能会有几个问题:一是学校为什么不教给孩子这些方法?二是这些方法为什么和通常所说的方法不一样?三是这些方法太多太抽象,有没有更简便的方法?下面我一一回答。

学校老师也会教给孩子们学习方法,所教的方法也会包括上面这五种。然而,截至目前,学校还没有开设学法课,也没有专门的教学法的老师。老师给学生们传授学法,只能挤出课上或课下的一些零星时间进行。受时间和专业限制,所讲的只是一些具体的点,难以系统化,也难以连续。家长给孩子传授学法的优势是,不但可以具有系统性和连续性,而且能够在生活中给孩子以配合和支持,鼓励孩子长期坚持下去。毕竟一个老师一般只带孩子一年,而家长却要陪孩子走过整个上学阶段。

传统的学习方法有:课前预习、课后复习、上课听讲、使用纠错本、绘制思维导图、课外阅读、有问题求教、明确目标等,这些都是常用的学习方法,老师一般都会给学生介绍。近几年,有人统计了各地高考优秀生的学习经验介绍,发现出现频率最高的是这两种方法:一是上课认真听讲,二是使用纠错本。其实,以上提到的方法都是我所说的五种方法的具体运用。课前预习,一是为知识编码打基础,二是和上课听讲、课后复习以及学校组织的周测和月考形成一个巩固记忆的链条,用的是黄金两分钟中的原理;课外阅读可以为知识编码扩充素材;绘制思维导图的过程实际就是进行知识构建的过程;使用纠错本一是为巩固记忆,二是为了使知识构建得完整和通透,其作用非同小可。

老师在课堂上所讲的内容,大都是为了弥补学生的不足,启发学生的思路,给学生提供素材,帮学生进行知识编码和知识构建。老师所给的,正是学生所缺的。这就是上课认真听讲的重要所在。

总而言之,我所介绍的五种学习方法,都是一些常用的具体的学习方法的原理和基础,它们都是相通的。让孩子们明白这些原理和基础,会更有利于孩子们去自觉运用一些具体的方法。有没有更简便的方法?有。那就是对知识的敬重,对学习的敬重。如果你意识到学习知识不只是为了学历和面子,也不只是为了社会地位和就业,而是你的生活所必需,生命所必需的时候,你就会对知识,对学习产生一种敬重之情。到那时,无论是你,还是你的家人,就没有闯不过去的学习关。如何做到?借用王阳明的一句话:在事上练,在事上悟。衷心地希望你像那位游泳教练一样,培育出一个优秀的孩子。

第八讲　阅读让人幸福一生

何以阅读

何以阅读？有关读书的格言和典型事例对我有较大的影响。有关读书的格言我重点强调三条："开卷有益""读书破万卷，下笔如有神""劝君莫将油炒菜，留于儿孙夜读书"。这些格言在不同的时期，或多或少都引起了我对读书的思考，激励我去读书，在读书中体会人生的道理和成长的快乐。

书谐音输，这个输不是"输赢"中输的意思，而是输送的意思。书把古今中外人类所集聚的知识、智慧和信息便捷地输送到阅读者面前，不分人种，不分贫富，不分贵贱。读书实在是一个实惠而又伟大的工程。读书能成就伟人，读书自然也能成就凡人。这是我读书的动力之一。然而让我对书感到亲切而又舒适的是身边人的帮助和影响。我初中一年级的班主任是马老师，他教我们数学课。马老师是一个善良而又温和的人，学生很喜欢接近他。我在课余听马老师讲自己的一些经历，知道他曾经为了生计下煤窑出苦力。生活的艰辛促使他利用业余时间发奋读书，最后他考上了师范学校，成了一名人民教师。这些让我对马老师由衷地佩服。马老师喜欢读书，也非常喜欢给我们读书。那时每天都有一节自习课，马老师就利用这一节课的时间给我们读书，先是读路遥的《人生》，后来读李存葆的《高山下的花环》等，每天读一段，持续了很长一段时间。听马老师读书，我的思想丰富了许多，我从中体味到了人性的善良、爱情的崇高和美丽、生活的艰辛、理想的价值、英雄的情操、祖国的神圣、个性的固执、规矩的严峻。这些认知和体验，在潜移默化之中，塑造和完善着我的思想和灵魂，让我这个小小少年，为走向成人、走向社会做了些应有的准备。受马老师读书的影响，我对文学和读书的态度,由喜欢变成了热爱。我最早喜欢上书,却是在没有书的年代。那是在我七八岁的时候,除了简单的课本,我的生活里几乎没有其他书,却有机会听说书。现在想来,能在孩提时代听说书,是我人生的极大幸运。

当时村里的文化生活虽然贫乏,但村里总会隔一段时间请几个艺人来说大鼓书。每次听说书的时候,都是我最兴奋最开心的时候。那时候说的书大都是《三侠五义》之类的内容,我总是听得津津有味。有一天晚上,我吃过饭去听说书,妈妈说她不舒服,让我在家陪她。我虽然也想照顾妈妈,可心里更想去听说书。妈妈看出了我的心思,最后还是让我听说书去了。刚开始,我还惦记着妈妈,后来就沉浸在精彩的故事情节之中了。事过多年回想,儿童时期听说书,对我影响很大。虽然那些故事很老套,却在不知不觉之间为我埋下了思想的种子,打下了灵魂的根基。忠于国家,孝敬尊长,扶弱济困,爱惜百姓,行侠仗义,好事多磨,善有善终恶有恶报,等等,这些思想撑起了小小的我,助力我写出一个大大的"人"字。实际上,儿童时期听说书也为我后来想读书、能读书奠定了坚实的基础。有时,我想对妈妈说:"妈妈,如果当年我不去听说书,也许我会留在你的身边,却不知道该干什么。但是我听了书,后来又读了书,我回到你身边,伴你终身,为你养老,我很快乐。这是你教导的结果,也是拜读书所赐。"

何以阅读?我实在不能用简短的语言说出来,只能给大家分享这样一个事实:人一生不管读多少书,书都会以各种形式影响到他。与其被动地接受书的洗礼,不如主动地去阅读、去思考。愿我的读书感悟和经历,能给你带来有益的启示。谨以此文作为本讲的序言,也献给在我人生成长道路上给予我帮助的亲长和老师们。

冬夜读书

长夜漫漫读古书,
贤人意气感胸腹。
无端小事岂相扰?
敢笑士绅小媳妇。

以上是李先生十年前在冬夜读书时写下的一首诗，题目为"冬夜读书"。当时，正值李先生思想困顿之时，读书让他有了新的感悟。在很长一段时间里，李先生夜以继日，埋头苦干，一心为公，做了不少有益的事。他既为自己从事的事业和所在的单位谋发展，又心系百姓的心愿和疾苦，与祖国和民族同呼吸，共命运。

如此作为，难免会苦些，累些。好在一位贵人曾送他一句话，"正其义不计其利，明其道不计其功"。这句话激励他走过了十余年的风风雨雨。然而，不是所有人都看得那么远，不是所有人都不计较个人的得失。这是人之常情，李先生也不能免俗，只不过他把得失看得更淡一些而已。鉴于此，李先生的工作和事业也遭遇了一些挫折。有一个阶段，有很多人开始不理解李先生，有很多人开始远离李先生。这让李先生感到了危机。为了让大家把事情看得更明白些，也为了使单位和自己更好地发展，李先生选择了退出。李先生原本想着退出就能表明自己的心迹，让大家明白自己是一心为了大家和单位，并非为自己一人的功和利。可是，情势的变化并不如李先生所愿。周围的冷清在意料之中，接下来要干的事情也不顺利，还有人在角落里泼脏水，空气似乎都变得灰暗和压抑起来。所幸这些都没有撼动李先生强大的内心。他常常静而无言，默默以对。李先生能如此，很大程度上是因为有书为伴。

当时，李先生看的是《古文观止》一书。这本书李先生二十年前就想看了，一直苦于没有时间，那时终于能在晚上挤出看书的时间了。那时候是冬天，夜很长，正是读书的好时机。李先生读书是依着兴趣来，先是读苏辙的《六国论》，后又读苏轼的文章。当他读到《潮州韩文公庙碑》，看到苏轼称韩愈"匹夫而为百世师，一言而为天下法"，又赞韩愈"文起八代之衰，而道济天下之溺"，转而去读韩愈的文章。"师者，所以传道、授业、解惑也"，"一封朝奏九重天，夕贬潮阳路八千"，《祭十二郎文》，这些句子和文章展示了其深厚的文化积淀和高超的分析概括能力，以及其风骨、胆识和深情。这是李先生以前对韩愈的认识。随着对韩愈文章的深入阅读，李先生惊奇地发现，像韩愈这样的文化巨匠，竟然一开始并没有受到重视。即使在韩愈中了进士以后，他在京城仍然谋不到一个像样的差事，以至于吃饱穿暖都没有保障。在困境之中,韩愈主动投到一些在朝廷里有影响力的权贵门上,上书自荐。可他连门都进不去,递进去的自荐书也没有回音。这并没有让韩愈灰心,他再次上书自我推荐,还不成,再上书。如此这般,难以记述有多少次,也记不起是哪一次获得了成功。在阅读的过程中,李先生也曾短暂地为韩愈的遭遇而悲哀,但很快就被韩愈的精神所震撼,所鼓舞。韩愈虽然低头求人,也说了一些逢迎之语,但依然充满着凛然正气,丝毫没有奴颜婢膝。他虽然低头求人,但心里装的始终是家国和正义。

韩愈在求人的书信里,有这样一段话,"莫为之前,虽美而不彰;莫为之后,虽盛而不传。是二人者,未始不相须也"。其意思是说,"我韩愈自信有才学,可以报效国家,教化世人,只是没有先辈你的举荐,我的才能就不能施展出来。先辈你虽然声名卓著,然而如果没有引荐或教导出像我这样优秀的后辈,你的好名声就不能长久地传下去。我们两者,实际都非常需要对方"。在上面这段话里,李先生读出了韩愈的自信、主动和智慧,也读出了其在困境中拼搏的悲壮和勇气。就在那时,李先生一下子释然了,很长一段时间都在紧绷着的心,放松了下来。读过了韩愈,李先生的心里仿佛被一道光照亮了。他的心安了,眼前的路也明了,浑身上下都充满了力量。李先生不再纠结,也不再感到孤单。他觉得像韩愈这样的先贤就是自己的榜样,就是自己的指路明灯。李先生进一步想,中华文化源远流长,现世中,一定会有千千万万个和自己一样胸怀家国,有大义,有追求的人,他们也是自己的榜样,在今后的道路上必定会和他们中的有些人相逢相识。想到这里,李先生心潮激荡,写下了文章开头的那首诗。冬去春来,李先生精神抖擞地投入了新的工作和生活中去,事业有了新的发展和进步。

阅读的意义是什么?阅读有时会帮人打开心结,让人开阔心胸,明白道理,增长智慧,提升能力,走出困境,达到一片新天地。本文中李先生冬夜读书的故事就是一个很好的例证。

"儿寒乎?"

二十岁时,我远离家乡在外上班已两年了。童年和少年的时光渐已远去,有关儿时的记忆却深深地刻在心底,久久不能忘怀。

奶奶在时,有一次卖鸡蛋,我帮奶奶数数。那个小小的陶瓷罐里竟有四十个鸡蛋,一共卖了四元钱。不知怎的,以后我只要想起这件事,心里就酸酸的,我非常希望那四十个鸡蛋是被我的奶奶吃掉,而不是被卖掉的。奶奶是一个沉默的人,不爱说闲话。我很想让奶奶笑,可很少能够做到。记得我七八岁时,学校让我们学跳绳。一开始我怎么也学不会,腿总是绊住绳,一次也跳不过去。有一次,我在院里练习跳绳,正好奶奶也在身边。为了让奶奶开心,我把绳子抢过去,放在地上,然后迈腿走过去,嘴里数着数,"一"。原本想让奶奶笑,奶奶却没有笑,只是说了两个字:"真笨。"然后就去忙自己的事了。当时,我在心里一声叹息:"唉,奶奶不知我的幽默呀。"一年多后,我学会了跳绳,一分钟能跳九十八次,在同班同学中算是多的了。我想把这个消息告诉奶奶,可奶奶已经离开人世了。

我有时会想这样的问题:奶奶对我这个孙子抱有很大期望吗?她不会真的认为我很笨吧?这些问题我一直没有明确的答案。然而我却很想有一个好的前程,让奶奶因我而扬眉吐气,因我而过上既幸福又受人尊敬的生活。小时候,我受父亲的引导,非常喜欢思考,数学成绩优异。记得上小学二年级的时候,一道数学思考题我有多种解法。那次,学校几个高年级的老师都围着听我解释。那时,我的理想是长大成为一个数学家,为世界和国家解决难题。我设想,待我实现理想时,父亲该多高兴,奶奶若在,也该会怎样高兴啊,她一定会笑吧?时光流转,现实变了样。我仅仅上了中师,成了一名普通的农村初中数学教师。工作不怎么顺手,身边也没有同龄的伙伴。同事们都在忙,忙工作,忙家事。大家对我还是很关心的,工作、生活、婚事,都有人帮我。可是,很少有人和我谈理想。只有一个我尊敬的老大哥给我说他的理想,如果下煤窑能一个月挣五百元,他就要放弃教职去下煤窑。他的话让我感受到了他面临的现实,也意识到自己也将面临同样的现实。那一阶段,我觉得自己的理想就像一片淡淡的云,高高地飘在天上,并且越飘越远。

往事、亲情、思念、理想、现实、孤独、郁闷,年轻的我,心中有万千情愫,可与何人说?幸运的是,我在看《古代文学作品选》时读到了归有光的《项脊轩志》。读此文时,泪水一次次流淌下来,打湿了书页。再读,再哭,如此多次。我又把这篇文章工整地抄写在日记本上,中间有几次因哭泣而停顿,泪水又打湿了日记本。读到"三五之夜,明月半墙"一句时,我的思绪被带到了我家的老院子,带到了童年的时光。"儿寒乎?欲食乎?"这是归有光的母亲当年隔窗问候自己女儿的话。归有光和家中一个老婆婆共同回想起这个场景时,老婆婆哭,归有光也哭。读书的我也哭。哭和哭各有不同,但都有对过去时光和亲人的怀恋。归有光的奶奶曾去项脊轩中看望正在读书的归有光,说了几句话,句句催人泪下。其中"吾家读书久不效,儿之成,则可待乎!"让作者长号不自禁。我读到此处时,感同身受,也大哭而不加禁止。那个时刻,我明白,奶奶如何会不对自己的孙子抱有期望呢?她只是不说而已,只是不说而已。又一次大哭。文末一句"庭有枇杷树,吾妻死之年所手植也,今已亭亭如盖矣"又让我不知不觉泪涟涟。

读了归有光的《项脊轩志》,我仿佛遇到了知音,情感得到了宣泄,心也平复了下来。这段读书的经历,让我的初心得以保存,让我的情感更加充沛。我还是我,但做人做事更踏实了,更坚定了。常言道"人生难觅一知音",其实,在阅读中去寻找,知音会和你不期而遇。这也是读书的意义所在。"儿寒乎?"就在今天早上,我和自己的小女儿分享了这个话题,我希望她也成为一个爱读书的孩子。

种葡萄的老王

M区有个方圆几百里的葡萄种植区,已有三十多年的历史。三十年来,种葡萄的人换了一茬又一茬,有人挣钱,也有人赔钱。挣钱的,大都是挣个力气钱,相当于不出远门打工。真正能长期挣钱,收入和投入比较高的种植户并不多。其中,老王算一个。

老王种葡萄的水平真叫人服气。一开始,大多数人技术不到家,种植的葡萄在销售旺季成熟度不均匀,只好受损失便宜卖。老王种植的葡萄不但色泽好,而且籽粒饱满均匀,深受买家喜欢,自然是优质优价。后来,大家的技术成熟了,种植葡萄的人多了,种植的总面积也大了,销售旺季时的优质葡萄供应量也充足了,可葡萄的收购价却下降了,大家的收入还是一般。这时老王种的葡萄却能早熟十天左右,还是卖出了好价钱。等到一部分人也掌握了葡萄早熟技术时,老王又能让他种植的一部分葡萄晚熟十来天,又一次占得了先机。

老王种葡萄的诀窍在哪里?有人总结了四点。

一是品种选择好。当大家种植葡萄的品种五花八门的时候,老王种植的是最适合当地气候和土壤的巨峰葡萄。后来大家都种巨峰,老王把一部分土地改种了一些高品质的新品种。很多人都改种了新品种时,老王仍然主打最适宜当地的巨峰牌。结果,好多人种葡萄的收入就像坐过山车,而老王却一直稳稳当当赚钱。

二是葡萄树形新。M区刚发展葡萄产业时,大家采用的都是篱架。篱架的特点是葡萄都长在外面,看着喜人,采摘方便,但容易受到外力的伤害。几年后,老王率先改成了V架,V架就像一个人的两只胳膊向上方斜着伸出,葡萄串就藏在胳膊下面,受到了很好的保护,不但能高产,品质还稳定。后来,大家都改成了V架,持续了好多年。近几年,老王又把葡萄改成了棚架,又一次引起了大家的效仿。

三是浇水施肥巧。最初大家使用一般的化肥和农家肥,老王用的是复合肥。大家都用复合肥的时候,老王开始使用生物菌肥。使用一般的化肥和复合肥见效快,但使用生物菌肥效力持续久,还有利于土地的保护和循环利用。一般人种葡萄都很难摆脱大小年现象,老王种的葡萄却能做到稳产高产。同样是给葡萄浇水,一般人一年浇固定的几遍水,老王浇水要看当年的气候和葡萄的长势,有时会多浇一遍,有时还会少浇一遍。最神奇的是,他每次浇水的时间和浇水的量都有讲究。该中午浇的,他绝不会在早上浇。该浇两个小时的,他绝不会多十分钟,也不会少十分钟。

四是日常管理讲究。剪枝、抹芽、除草、打药、疏花疏果、套袋等日常的管理,老王都有具体而又精确的要求,一点都不含糊。这样,给他干活的人,不但工作进度慢,要价还高。老王要的就是慢工出细活,他宁愿花这份钱。

别人种葡萄收入只能顾住生活,或者说是发点小财,甚至还有人赔钱。老王种葡萄却发了家,致了富。他种了十来亩葡萄,一直种了三十五年,年年都赚钱。近十五年,他每年的净收入都在八万元以上。周边种葡萄的人都佩服老王。有不少人跟着老王学种葡萄,也都受了益。大家说,老王以前上过高中,当过民办教师,有学问,懂技术,种葡萄就是不一样。老王葡萄种得好是因为上过高中吗?我曾拿这个问题去问老王。老王说:"上过高中与种好葡萄没有直接联系。种葡萄前后一直读书学习才是种好葡萄的主要原因。"随后,老王又给我说了一些细节,让我很受启发。

老王读书学习的内容主要是葡萄种植技术。其读书途径有三个:一是自己到县城新华书店买有关葡萄种植的书籍和期刊;二是政府科技下乡时他去听讲座,领取免费的书籍看;三是每年暑假他请村里的大学生到他的地里去吃葡萄,临走还每人送两箱葡萄,然后拜托这些大学生返校后给他邮寄与葡萄种植有关的书籍。对于能接触到的葡萄种植科技书,老王都会反复阅读,用心研究,积极实践。读科技书,把世界各地种植葡萄的经验和技术为我所用,这就是老王拥有高超的葡萄种植管理技术的根本原因。

书有很多种,经史子集,唐诗宋词,明清小说,名人传记,现当代文学,外国文学,还有各种各样的教科书、科普书等等,各有各的用途,各有各的适合人群。

用老王的话说,书中自有黄金屋,此言不虚。读对的书,用对的方法,结合实际去思考,积极地实践,财富自然会滚滚而来。

杨士奇读书(一)

明代大臣杨士奇的人生是从苦难和读书两件事开始的。杨士奇一出生就跟着父母在乱世中颠沛流离,一岁时其父亲贫病而死,好在还有母亲在。他的母亲很有见识,在艰苦的生活中,一直坚持让孩子识字读书。

在长期逃荒要饭的过程中,他们母子丢掉了很多东西,几乎是身无长物,但有一样东西他们始终没有丢掉。什么东西?一本书——《大学》。《大学》是一本讲修身、齐家、治国的书,杨士奇五岁时就能通背全篇。对于排解苦难和治疗愚昧,书往往是最好的药。自从杨士奇读了《大学》,他的人生就开始一步步出现了转机。杨士奇的母亲改嫁了,因此童年的杨士奇改姓为罗,这是他继父罗性的姓。

有一天,罗性一家在举行祭祀祖宗的典礼时,杨士奇触景生情,想起了自己逝去的父亲和先祖。他用土块为自己的先人设置了一个香案,学着大人的样子祭拜起来。杨士奇的行为被罗性发现了,罗性看出杨士奇是一个有志气有见识的孩子,就破例让杨士奇恢复本姓,并亲自教他读书。

后来,罗性因得罪上司获罪被罢官流放,杨士奇母子也跟着去流放地。罗性去世后,杨士奇母子又回归无依无靠的状态。当时,杨士奇已经十五岁,由于他已经精通了很多经典,就以在私塾任教为生。杨士奇在教书之余,继续坚持读书学习,学问见识日日长进。有一年,他见一个书生贫困无生计,就把自己的一半学生分给他,让他也有和自己同样的教书收入。他的这个做法得到了母亲的由衷赞誉和支持。时光荏苒,日月如梭,杨士奇三十四岁时,因文史知识出众,被人举荐参加《明太祖实录》的编撰工作。接着,在众多编撰人员的内部测试中,杨士奇因才华出众拔得头筹,后被提拔进入内阁,成为皇帝身边举足轻重的大臣。史载,杨士奇历经五朝,在内阁行走四十余年,其中担任首辅二十一年。明朝二十四臣、明朝十大首辅均有其名。他是明朝仁宣之治的主要推动者之一,后人称其为力佐四朝、功德显著的内阁大臣。

1444年,杨士奇病逝,享年八十岁。朝廷赠其谥号文贞,追封太师。俗话说"伴君如伴虎",杨士奇在皇帝身边工作几十年,并且能大有作为,获得善终,实在不简单。他能有如此的人生,得力于母亲的教导、苦难的磨炼、读书等。读书赋予他的是中华民族传承几千年的生命智慧和浩然正气。在杨士奇身上,读书的意义得到了淋漓尽致的体现。

杨士奇读书(二)

杨士奇的人生还有另外一部分。他工于谋国,善于谋身,却疏于教子。他的儿子杨稷依仗父亲的权势,骄横狂躁,伤人性命,犯下重罪。杨士奇作为父亲竟然不知情。有人相继弹劾杨稷,后尽管皇帝百般劝慰、挽留,杨士奇还是坚决辞去了内阁首辅之职。第二年春天,杨士奇病亡。

读与杨士奇有关的这段历史,让人思考再三。最初,我听人讲到杨士奇读书以及他前半生的经历时,想到的是读书的好处,认为他是读书人的典范。后来,读书读到杨士奇儿子杨稷的事,心中又生起了许多疑问。

杨稷读书否?父穷且读书,岂有子富却不读书之理?我看他十有八九读过书。读书只是一个可有可无的点缀吗?如果看看杨稷的一生,似乎是这样的。可真的是这样吗?回头再思考,我对杨稷读书有了新的想法。杨稷很可能读过书,然而他必定没有好好读,也必定没有把书读进心里去。如果杨稷像他父亲那样把经典之作内化于心,外显于行,他即使不能像父亲那样有功于天下社稷,也必定是一位谦谦君子,绝不会骄横暴虐,犯下重罪。

不是读书无用,是不好好读书无用。杨稷之罪,过在自身,有好的读书条件却不好好读书,是其过也。杨稷之罪,过在父母,养儿却不教儿,自己深知读书之用却不能引导孩子好好读书,岂无过也?思想至此,有茅塞顿开之感。情绪却是两重,既为明白道理而畅快,又为前人的悲惨遭遇而叹息。艰苦环境下如何引导孩子读书知理?优越的环境中如何引导孩子知理读书?于古于今,这些都是问题。前一个问题,杨士奇母子已为我们做出了榜样。后一个问题,尚无定论,需要我们每个人慎思慎行。

萧先生学沟通

萧先生青年时期有一段时间曾认为自己很能说,很会说,可一个朋友对他的评价是"怪好说"。近几年,有不少人说萧先生说话好听,说得美,可萧先生觉得自己的沟通能力还很欠缺。萧先生发现,自己无论是和家人、朋友,还是和同事、乡邻以及其他打交道的对象交流沟通,总会有不顺畅的时候。有时不能够彼此理解,有时情绪上不自在,有时还会发生冲突。

有很多时候,沟通的结果和初心相违背,甚至离初心越来越远。原本是想消除隔阂,融洽关系,形成合力,结果却是针锋相对,水火难容,或者是表面温和,实质冰冷。好说、话好听、说得美都不等同于沟通好。那么,什么是好的沟通、有效的沟通呢?这是萧先生一直实践探究的问题。两年前,有两个亲友先后给萧先生推荐了同一本讲沟通的书,这引起了萧先生的重视。

他把这本书看了一遍,觉得很好,又紧接着把这本书看了很多遍。

在这期间,他把这本书的要点和关键句抄写在了本子上,抄了两遍,厚厚的一本。经过这个过程,萧先生把这本书的内容都记在了脑子里。萧先生平时总会在心里回味书中的内容,并把其中的理念和方法运用到实践中,这让萧先生的沟通能力有了很大的改善。在这以后,萧先生家庭的氛围更和谐了,他和同事的关系也更融洽了,和工作对象也形成了较大的合力。

沟通包括四个方面。一是尽可能客观地表述自己观察到的事物,不要评判,不要比较,更不要信口开河,否则,一开口就会产生冲突。二是要学会表达自己的感受。感受是人真实的体验,容易让人共情和理解,表达感受往往可以拉近人和人的距离。三是要透过感受弄清自己真正需要什么,同时将心比心,体会对方的需要是什么。这时我们常常会发现,自己和对方的需要并不矛盾,或者从根本上说就是一致的。四是要把自己的请求明确具体地表达出来。请求不是命令,在日常的沟通中,任何一个人都没有权利去命令别人。命令别人,带来的一定是抵触情绪。不管对方当时有没有发作,其后果一样糟糕。

沟通的目的是建立融洽的关系,不是改变对方,也不是一定让对方去做什么。良好的、高效的沟通,其内在的力量来自爱。爱自己,爱别人,爱生活。要相信自己,相信这个世界,要以极大的热情投入生活中去。如果你还能跳舞,就不要行走。以上这些是萧先生看书学沟通得来的体验中的一部分。萧先生对书上的观念和方法并不是完全相信,更没有全盘照搬,而是和自己的人生阅历放在一起去理解,去思考,去尝试。对有些观念接受,对有些方法存疑,有摒弃也有改进。有一点是肯定的,通过对这本书的阅读,萧先生的沟通能力有了长足进步,生活质量也有了不小的提升。

阅读让人幸福一生。书有时是圣贤,有时是亲人,有时是老师,有时是朋友。坚持阅读,就像把他们请到了身边,得到他们时时的陪伴和提点,感受他们的温暖,接受他们给予的源源不断的力量。让孩子喜欢上阅读,是一个很好的家教举措。具体怎么做?我在下文接着说。

书柜的背后

萧先生是一个爱读书的人,他也非常希望自己的孩子成为一个爱读书的人。在孩子出生以前,萧先生想了许多问题,其中一个问题是,怎样给孩子创设一个好的环境,让孩子在孩提时代就喜欢读书。当时,单位的同事正在集体定制橱柜,这件事激发了萧先生的灵感。他在心里想,何不做一个书柜,让孩子一出生就能看到书柜,看到书柜里满满的书?

想好了就干。制作一个橱柜要价二百元,制作书柜比制作橱柜简单,但由于需要单独下料,也要二百元。萧先生夫妇两人毫不犹豫地决定,要书柜。二百元钱,相当于萧先生半个多月的工资。用这么多钱买一个书柜,对于日常用度比较节俭的萧先生夫妇来说是一个很大的举措。他们的举动,受到了周围不少同事的关注和赞叹。书柜很快就做好了,萧先生夫妇兴奋地把书柜摆到屋子里,装上了书。这时他们发现,家里的书并不能摆满书柜。这并没有让他们担心,他们都喜欢买书看书,相信不久会把书柜摆满的。后来的一切正如萧先生所愿,萧先生的孩子打小就处在有书的环境中,很快就喜欢上了看书,并且受益良多。爱读书对于萧先生的孩子来说,有两个明显的好处。一是学习潜力大。从小学到初中,到高中,到大学,萧先生的孩子学习成绩一路走高,节节攀升。二是独立能力发展好。从青少年时期,萧先生的孩子就有属于自己的理想追求及价值观念,相对于同龄人,显得更有思想更有主见。

有很长一段时间,萧先生很为自己买书柜的事感到自豪,他觉得让孩子一出生就处在一个有书柜,有很多书的环境中是一个绝佳的做法,这样做对促使孩子从小养成读书的习惯简直是太有帮助了。然而,随着阅历的增长,萧先生又有了新的想法。萧先生发现,有一些家庭,也有书柜,也有很多书,甚至有更多的书柜、更多的书,但是他们的孩子却并不喜欢读书。这是为什么呢?自己的孩子爱读书,真的是受了书柜的影响吗?经过一番思考,萧先生认为,孩子从小爱读书,一方面是受了家庭中书柜和书的影响,另一方面是受了萧先生本人及爱人读书行为的引领和带动。其中后者的作用更大。

萧先生爱读书,萧先生的爱人也爱读书。他们在学生时代接触的书少,对书有一种渴望。自打上班起,他们有了工资,买书看书就成了他们生活的常态。萧先生除经常买一些经典名著和科普书籍外,还坚持常年订阅《散文》和《读者》杂志,以及《文摘周报》等。每当《读者》杂志回来,他们夫妇总是争相观看,有时竟是两人同时扯着一本书看。

萧先生的爱人非常喜欢看书,经常手不释卷,有时连去卫生间也拿着书。有一次,她在农村的集会上见有人出售《人民文学》《收获》《花城》等旧的文学期刊,竟一次性全买下来,足足有两大纸箱。这些书让他们夫妇两人看了好一阵子,过足了读书的瘾。回顾往事,萧先生意识到,让孩子喜欢上阅读,最好的办法是父母读书,父母爱读书。还是那句老话,身教重于言传。在这里我介绍几种方法,用来引导孩子读书:一是父母自己读;二是借来读;三是买来读;四是亲子共读一本书;五是有序读,先听故事,再读儿童读物,再读中华经典,等等,随着孩子年龄的增长循序渐进。

这些方法,有很多来自萧先生的阅历和经验介绍。生活就是这样,本质往往隐藏在表象的后面。本文所分享的书柜背后的故事,希望能给你以启示。

读书六法

开卷有益,但要讲究方法。本文介绍我自己读书的六个原则方法,希望能给大家一些启发。

一是批判地读。对书上的内容、理念和信息要自己理解消化,不可盲信,更不可盲从。对于不能确定的内容,要谨慎地去尝试,在实践中去验证。"尽信书不如无书",要有去伪存真的意识。看书要了解作者的时代背景和个性特征,以及世人对作者及其作品的评价,这样有助于理解作者的真实想法和情感。

二是精读和泛读相结合。课本、重要的书和文章、对自己的成长和发展有益的经典之作,要精读。精读要看得慢一些,细一些,多看几遍,做些摘抄,记下心得,进行必要的调查和研究。对于这个时代流行的书刊,有兴趣却不必需的书和文章、有可能用到的书、消遣类的书,可以泛读。走马观花,一目十行,或是看看简介,看看梗概即可。泛读的目的是大致知道书里讲的是什么,或是将来用到时知道在哪里找。发现好的或者有用的内容,可以由泛读转为精读。

三是培养分析和概括的能力。书,特别是文史类作品,其主旨和理念往往隐藏在各个章节和段落及其字句之中。看书就要透过表象看本质,学会分析和概括,切忌断章取义。分析和概括能力不是人天生就有的,要在看书以及其他生活生产实践中去学习,去锻炼,去提高。这也是看书的意义所在。

四是处理好兴趣和实用的关系。有些书有用且有趣,有些书有用但无趣,这些书我们都要用心去读它。有些书能激起我们的兴趣,但没有用。这种书要少看,不必让它们过多消耗我们有限的时间和精力。有些书,无论有多长,总是一个套路,甚至是一种模式,只是机械刺激人的感官而已,这种书不看也罢。

五是记笔记,写心得,找机会和别人交流读书感悟。看书时有感悟,最好记下来,事后可以再翻翻看看,巩固一下劳动成果,温故而知新。有句话说得好,"好记性不如烂笔头",有机会可以和别人交流读书心得。这样做一可以巩固自己的读书收获,二可以得到别人的指正,三可以在和别人的思想碰撞中有新的认识和提升。

六是勤。读书是一个长期的过程。我们在不同的人生阶段都需要书的帮助,或是增长知识,或是丰富思想,或是抚慰情感。即使对同一本书,不同年龄阶段看,都会有不同的感悟和收获。因此,读书要勤。要坚持长期看,常常看,时时看。可以安排一些完整的时间来看书,几个小时,一天,一星期,或是一个月,也可以挤出平时的零星时间来看书,半小时,一刻钟,或是几分钟,在饭前饭后,在入睡前,在候车时等。

看几本书,读几篇文,把内容记到心里。这样就可以随时随地在心里读它们。夜深人静之时,偶然醒来,寂寥无事,读读记在心里的书,背背记在心里的文,实在是妙。吾读书六法,尽数奉上。

十年澡堂一本书

　　人生要读有字的书,也要读无字的书。这无字的书,就是我们的生活和我们自己。萧先生近十年来,每到冬季总是到镇上一个澡堂里去洗澡。这十年间,在澡堂的更衣室,萧先生总能见到一个老人,短发,保养得很好。这个老人有时会做一些拿拖鞋、收浴巾的活,更多的时候,他会和洗澡的老人聊天。这些场景,十年来都没有变。

　　萧先生最初对这个老人的印象不怎么好。他知道老人的大儿子办耐火材料厂,二儿子经营旅社加澡堂,女儿女婿在县城开了一个大酒店。儿女富裕又孝顺,他是一个有福气的老人。看到这个老人和那些洗澡的老人聊天的场景,萧先生总觉得这个老人是在炫耀。有时,他还为那些听这个老人说话的其他老人感到悲哀。来洗个两元钱的澡,还得陪人说话,感受同龄人的显摆,真不爽快。四五年后,萧先生的生活发生了不小的改变,他对那个老人的看法也发生了改变。他发现那个老人和那些来洗澡的老人谈话时,态度都非常好,甚至有些谦恭。首先是无论谈话的对象衣着好坏,他都一视同仁,尊重他人而又随和;其次是他不但自己说,还时常耐心地倾听;三是他会很愉快地接受对方的调侃。

　　有了这些发现,萧先生感觉和这个老人的心理距离近了许多,有了一些亲近感。萧先生觉得,这个老人或许是在消闲度日,但一定有为儿子维护生意的意思。天下的父母不都这样吗?不知不觉时光过去了十年,就在前几天,萧先生又去镇上那个澡堂洗澡。在更衣室,萧先生无意中听到那个老人分享的一段往事,触动很大。那个老人说,20世纪80年代初,他的一个熟人率先办起了瓷片厂。由于脑子灵活,既能吃苦又不怕出力,生意非常好,不到一年时间就挣了四五十万元。发财后,那个人无比自豪,就买了一辆汽车,在车顶架上喇叭,在车身上涂上文字和图画,从农村到城市四处跑,宣传他的瓷片厂。不承想,这种广告宣传还真有效,没多长时间,他就接到了一单特别大的生意。省城一家建筑公司要盖大楼,所要的瓷片全部在他厂里订。这一单生意,待把合同执行完,他至少能挣十几万。

希望很美满,现实却很悲惨。由于这个人烧瓷片的窑较小,不能一窑把所需要的瓷片全烧出来,只好分批烧制。不料,分批烧制的瓷片出现了色差,违反了合同约定。最后,买卖双方上了法庭,瓷片厂败诉。这个人不但没有拿到货款,还倒赔建筑公司二十万元。从那以后,瓷片厂倒闭,这个人还欠下了一屁股债。

听老人讲上面这件事,萧先生感觉这个老人像一个高人。机遇、宣传、细节、规则、残酷,这些生意场上必不可少的元素,这位老人都成竹于胸。萧先生想,这位老人必定有不平凡的经历,他的儿女们都能在生意场上干得风生水起,一定和他的引领和指导有关。这以后,萧先生想了很多。以前,萧先生对各种各样的"二代"现象有一些成见。他认为相当一部分"二代"之所以在行业里有成就,只是继承了父辈的物质资源和人脉关系而已。现在,萧先生觉得自己以前的看法太偏颇。各行各业都有自己的技术、经验和规则。"二代们"的成功绝不只是继承了父辈的资源和人脉,而是领会了行业所需的智慧。这个认识也能解释为什么同样是"二代",有人精彩,有人失败。有了以上这些体会,萧先生感到轻松了许多,也平静了许多,对生活加了些热爱,对未来添了些信心。

十年澡堂一本书。为什么十年间,萧先生对同一个人的看法会有如此大的不同呢?萧先生细细审视自己,发现了过去十年自己的变化。四十岁时,萧先生自恃年富力强,认为自己什么都懂。四十五岁左右,萧先生多了一些人生阅历,发现周围有不少人都有自己的胸怀和节操,他们只是和自己有所不同,但并不比自己差,有很多地方,自己需要向他人学习。五十岁已过,萧先生深切意识到了自然和社会规律作用的巨大,产生了更加强烈的学习欲望。同时,萧先生意识到了与环境和自身和谐相处的意义和价值。正是萧先生自身有了变化,他才能在十几年如一日的澡堂里读出了不同的含义。

阅读让人幸福一生,我们所要读的不仅是具体的书本,还要有生活和我们自己。处处留心皆学问,此言不虚。

第九讲　家教家风的培养

不做支流,就做源头

俗话说"不是一家人,不进一家门"。这句话的意思是说,一个家庭乃至一个家族的人具有明显的共同特征。一个家庭的人具有共同特征,这难道是上天的安排,抑或是遗传的作用？不尽然。现实中,一个家庭的婆婆、媳妇也会和这个家庭的其他成员一样,具有相似的行为习惯和价值观念,可见遗传的作用是有限的。

在男女双方相亲阶段,一般都伴随着价值观念的求同和整合。但这不足以解释一个家庭的人具有明显共同特征这一社会现象。那么,究竟是什么在起作用？我认为是家教家风。每一个家庭都有自己的家教家风,家教家风对家庭成员的影响是无形的也是巨大的,是广泛的也是深刻的,是细微的也是长远的。相对于"不是一家人,不进一家门",我觉得,"同是一家门,走出了一家人"更为贴切。教育子女是父亲的事,还是母亲的事,抑或是父母双方的事？当然是父母双方的事。但更好的答案是:教育子女是整个家庭的事。

要知道,不管有意还是无意,情愿还是不情愿,夫妻双方共同拥有的家庭及各自的原生家庭都对子女的成长产生着重要影响。有些家庭或者家族,英才能人辈出,有些家庭或家族,走出去的人大多平平庸庸。这些往往是家教家风影响的结果。古人云:道德传家,十代以上;耕读传家次之;诗书传家又次之;富贵传家,不过三代。这说的也是家教家风的重要性。重视家教家风的培养和传承,可以使家庭理顺关系,幸福和谐,兴旺发达,同时也是培育子女的根本之道、关键之道。近几年,在社会学和心理学领域,人们提出了"原生家庭"一词。对于原生家庭,有人看到了它对一个人成长的促进作用,有人看到了它对一个人成长的阻碍和困扰。这两种看法的共同点是,原生家庭对于一个人的影响极其重大,不容忽视。

现实世界里,有人把自己建立的新家庭和原生家庭融为一体,不离不弃;有人把自己建立的新家庭和原生家庭尽最大努力隔离,另起炉灶;有人游离在两者之间,试图两全其美,却总是不尽如人意。对于上述三种情况,我们很难评判其高低优劣。但有一点可以明确,无论哪种情况,我们都要重视家教家风的建设和培养,这不仅关系着我们个人的幸福和发展,也关系着我们子女的命运和成长。每个家庭都是一条河,我们或者做支流,或者做源头,两者必居其一。

那么,如何认识家庭?家教家风的本质是什么?如何来培养?我在本讲以后的文章中会陆续给大家分享。

家庭三论

家庭从哪里来?从近五六千年的人类历史看,每个家庭自有其来处,各有各的不同。本文不对其类型进行考证,但有一点可以肯定的是:经过几千年的人类文明史,各种类型的家庭已经糅合在了一起,没有哪个家庭一直幸福高贵,也没有哪个家庭一直艰辛悲催。

能够流传到现在的家庭,其先祖的经历一定不简单。人类曾经的所有灿烂辉煌,他们都参与或者见证过;人类曾经的所有灾难和困难,都被他们的勇敢、智慧、坚韧所战胜。就像每一个现世的人都是幸运的,也是强大的一样,每一个现世的家庭都是幸运的,也是强大的。我们以及我们的家庭,与中华民族同在,与整个人类同在。大家尽可以骄傲,尽可以自豪,尽可以踌躇满志,尽可以雄心勃勃。由于世事变迁,每个家庭近几代人的经历各有不同。这也造就了每个家庭的不同,可谓千差万别,异彩纷呈。对于此,我们不必沾沾自喜,也不必怨天尤人。每个人能做的,是和自己的家庭一道,或是演绎步步登高的故事,或是演绎细水长流的故事,或是演绎绝地反击的故事。这三种故事,都是人生的好故事,也是家庭的好故事。当然,中间可能会有曲折。有曲折不可怕，只要我们有颗向上向好的心，机遇总会有，能力也从来都不是问题。

家庭的本质是什么？家庭是休戚与共的血缘联盟，家庭是经济共同体，家庭是文化结合体，家庭是成员的栖息地和休养所，家庭是国家和社会的基本单位，家庭是人类的繁殖延续之地。有句话这样说，这个世界上任何一条大街或是任何一个公共场所，无论它如何繁华和热闹，总会有安静的时候。因为，几乎每天人们都需要回到一个叫家的地方。一个人离不了家，就像鱼离不了水；一个国家和社会也离不了一个个的家庭，就像活着的生物体离不了一个个细胞一样。家是小的国，国是最大家。治家是治国的基础，治国有一部分内容就是治家。这些已经是这个社会的共识。

我谈论上面这些内容，是想告诉大家，教育子女离不了家庭建设。家庭建设，特别是家教家风的培养，不仅是教育子女的方法和手段，也是子女教育的重要内容。

现在人民当家作主，家庭具有完全的独立性。这是家庭及其成员发展的大好机遇。我们既可以继承和借鉴优秀的传统家庭文化，又可以独立自主地结合时代和家庭实际创造出新的更好的家庭文化。何其幸也！当然，机遇往往伴随着挑战。如果在家庭建设上故步自封，不思进取，或是盲目行动，误入歧途，就会造成家庭的失衡甚至给家庭带来灾难。家庭出了问题，每个人都会受损，也包括孩子。

究竟应该怎么办？我在下文接着说。

家教家风之我见

有一个时期，有一句骂人的话是"没家教"。这句话骂人很重，不但骂了当事人，还骂了当事人的父母及祖宗。还有一句夸人的话，说一个人门风好。门风好就是指家风好，这是对一个人以及这个人所在的家庭很高的赞誉，好比是给了被赞誉人及其家庭一块金字招牌。这块招牌，既好看，又好用。

何为家教？何为家风？它们对一个家庭及其子女的教育有何意义？对

此，我进行了一番思考，得出了一些看法，在此与大家分享交流。

家教是一个家庭的文化内核及其传承。它的具体内容有家训、家规、家庭秩序、家庭成员共有的价值观念、家庭节日习惯等等。家风是一个家庭及其成员在待人处世、日常行为中表现出来的风格或特征。它是家教的外在表象。换句话说，有什么样的家教，就有什么样的家风。

何为家训？家训是由家庭的创建者或领导者提出，家庭成员认可并共同遵循的做人、居家、处世的核心理念。其表现形式往往是口头或书面相传的一段或几段话。家训有的简洁，有的宽泛，有的明确，有的内敛。《朱子治家格言》《颜氏家训》是古代家训的集锦，其内容既广泛又具体，现在仍可以借鉴。传统的家训都会有孝的内容，常见的还会有勤、俭、忠、和、谨等内容。现如今，家训的内容注入了不少新的元素，诸如积极进取、奋发有为等。无论一个家庭的家训是什么，是明确还是内敛，它都是一个家庭的灵魂，影响着一个家庭及其成员的走势和命运。

何为家规？家规是家庭成员共同遵守的行为规范。它包括日常行为规范和重要节日及事件的行为规范。家规是实施家训的一种具体措施，有的严格，有的宽松，一般应有惩戒的内容。家规和国法从道理上讲是相通的。它们都有警示和惩戒的作用，都是在维护公共秩序和团体利益，同时也维护着每个成员的应有利益。良性适度的家规有益于培养孩子的规则意识和责任心，有利于孩子长大成人，走向社会。

家教家风是家庭及其成员精神风貌的体现，对家庭成员有着强烈的感召力和约束力。在教育子女方面，家教家风起着根本的、关键的、巨大的作用。

以上就是我对家教家风的粗浅之见。总的来说，家教家风的培养是一个系统工程，其意义深远而又重大。那么，一个普通人，一个普通家庭，如何能够完成这个宏伟的工程呢？一是要重视传统文化和父辈的积累，做好继承和维护；二是要相信时代的进步和个人的力量，做好改良和创新。

一言之德

  1982年,李先生十二岁。深秋的一个周六下午,李先生和同村的一个伙伴放学回家。走到村口,李先生看到三个成年人在地里劳动,其中一个人是他五叔。李先生的五叔是李先生父亲的叔伯兄弟,家在村子的另一头。他们平时见面并不多,单独碰面更少。李先生上初中以前,是一个很害羞的孩子,害怕和生人说话,害怕和成人说话。在他的记忆中,单独面对五叔,叫五叔的次数很少。他每遇到本家的长辈,有时会低着头红着脸躲过,有时会小声地称呼一声,声音小得几乎自己都听不见。这一次,李先生是躲不过了。不过,李先生也没想躲,有了在初中近半年的历练,李先生的胆子大了些,道理也明白了不少。面对五叔,李先生远远地就仰起了脸,大声地、欢快地、热切地叫了一声"五叔"。李先生当时这样想,五叔一定会很开心,也许还会夸自己。为什么?因为一方面自家的侄子长大了,另一方面自己受到了尊重。

  然而,五叔却没有显得特别高兴,也没有夸李先生,只是平静地说:"赶紧回家吧。"说这句话时,五叔似乎有些严肃,又似乎有些温和。五叔的这句话一下子触动了李先生,进到了他心里,解开了他的困惑,给了他温暖和力量。在这以后近四十年的人生历程中,李先生时常回想起这句话,从中汲取智慧,汲取能量。

  当时,李先生的爷爷奶奶已经去世,他的父亲身体不好,在家休养,家里地里的活大都由他的母亲一个人承担。生活尽管艰辛,但李先生父母的精神很饱满。他们辛勤劳作,用心尽力,把家里打理得井井有条。在父母的心目中,李先生占的位置很重。每到星期日下午,自李先生离开家去上学那一刻起,父母就开始了对他的惦记和思念,直到周末李先生放学回家。李先生明白父母的心,也很惦记父母。每到放学,他总是急切地回家,想尽快见到父母,让父母放心,同时享受和父母重聚的欢乐。

  在那个时刻,五叔一句"赶紧回家吧",让李先生明白,五叔的心里装着他们一家人,关注着他的成长,知道他以及他父母的心。什么是自己?这就是自己,真真正正的自己。

在那个时期,农村人把不出五代的本家人称为自己。李先生见过别人家的自己和谐相处的,也见过别人家的自己吵闹冲突的。李先生的心里一直有个疑惑:自己家的自己究竟关系咋样,情意是否相通?

五叔的那句话驱散了李先生心头的疑云,让李先生感受到了被关怀的温暖,有了更强的归属感,增添了向上的胆识和力量。

事过多年李先生回想往事,觉得五叔当年的那句话,对于五叔来说,是不经意的、平常的一句话。可这不经意的、平常的一句话,却是五叔多年为人处世积淀的结果,反映了五叔这一辈人及其先祖对家教家风的实践和传承。

李先生后来这样总结,五叔的这句话包含的家教思想有三层:一是孝顺父母,要体会到父母的心意,不让父母忧心;二是要关心子侄辈的成长,力所能及地承担起教育子侄的责任,实实在在地促其知理上进;三是自家人要团结,因为团结不仅能凝聚力量,还能给孩子注入精气神。

有了这些体会,李先生也成了家教家风的自觉践行者。

现在,李先生年过半百,尚能在母亲膝下承欢,一家人和谐幸福有活力。同时,李先生得到了众多侄子侄女外甥外甥女及更远一门和更下一辈人的爱戴和尊敬。其人生虽不能说有十分的幸福,也有八九分的满意。

这一切是李先生勤勉上进的结果,也得益于家教家风的传承。其中,当年五叔的那句话有点化之功,真可谓:一言之德,德重如山;父辈家教传承之恩,恩深似海。

家教家风如何来培养?不一定要用笔写出来,用嘴说出来。只要是浸透到了意识里,落实到了平常的一言一行中,就能得到一定的效果。这就是本文想要给你说的话。

两棵柏树

因为性格内向,李先生小时候爱哭。随着年龄的增长,他逐渐意识到遇事在人面前哭,并不能解决问题,还惹人烦,甚至惹人耻笑。李先生有了孩子以后，为了让孩子少走弯路，从小养成主动自觉的好习惯，他编了一个故事，把一些道理融入其中，择机讲给孩子。

故事的名字叫"玻璃翠"，讲的是一个小姑娘成长的事。最初，这个女孩缺乏主动性，胆小怕事，遇事爱哭，结果损伤了眼睛，眼睛失明了。在这个时候，她得到了一位长者的指引，主动出击，战胜重重困难，找到了神奇的泉水，治好了自己的眼睛。恢复视力的女孩不仅重新看到了美丽的世界，还培养了勇气，树立了自信。同时她明白了一个道理：泪水用于解决问题，作用很有限，能主动解决问题的人才更有可能得到别人的帮助。这个故事情节曲折又有趣，正是孩子们爱听的那一种。在这个故事的影响下，李先生的孩子较之于小时候的李先生，显得活泼、开朗、有胆量。在家教家风的传承和培养的实践中，我们可以像李先生一样编一些故事讲给孩子，寓教于乐，也可以行动起来，创造一些事物，给孩子以实在真切的影响和教育。李先生在孩子出生的那一年，在自家的后院种了一棵柏树。他希望能通过这棵树传递自己对孩子的关爱和期望，激励孩子胸怀家国，扎根乡土，艰苦奋斗，为民造福，成为国之栋梁。

在孩子稍大一点的时候，李先生就给孩子讲了柏树的事，并以孩子的名字为柏树命名。从此，这棵树就成了李先生和孩子的励志树。每每想起这棵树，或者看到这棵树，都会激发起他们向上的力量。李先生心里有一个信念，让这棵柏树演化成一个催人奋发向上的家族故事。

在李先生的家庭里，还有另一棵柏树的故事。1982年秋天，李先生所在的学校组织师生到山上植树。由于扛树苗有功，组织人把最后剩下的两棵柏树苗奖给了李先生。这两棵树苗只有一尺来长，根上无土，活力略显不足。当时，把柏树苗种在哪里，李先生并没有考虑，并且很快就忘了这件事。第二年春天的一个周末，李先生的母亲高兴地告诉李先生，两棵柏树苗都种活了。那时，李先生才知道母亲把柏树种在了奶奶的坟边，护理浇水，费了不少心血。当时，李先生心里很感动。奶奶虽然去世三年多了，但李先生的心里却始终没有忘记奶奶。现在，他知道妈妈也把奶奶看得那么重，更加敬重奶奶，也更加敬重妈妈。

从那以后，李先生就开始关注那两棵柏树的成长。虽然他因上学不能亲自去护理那两棵柏树,但总可以从母亲那里得到它们的信息。没过多久,发生了意外,有人放羊,羊吃掉了一棵小柏树。这让李先生的母亲提高了警惕,对剩下的那棵小柏树养护得更用心了。除了浇水施肥,李先生的母亲还在柏树周围扎上了密密的荆棘篱笆,以防牛羊等牲畜伤害这棵柏树。每到深秋,李先生的母亲还会割去柏树四周的杂草,防止冬天有人放荒烧着柏树。李先生的母亲对奶奶坟前的柏树这样用心,是因为她对婆婆有深厚的感情,李先生经常听母亲念叨奶奶的好处:一是从不说闲话,处事公正有威信;二是吃饭有节制,不管好赖饭,总是两碗;三是忍耐力强,从不给别人添麻烦。其中对第三条李先生的母亲是有意见的。李先生的母亲希望自己的婆婆有事不要总忍着,该说要说,这样有病就可以早发现早治疗。李先生知道,这是母亲对奶奶逝去的不舍和思念。李先生的母亲对李先生奶奶的态度和感情深深地印在了李先生的心里。从学校毕业走向社会后,李先生也加入了养护柏树的行列。柏树慢慢长大以后,遭遇了几次人为的得破坏。有人在春节前,出于省事省钱的目的,在这棵柏树上取用树枝,把柏树砍得只剩下主干和树顶了。此后,李先生每年从腊月二十三起,都会在白天到地里去守护这棵柏树,直到大年三十。慢慢地,这棵柏树恢复了生机。

李先生如此钟情这棵柏树是有原因的。他决心把这棵柏树的事演变成一个家族故事,一为铭记弘扬奶奶之德,二为把奶奶和母亲婆媳和谐相处的好传统传承下去,三为以自己的行为启迪后人,希望后人能传承重视家庭、孝敬亲长的好家风。不知不觉间,几十年过去了,当年小小的柏树苗已成了两人多高的大树,尽管不是那么粗壮,但也郁郁葱葱。这棵树对于李先生,既是心灵的寄托之地,又是教育孩子的一个有形素材。2017年2月,村子里大规模采矿,祖坟迁移,这棵柏树也随之移栽。为移栽和养护这棵柏树,李先生花了不少心思,用了不少力气,但最终这棵柏树还是在半年后失去了生命。2017年9月的一个周末,李先生清晨出发,拿着手锯和绳子,到村南的山坡上,把奶奶坟前枯死的柏树锯掉,然后用绳子拴住柏树的主干,把它拖回了家。李先生此举意在善始善终,为自己和孩子演绎一个完整的家庭故事。南坡的路远且曲折,李先生拖着柏树的树干,汗流浃背,几经歇息,到家时已是下午两点。李先生的母亲和四岁的孩子在村口迎接,仿佛在参加一个神圣的典礼。

两棵柏树本平常,传承家风有担当。只要用心来思考,一点一滴汇成洋。希望本文分享的故事能起到抛砖引玉的效果,在构建家教家风时助你一臂之力。

藏在节日里的家教秘密

生活中有很多节日:春节、元宵节、清明节、端午节、中秋节等等。这些节日都非同寻常,包含着众多家教元素。请听我一一道来。

喜庆。对于绝大多数中国人来说,最大的节日莫过于春节了。贴春联,放爆竹,穿新衣,吃饺子,等等,给童年的我们营造了浓浓的年味,曾让我们深深地期盼,也给了我们浓浓的回忆。现在,有些人觉得年味淡了,其实这很正常,因为我们长大了。小时候,我们是新年喜庆气氛的享受者,而今,我们要成为孩子们以及我们自己喜庆气氛的创造者:准备一顿温馨可口的年夜饭;孩子大人都穿上整洁靓丽的衣服;陪孩子们去休闲游或看一场电影;给孩子比平时更多的笑容;给孩子发红包,让他们去买自己喜欢的东西;等等。也给自己的心情放个假,做自己平时想做却没有做的事。为什么要喜庆?因为每个家庭和个人都要不断注入前进的动能。看似年复一年,实际上时间就像射出的箭一样一去不返,从没有停留,也不会回头。另外,无论社会怎么发展,生活怎么富裕,生活中的艰难困苦或许会变换形式,但永远都会存在。节日的喜庆气氛,给我们每个家庭和个人以精神的慰藉,给我们以新的期盼,给我们以源源不断的力量。和家人一道,营造并享受节日的快乐,是人生之福,也是很有意义的家教内容。

团聚。家人团聚是节日欢庆气氛的一个重要组成部分,也是增进家庭凝聚力的一个有力举措。现在的人往往都很忙,一家人平时各干各的事,但节日里要尽量聚在一起,实在有事不能聚齐的,一定要通过通信工具互致问候。夫妻情、亲子情、祖孙情、姊妹情,以此汇聚的家人情,这些情意虽然不会被时间和空间所阻隔,但节日家人团聚更能让人有别样的情怀,也更能让孩子汲取到来自家庭的欢乐、温暖和力量。

祭祀先人。准备一些简单的供品或是一碗热气腾腾的饺子，上一炷香，在先人的灵牌前拜一拜或是叩三个头。身后，你的子女跟你一样叩拜，和你一样神情凝重。做这一切，不用太多的语言，却是最好的教育。四五十年前，有很多家庭会在过年或其他节日里祭祀天、地、灶神等，现在已经不多了。祭祀诸神对有些家庭和个人来说是一种迷信，但这种仪式设置的初衷和实质的意义并不仅仅如此。

祭祀诸神包含着人对天、地、自然以及社会的敬畏之情，而人心中的这种敬畏之情正是一个人和一个家庭的真正"保护神"。君不见，有多少人恃骄而狂，又有多少人仗势而亡。这往往是缺乏敬畏心的结果。现在，我们不一定延续节日里祭祀诸神的风俗，但要在节日里给孩子讲讲这些风俗，并以此结合时事，给孩子渗透些有关敬畏心的教育。

亲友来往。节日里可以进行亲友来往，但不要为亲友来往所累。亲友之间，关键在心，心近了，人就近了。或远或近，要看开些。如何在节日里走亲串友，包含着各自家庭的家教密码。

三十多年前，一个中秋节，我所在的单位给每个人发了一只烧鸡，这在当时是个稀罕物。母亲让我给邻村的姑姑家送去。那是我第一次在中秋节里走亲戚。三十年后的春节期间，我带着几个外甥上山游玩，给他们讲人生的道理。这中间的联系实际就是对出嫁姑娘关注关爱的家风的传承。

家庭会议。节日里家人聚齐了，借机开个家庭会议，谈谈各自的成绩和心得，说说今后的打算，这也是不错的家教家风。

自选项。李先生在父亲去世三周年纪念日这天，请一个摄影师给所有到场的亲友照了一张合影，事后给每人都洗了一张相片，分别送给各个亲友，一谢亲友之情，二扬先父之德，三励后辈之志。在父亲去世十周年纪念日这天，李先生购置了《中华孝贤经》等书籍，加上自制的父亲去世十周年纪念章，在祭祀活动结束后，分发给他们兄妹三人各自的家庭，其意在继承先人遗志，凝聚手足深情。

生活中，有很多家庭都会在节日里注入各具特色的家教内容，其中有很多地方都值得我们研究和借鉴。

家规之规

没有规矩不成方圆,家规的意义正是如此。明朝内阁大学士沈鲤到同朝为官的宋𬘬家做客,参加其生日宴会。沈鲤发现,身为朝廷大员的宋𬘬家风很好。其子侄辈几十人,吃饭时长幼有序,有条有理,没有一丝嘈杂的声音。此后几天,沈鲤生日,同族兄弟及子侄孙辈为其祝寿,皇帝也遣使问候。宴会上,众兄弟子侄无论长幼,争先恐后,大呼小叫,杂乱无序。沈鲤见此情景,心有所思,喟然长叹。当时,沈鲤与其堂弟论及此事,大赞宋𬘬家规严谨,预言其家族必定昌盛,同时为自己家族的运势而担忧。之后,沈鲤家子侄辈又兴盛了一代,自孙辈起就开始衰落,而宋𬘬家则代代相传,人才辈出,至第五代仍有人官至巡抚且官声清明。

通过以上典故,我得出这样一个结论:透过一个家庭的家规,可以看到这个家庭成员的内在修养,而家庭成员的内在修养则决定着一个家庭的运势和前途。那么,家规和家庭成员的内在修养有什么关系呢?是家庭成员的内在修养到了一定的程度就自然形成了家规,还是家规促成了家庭成员的内在修养呢?我的答案是两者兼而有之。其过程大体是这样的:最初是家庭的创建者或核心成员有了一定的见识和修养,深得其好处。他为教育和成就家庭及子女考虑,制定出一套规则和秩序,让家人共同遵守,以利于把自己认可的见识和修养传承下去。家规能传承下去,有两个要素。一是其内在的合理性。这个合理性是指其既符合社会规范,又能让整个家庭及成员长期避害趋利。二是家庭的领导者或核心成员能率先垂范,做好榜样,同时又能有力地维护家规的执行。在当前的现实条件下,怎样来制定和维护家规呢?我通过以下两个事例来说明。

我的好友陈师傅有个家规,大人和小孩都不能平白无故接受别人给予的东西,特别是吃的东西。有一次,陈师傅八岁的小女儿和其他几个孩子一道,接受了同村一个老太太的几个无花果,吃掉了。陈师傅知道后,把女儿叫到家,按事先的规定,用尺子打女儿的手心,狠狠地打了九下,打后让女儿面壁思过。当时,我正好碰见这件事。看着陈师傅女儿挨打以后哭得发红的眼睛,我把陈师傅叫到一边,悄悄地问他:"不随便吃别人给的东西,这里面的道理孩子未必知道。你何必因为几个小小的无花果去那么狠地惩罚孩子呢?"陈师傅解释说:"道理我以前给她说过,以后还会给她说。关键是她明知有规矩,明知违背规矩后会有挨打的坏结果,但还是禁不住嘴馋的诱惑,抱着侥幸的心理去违背规矩,这是必须校正的思想。"见我没说话,陈师傅接着又说:"几个小小的无花果也许不算什么,但心中没有规矩的意识却极为危险。我惩戒她,表面看是维护家规,实际上是让她心中有戒。"听陈师傅这样说,我没再说什么,温和地看了一眼孩子,离开了陈师傅家。我想,别人的家事,还是让人家自己解决。

　　陈师傅关于家规的理念,我大部分是赞同的。但动手打孩子的事,我很难做到。那么,有没有别的办法来维护家规,让孩子养成规则意识呢?下面一个见闻解开了我的疑团。

　　前几天,我的两个外甥来我家。他们兄弟两人,一个十八岁,一个十二岁,吃饭时,他们分别坐在我的两边。过了十几分钟,大外甥已经吃完饭,我无意中看到了他盛汤的碗,发现他的碗很干净,一粒米也没有。这让我有些好奇,就有意扭过头,看小外甥的碗。这时,小外甥也刚好吃完饭,他的汤碗也是干干净净,一粒米也没有剩下。这让我既惊讶,又高兴。还没等我问,我的两个外甥就看出了我的好奇。他们一起解释,自打他们记事起,他们的妈妈就给他们讲爱惜粮食的道理,要求他们吃饭吃干净,不能剩饭。其他事可以商量,但这件事绝不能通融,一次也不行。时间长了,他们就形成了习惯。

　　这件事还让我明白了一个道理:家规的建立不一定要使用暴力手段,只要从小事开始,从孩子小的时候开始,讲明道理,既温柔又坚定地坚持下去,也能建立起让孩子和大人以及家庭都受益的家规。

　　何为家规之规?我是这样看的:一是一定得有家规。社会的发展让个性越来越受到重视,最初的家庭底线一退再退,这都是现实。但无论怎样退,一定要有一个底线。这个底线可以很低,但必须有。二是要让每个家庭成员都明白家规存在的必要。三是家规要有一定的硬度。换句话说,既然有了家规,就要竭尽全力去维护。制定了家规却不执行或是执行不好,不但无益,还有害。这样,有家规还不如无家规。

四字家训

任何一个普通人,只要用心,就可以明确提出自己的家训,营造自己中意的家教家风。明确自家的家训,主动去践行它,有目的地营造自己的家风,有两个明显的好处:一是更贴近自家实际和社会现实,二是更有利于践行和传承。

四年前,由于村子里矿区扩展,李先生同族的几家人联合迁祖坟。当时,李先生村子里的人因矿区经济造成的冲击,人心浮躁,思想困顿,关系恶化,幸福感明显下降。李先生见此情景,很有感触。他想借迁祖坟之际,为自己的家族制定一个行为准则作为家训。这样做一为弘扬先辈遗德,缓和同族人的关系,提高大家的生活动力和幸福指数;二为同族的孩子们提供一个教育素材,提升他们的家族认同感,为他们的精神世界注入一些厚重的内容;三为同村人做一个追求道德的表率,为社会的精神文明做一些贡献。经过一定的思考,李先生制定出了四字家训,其内容是:孝、勤、和、细。对于每一个字,李先生都做了注释,详情如下。

孝:居家孝于父母,处世忠于国家。孝为做人治家之根本,房檐滴水照着来,孝敬父母的美德代代传。孝敬之意,要内植于心,外显于行,表里如一。自古父母都牵挂儿女,因此,爱惜身体、精神饱满、快乐向上、遵规守法、陪伴交心也是孝敬父母的重要内容。

勤:勤于读书,勤于劳动,勤于思考,勤于养身,勤于理家,勤于教子,勤于进取。勤能补拙,熟能生巧,一分辛苦一分才,一分耕耘一分收获。天道酬勤,一勤天下无难事。

和:与家人和,与邻里和。家和万事兴,团结就是力量。兄弟同心,其利断金。三人一条心,黄土变成金。多做贡献,少说是非,利益算在明处,平时多做沟通。有利于亲人和睦的话多说,不利于亲人和睦的话不说。亲人有错宜谈在当面,态度要诚恳,言语要柔和。慧眼常识别人难,多为他人想想;仁心常思自己过,表达歉意不丢脸。

细:宽裕时不可奢侈,发达时留些余地,窘迫危难时坚守一线生机。事不可做绝,话不可说绝,留些资源给将来。烈火烹油一时尽,细水长流万年长。

李先生最初有个设想,把家训的内容或是书于宣纸之上,制成条幅,或是打印出来,装框,加底座。然后开一个联合家庭会议,讲明家训的意义,把制好的家训分赠给同族各家悬挂或者摆放。在这个设想还没有落实的时候,李先生的心思发生了变化。他担心自己在家族中威望不足,提出的建议不被大家重视,让制定的四字家训执行不下去,成为徒有虚名的摆设,就暂时放弃了最初的打算。事后,李先生开始从自身做起,践行四字家训,一为给大家做一个表率,二为了解其执行的难度和注意事项。同时,李先生还时常找机会和家庭及同族的一些成员交流,探究四字家训的内容、意义和必要性,寻求更广泛的理解和支持。而今,四年已过去,李先生在追求明确家训的路上走得很充实,可以说是收获满满。他自身的思想境界有所提高,言谈举止更为自然,幸福感有了质的飞跃。

李先生坚信,终有一天,他能把四字家训明确提出来,造福家庭和社会。

豪宅传家

近日到附近山中闲转,见到一处豪宅。这处宅院更像一处风景区,依山而建,小桥流水,绵延七八里。石牌坊、木门楼,古色古香,极具传统文化气息。各种石制的老物件,石磨盘、石水槽、上马石、拴马桩、与福禄寿喜有关的雕像,琳琅满目,数不胜数。这处宅院既有古朴典雅之风,又显示了其不菲的价值。

一步一景,清新别致,每一处都值得赏玩,每一处都让人流连。庭院深处,有柴门,有犬吠,有古槐,有建在一个高台之上的三处院落。这三处院落并排而建,后有靠山,前有流水,远远望去,如同仙境。由于主人善意的劝止,我没有继续前行。沿原路返回,仍是满眼美景,赏心悦目。以前听过人们对花园式豪宅的描述,也曾向往过。那日得见,感慨颇多,由此想起一个典故。

这个典故记录于明朝大臣宋纁编辑的《古今药石》一书。说是上元县首富姚三老购置了一处豪宅。豪宅面积极大,里面有亭台楼阁、水池花园,极其排场。有一天,名士王太痴到豪宅拜访,与豪宅主人姚三老在水池边饮酒。酒至半酣,王太痴问姚三老:"二十年前,我在这里游玩,主人说他购置这个宅子花了万金。现在你购置它,也花了不少钱吧?"姚三老听了王太痴的问话,得意地说:"我只花了千金。这个豪宅的前主人死了以后,他的几个孩子经营不善,家境败落。他们弟兄几个又不和睦。我就用了些心机,利用他们的矛盾,又给他们制造了一些障碍,让他们不得不贱卖于我。"

王太痴听后哈哈大笑,然后建议姚三老在宅子的醒目处立一块石碑,在上面刻上一句话:此宅价值万金,后世子孙不得贱卖。姚三老听王太痴这样说,心里不高兴,沉吟良久,自我解嘲道:"先生说得好,我是在给子孙做马牛啊。"

对于此则典故,有明智之士这样评:姚三老不是在给子孙做马牛,而是给子孙造地狱。李先生认为,凭能力发家致富,改善生活境遇并不错,并且值得敬佩。建豪宅,传于子孙,让家庭源远流长,更是人之常情。有多少人非不为也,实不能也。然而,豪宅传家有必要引导子孙明白三个问题:

第一,豪宅从哪里来?要让子孙知道先辈创业的历程和艰辛,感悟到先辈的技能和智慧。第二,怎样才能守住豪宅,同时把事业发扬光大?这就要用心培养子孙的智慧和能力,让子孙在生活中得到历练,励其志,磨其性,开其智,育其能。第三,比豪宅更值得传承的东西是什么?比豪宅更值得传承的东西是优良的家教家风。有豪宅,又有优良的家教家风并不断创新发展,则豪宅长存,幸福常在;有豪宅,但没有优良的家教家风且又不思进取,则豪宅必失,灾祸降临。相对于豪宅来说,优良的家教家风更为重要。有了后者,胜似拥有前者。建豪宅的人往往讲究风水,总希望自己的宅子后有山,意为靠山;前有水,意为来财。岂不知最好的靠山是宽厚仁德的好家教,真正来财的是勤劳智慧的好家风。

此文虽接近本讲的尾声,我却希望它成为大家开创优良家教家风的开端。

第九讲　家教家风的培养

悠悠我心

十八岁时,我中师毕业,在一个镇上的初中教数学。为了提高自己的业务水平和学历,我参加了数学本科的函授学习和汉语言文学专业的大专自学考试。有朋友问我,教数学学数学就可以了,为什么还要学汉语?我在心里回答,教数学不也需要文化和口才吗?但当时我的回答是,闲着没事,学点东西打发空闲时间。

年轻的我,就是这样害羞,不敢表露心迹,怕别人笑自己迂腐。四十五岁时的一天,我给一个学校的家长做家教讲座。我的理念是,好的家教就是平等和尊重的意识,就是核心价值观念的渗透,就是身教,就是习惯的培养,就是良好的生活方式,就是健康心理的塑造,就是和谐平等的家庭关系。在讲座最后的互动环节,有家长问我怎样帮助孩子提升学习成绩,我说,只要如我前面所说,搞好了家庭教育,孩子的学习不是问题。接着我又做了解释。孩子受到平等的对待和尊重,又有正确的价值观念,就会主动学习,就会有向上的理想和追求,和谐平等的家庭关系又会增强孩子的自信心。同时,健康的心理、良好的生活方式和优质高效的习惯又会为孩子的成长保驾护航。家教能如此,孩子何事不成?自然也能搞好学习。听我这样说,听众并不是太满意。我只好又讲了一些学习方法,他们才感到有了实在的收获。我在心里想,孩子想学习时,何愁无方法,孩子不想学习时,方法又有何用。

中年的我,愿意真诚地向世界表达自己。可大家都忙忙碌碌,活在各自的世界里,有几人能相信一些近似白话的大道理。两年前,我把孩子送到村里的小学上一年级。这所小学是我的母校,曾经有过辉煌的教学成绩。现在这所学校的学生纷纷外流,全校三个年级,只有十二名学生。村里人见我把孩子送回来上学,大都很诧异。有人问我:"大多数人都嫌村里学校的条件差,都想把孩子送到条件好的镇上去读书,你为啥却多跑几里路把孩子送到村里上学?"我说:"村里小学一个班的学生少,老师可以手把手教孩子。这对刚上学的孩子有利。再者,班级学生少,孩子更容易受到重视,更容易体验到成功。"对于这样的回答,问话的人没再说什么,他们已经得到了满意的答案。有一天,一位关心我的长者知道了我把孩子送到村里上学的事,问我:"你不觉得大环境的熏陶和锻炼,规范优质的教育,竞争意识的培养更为重要吗?"我回答,我清楚大学校的优势和好处,可凡事总得有所取舍。长者又问我:"你每天三次接送孩子,能忙过来吗?"我说:"中午不用接,中午孩子去我母亲那里吃饭,母亲就住在村子里。"听我这样说,长者说:"我明白了,你是想让孩子每天都陪陪老人。"在那一刻,我心里涌起一股热流,那是被理解被赞许的感动。然而,让孩子到村子里上学,我不仅是让孩子陪伴母亲,主要还是为了孩子的成长,为了孩子的长远打算。孩子在村子里生活,有街坊邻居家的孩子作玩伴,既能感受到玩耍的快乐,又能锻炼与人交往的技能。观察老乡的生活,感受老乡的苦辣酸甜,能加深孩子对人生和基层社会的了解。看看山,看看水,看看庄稼地,在孩子意识深处留些家乡的印象,为她长大后的乡愁埋下根。孩子和奶奶在一起生活一段时间,受受奶奶的管教,听听奶奶的唠叨,知道一些家庭的老故事,了解爸爸成长中的一些事,这有助于她明白自己所在的这个家庭从哪里来,在身上留下些家庭的印记。

原生家庭的家教家风不一定要原封不动地传承下去,但一定要让孩子知道这个世界和家庭最初是什么样子的,再决定自己想要成为什么样子,怎样去改变。这个过程中会有纠结,会有切割和摒弃的痛苦,但一定也会为孩子留下些有用的内容,比如善良,比如对生活的热爱,比如勤劳,比如坚韧。就连纠结和痛苦本身,对孩子也是有意义的。它们往往是孩子成长的阶梯、进步的源泉。我们不必让孩子去吃一些无谓的苦,但对那些人生必须面临的锤炼,绝不要回避。为什么现在有些人感到自己很孤单,难以融入社会?为什么现在有些人缺乏生活的激情和动力?为什么现在有些人心里只有自己眼前的一点利益?因为他们的心里没有乡愁,因为他们的心里没有装着一个从远方走来,又要向远方走去的家庭。这是他们的悲哀。这样的人多了,也是社会的悲哀。

让孩子在村子里上学,和奶奶在一起,我最深层次的想法是为孩子的人生铸魂、培根,帮助孩子成为既有情怀又能踏实生活的人。当然,做这个工作,父母是主导,我也从没有逃避责任。我希望以此为大家的家庭教育、家教家风的传承做些贡献。我常常这样想,孩子的教育搞好了,一个家庭就有未来和希望。一个个家庭都有未来和希望,这个社会就好了。这就是我的初心。对美好生活的向往,是我不懈的追求。

第十讲　家庭教育与智力开发及专注力培养

智叟与笨汉

少年时期,我在收音机里听到一个故事,深受启发。那个故事说,一个村子里有一个大家公认最聪明的人叫智叟,有一个大家公认脑子最笨的人叫笨汉。

有一天,笨汉遇到了一个难题,自己解决不了,向智叟请教。情况是这样的:笨汉是一个船夫,他要撑船带一匹狼、一只羊和一棵白菜过河。由于一次只能带一样东西,笨汉不知道应怎样办。智叟听了笨汉的问题,立马说:"这还不简单,你先带狼过去。"笨汉说:"这样让羊和白菜待在一起,羊会吃了白菜。"智叟说:"那你就先带白菜过去。"笨汉说:"那样的话狼会吃了羊。"智叟说:"这好办,你就先带羊过去。"笨汉说:"我第二次带什么过去呢?"智叟说:"说你笨,你还真笨。第二次你带什么不都行吗?"笨汉说:"那第二次我带狼过去?"智叟说:"对,第二次就带狼过去。"笨汉摸着脑袋想了一会儿说:"那我第三次回去带白菜时,狼还是会吃了羊。"智叟说:"那你第二次就带白菜。"笨汉又摸着脑袋想了一会儿说:"这样我第三次回去带狼时,羊会吃了白菜。"智叟说:"你咋这样笨? 你再想一想,咋会没办法呢?"笨汉又摸脑袋想了半天,然后迟疑着说:"能不能这样? 我第二次就带狼过去。带过去后我把第一次带过去的羊再带回来。"智叟一听,马上说:"对嘛。这样狼不就不能吃羊了? 唉,你总算开窍了。"笨汉接着问:"那接下来又怎么办呢?"这一次,他的话刚说完,没等智叟开口,又紧接着说:"你先不要说,让我想想。"智叟说:"是啊。这么简单的问题,还是你自己想想吧。要不,你的脑袋可真要锈成榆木疙瘩了。"

笨汉皱着眉头想了一阵子,突然大声喊了一嗓子:"我明白了,我明白了。"智叟见笨汉这样,有点轻蔑地说:"你明白啥?解决一个小小的问题,值得如此兴奋吗?"笨汉激动地说:"我明白你为什么被称为智叟,而我却是一个笨汉了。"说完这话,笨汉向智叟鞠了一躬,然后兴冲冲地走了。

故事到这里就结束了。笨汉明白了什么?这也成了我很长一段时间里思考的问题。后来,我得出了这样的结论:第一,解决任何问题,首先你得自己去解决。第二,解决问题就要大胆地去尝试,去假设。这个过程中会有很多假设不成立,这很正常。验证错误的假设,也是最终解决问题的必经道路。第三,以上两个道理,对谁都是一样的,不管是智叟,还是笨汉。第四,解决问题的能力是训练出来的。只要一个人勤于训练,"笨汉"也可以成为"智叟"。反过来,如果一个人不勤于训练,"智叟"也会变成"笨汉"。这些感悟对我的学习和成长起到了相当大的促进作用:一是让我坚定了赶超那些学习成绩和智力优于我的同伴的信心,二是让我坚定了独立思考独立解题的习惯。此两者使我受益极大。在学习以及生活中遇到的问题,只要不是特别紧急,我都会独立思考,自主解决。短时间内解决问题我固然欣喜,用较长时间解决问题我同样开心。我坚信,每一次问题的解决,都是一次智能的提升。现在有一些孩子在智力开发上存在如下误区:一是认为智力不可改变,二是认为平时做题用时短就是好,用时长就是不好,求出正确答案就有效益,做错就是白费功夫。这些错误的认识使很多孩子放弃了自我开发智力的动力,他们或是故步自封,或是习惯于背记规则套路以及固定的题型答案,而不去主动进行智力的开发和训练。这些孩子,在低学段时期学习成绩或许还可以,到了初中或是高中,学习就会显得很吃力。

家长要引导孩子养成正确的智力观:一要坚信智力是可以开发和提升的,始终相信孩子、欣赏孩子、鼓励孩子;二要有静待花开的定力,不仅能赞赏孩子快速做题、做对题,还能欣然接受孩子对一道题久思不决,或是做错;三要大力鼓励孩子坚持独立思考、自我锻炼开发智力的做法和行为。这就是此文中我想说明的道理。

韦老师教子

韦老师的上学经历就是一个传奇。20世纪50年代,韦老师十四岁时,被爷爷接到了城里上初中。从此,韦老师的见识和学业有了质的飞跃。

韦老师在农村上小学时,不怎么开窍,学习动力也不足,处于一种糊里糊涂的混沌状态。韦老师到了城里的学校以后,发现城里的学校有图书馆,他很感兴趣。那时他除了上课也没其他事情可做,就把大把的时间耗在了学校的图书馆里。很快,韦老师就喜欢上了看书,也看了大量的书。本来,看书是韦老师的课外消遣,却起到了意想不到的大作用。在图书馆看了一段书之后,韦老师发现自己的脑子忽然开窍了,原本听不懂的课听懂了,原本解不开的习题会解了。韦老师不但自己学会了功课,还能给其他同学讲解,成了同学们钦佩的小老师。这些经历,让韦老师本人都大感惊奇,成了他一辈子都珍藏的记忆。后来韦老师回到农村,被选为民办教师,教初中数学。韦老师教学有方,深受村民和学生的爱戴。韦老师教育孩子的事迹更是一个传奇。

韦老师有三个孩子,都考上了大学。其中第三个孩子,由于在全国数学竞赛中荣获全省第一名,被保送到了清华大学数学系。20世纪80年代末期,韦老师教子的成就在县域内引起了不小的轰动,其影响一直持续了几十年。韦老师三个孩子的成绩固然突出,但能成为传奇的是韦老师的教子方法。我和韦老师的次子是同学,后来又和韦老师同事数年,因而有机会向韦老师请教了他的教子经验。韦老师的教子方法既明确又清晰,共有三条:第一,想方设法帮助孩子在初中毕业之前读完二十本长篇小说;第二,利用生活中的实际情景培养孩子的口算能力;第三,周末孩子回家,让孩子背读英语课文。韦老师的三个孩子上小学和初中时期,当地农村学生英语基础普遍薄弱。很多学生,包括韦老师家的老大和老二都在升学时吃了英语的亏。因此,韦老师在第三个孩子上初中时,采用了上面第三条方法。虽然说韦老师上学时学的是俄语,自己不懂英语,但他还是坚持让孩子在周末给自己背英语课文。根据孩子背课文的流利程度,韦老师就能判断他对英语的掌握情况。结果还不错,韦老师家的老三的英语成绩较之两个哥哥,有很大的起色。

由于学习成绩突出,韦老师家的老三从当地的镇重点初中考入了县城的重点高中,并在高二时赢得了参加全国数学竞赛的机会。单论智力,韦老师的三个孩子都不错,没有明显的区别。这些与韦老师的前两条教子方法大有关系。

韦老师让孩子阅读长篇小说,不只是为了提高孩子的语文素养,还是为了开发并扩充孩子大脑的有效容量,提升孩子的智力。长篇小说里往往有众多人物,有好几条线索,各个线索又有许多分支和变化。阅读者被情节所吸引,沉浸其中,不知不觉调动了众多的大脑神经元,使它们活泛起来,使它们彼此联系。大脑的神经元众多,它们之间的联系通道也极其丰富。人的大脑就是一个巨大的宝藏,值得人用一生来开发。大脑的开发符合用进废退的原则,也就是说,大脑的神经元及其连接,用了就会灵动有活力,不用就会沉寂甚至麻木。一个人在青少年时期阅读长篇小说,对于大脑开发来说,一是正当其时,极其有效,二是小说具有趣味性,说小说容易施行。大脑开发得好,智力自然就会提升。韦老师教子的第一条方法,正是利用了上面的原理。事实证明,这个方法取得了很好的效果。让孩子锻炼口算能力,也是开发智力的有效方法。在日常生活中,韦老师夫妇经常利用生活中的实例让孩子进行口算。诸如买布、买盐、换菜、卖葡萄、交学费等等,都是计算的素材,加减乘除都能涉及。由于这些计算源于生活实际,孩子们非常乐于参与。口算,实际就是心算。不要轻视心算,它对人的智力开发作用很大。如果一个人一次只能利用一个神经元,只能记住一个概念或事物,那他是很难进行思考的,这个人的智力水平绝对不会高。一个人要想进行思考,进行分析、比较和推理,就要能让若干个神经元同时活动,彼此互动。可以这样说,一个人同时驾驭的神经元越多,他的智力水平就越高。心算,即使最简单的心算,也需要多个神经元同时活动,精准运转。这对人的智力是一个考验,也是一种锻炼。心算题的难度越大,对人的智力的要求就越高,锻炼就越有力。

韦老师家的老三在后来的又一次数学竞赛中,获得了全国第二名的好成绩。他在赛后说,当年父母对他口算能力的训练在这次竞赛中起了很大的作用。十几年前,听到韦老师分享的教子经验,我如获至宝。今天分享给大家,希望大家能用到。

吴家成课余三件事

吴家成是一个学习力极强的孩子。写此文时他十五岁,在省城的一所名校上高一,成绩稳居前三名。吴家成的小学是在农村一所普通学校上的,其间他曾经想跟着我学下围棋,由于我们的时间冲突,因此没能落实。从那以后,我就开始关注吴家成的成长轨迹,直到现在。

吴家成的父母在教育孩子方面有过人之处。在文化教育方面,他们把培养孩子的智力放在了首要位置,而把督促孩子积累知识放在了次要位置。吴家成在学龄前期和上小学一至四年级时,没有太多的课业负担。该认的字能读、会写、能写规范就好,该识的数能认、会算、能做对就好。不用机械地重复多遍,也没有额外添加的任务。这样,吴家成就拥有了大量的自由支配的时间,去玩,去干自己喜欢的事。吴家成喜欢看书,一开始是听书,后来是看带拼音的书,再后来是看不带拼音的书,越看越多,越看越厚,越看越广泛。吴家成看书,看的都是闲书、课外书,看什么书全凭自己的心愿,父母从不加限制。这样吴家成就可以随心所欲地看书,充分享受看书带来的乐趣。事实上,吴家成看的书来源只有两个渠道,或是从学校图书室借来的,或是父母从书店买来的,自然都是有益的书。

阅读能益智,下棋也能益智。吴家成在父亲的引导下,从小就喜欢上了下棋,先是简单的三子棋,然后是四步钉、摆方、"十三孩子撵仨狼"等。这些棋类游戏可以就地取材,随时都能玩。吴家成学会以后,常常乐此不疲。父母、叔伯、小伙伴,都是他的下棋对象。他输了想再下,赢了也想再下。后来,吴家成又学会了下跳棋、军棋、象棋、围棋等。这些活动,让他的生活更加充实,智力也大大长进。有时,他在身边找不到能匹配的下棋对象,还央求父母带他到外面去学习。阅读,下棋,想干的事多了,时间就不够用,吴家成在丰富的课外生活中感受到了时间的价值,明白了一个人必须面对取舍在父母的引导下,他学会了节制,学会了安排时间,总是更大限度地去利用时间,求得更高的效率。这个过程,自然也伴随着智力的提升。

吴家成最喜欢的事情是手工小制作,用他本人的话说是小发明小创造。我听一个朋友说吴家成喜欢搞小发明,很感兴趣,就专门去探访。到了吴家成的家,我发现他的书桌上有一些折纸作品,虽很精致,却不是很多。我有些疑惑,问吴家成:"你发明制作的成果在哪里?"吴家成打开了抽屉。"啊,真多!"我在心里感叹道。木把弹弓、弓箭、橡皮筋秤、杆秤、手动风扇、昆虫标本、简易电话、小棒计数器、蛋壳不倒翁、桃核哨子、地球仪、卡车模型、轮船模型、航母模型……满满一抽屉。这些制作虽然不是十分精美,取材基本上来自生活中的废旧物品,但是可以看出,它们都凝结着主人的辛勤付出。俗话说,心灵手巧。其实,心灵和手巧是可以互相促进的。看着吴家成稚嫩而又充满志气的脸庞,我对他以及他的父母产生了由衷的敬意。

课余三件事:阅读、下棋、手工创作,虽然耗去了大量的时间,却有效地锻炼提升了吴家成的智力。智力的培养好比磨刀,而学习文化课好比砍柴。事实证明,磨刀不误砍柴工。吴家成在小学一、二年级时学习成绩不是十分突出,在班里属于中上等的水平。随着年级的增高,他的学习成绩节节攀升,在省城名校也能遥遥领先。相对于同龄的同学,他的文化课学习显得既轻松又高效。

吴家成三岁以前,和爷爷在一起的时候比较多。爷爷带孩子也很有思想。吴家成每一次跌倒,爷爷总是鼓励他自己爬起来,从没有扶过他。这对培养吴家成的主动精神很有益处。主动精神是吴家成智力发展的一个重要基础。吴家成的爷爷爱看戏,经常和年幼的吴家成一起看戏。有一次,吴家成无意中说出了一句戏词,这本是任何一个孩子都有可能做到的平常事,吴家成的爷爷却对他大加赞赏。吴家成受到了鼓励,开始有意地去记戏词,越记越多,越记越长,每一次都能得到爷爷的赞赏。

一个孩子从兴趣出发,记住大量有意义的语句,对孩子的记忆能力和大脑开发都是很有益的。曾有人说吴家成三岁以前就很聪明,想以此说明吴家成的聪明是天生的。我告诉了他上面两个事实,他没有再说什么。我希望他能明白,智力是可以开发的。我希望大家也能坚持智力是可以开发的这个观点,并从吴家成的成长经历中得到启发。

竖鸡蛋

生鸡蛋能不能竖立起来?能。这个答案好多人不一定相信,可这是我亲身经历的事实。二十多年来,我曾经近百次把各式各样的生鸡蛋竖立起来,也先后引导和激励了几十个后辈体验了竖立生鸡蛋的过程。

竖立生鸡蛋是一个益智活动。它既能增强人的自信心,又能锻炼人的专注力。一开始人们大都不相信生鸡蛋能够竖立起来。当你把生鸡蛋竖立起来的时候,他会感到不可思议,然后会跃跃欲试。当他自己也能把生鸡蛋竖立起来的时候,他会无比快乐,会有一种发自内心的成就感。这个过程,引领人们看到了自身以及这个世界更大的可能,从而激发了人们深层次的自信。竖立生鸡蛋对人的专注力的锻炼效果也是显而易见的。其过程需要人专心致志,平心静气,用力轻微且精细,还要有灵敏果敢的判断,既要能静心,又要有毅力。竖立生鸡蛋又是一个有趣的活动,让人不知不觉中就提升了专注力。活泼本是孩子的天性,原本无可厚非。然而如果一个孩子一味好动,很少能安静下来,或者缺乏耐心,静心思考的时间很短,就需要有意去锻炼孩子的专注力。如上所述,鼓励孩子竖立生鸡蛋就是锻炼孩子专注力的有效方法。

另外我们还可以采取其他一些方法。有时,我会和孩子们进行一些有趣的比赛,比如头顶静物比赛、摞棋子比赛等。

头顶一个静物,比如一本书,或是一把尺子,然后围绕着茶几行走,行走过程中要保持头上的物体不掉。这项活动可以比赛谁坚持的时间长,也可以比赛谁行走的速度快;可以让孩子自己和自己比,记下每次的成绩,鼓励孩子不断突破自己的纪录,也可以大人小孩几个人在一起比赛,看谁的成绩好。摞棋子这个活动适于两个人或多个人参与。以两人为例,一个人在桌面上先放置一颗象棋子,第二个人接着在前一颗棋子上放置一颗棋子,然后依次轮替,让棋子层层摞起来。谁落子后棋子掉落谁失败,对方获胜。每个人在放置棋子时,既要保障棋子能稳妥地放上去,又要给对方放置棋子造成尽可能大的难度,因此需要聚精会神,专注操作。此活动越往后难度越大,对专注力的要求越高。以上两个活动都可以就地取材,随时进行,既生动有趣,又能有效锻炼孩子的专注力。

当然,大家还可以自己开发,找到更多更好更有趣的办法来训练孩子的专注力。前几年,有几个孩子做题时不专注,经常出现一些低级错误。为了帮助他们,我用了两个沙包让他们训练。经过了一个多月,他们的专注力都有了长足的进步。具体做法是:一手一个沙包,同时抛掷起来,然后两手交替接住沙包,接着重复上面的动作,一直持续。双手抛掷沙包,需要人的眼、脑、手、身的整体配合,是锻炼人的专注力的一个好办法。

有些孩子注意力不易集中,做事难以专注,这是很正常的现象。不要暗自神伤,不要批评孩子,也不要无奈地接受现实。行动起来,带着愉快的心情,采用一些有趣的活动,和孩子一起练起来。鸡蛋能竖立起来,孩子的自信心、专注力也能培养起来。

两棵桐树

1999年9月,我调回初中母校工作。工作闲暇,我发现学校中院有两棵桐树,相距十多米,一棵有一搂多粗,一棵有碗口粗细,都很挺拔。这棵大的桐树让我很惊奇。当时,母校建校不足三十年,怎么能长出这样大的桐树呢?带着这个疑问,我问了学校的一位老教师。他告诉我,这棵桐树是建校初种的,有二十六年了。当初这棵树种在学生食堂后面,恰好在食堂的排水沟附近,得水肥之利,因此长得格外壮,格外快。

听老师这样说,我回想起桐树附近的空地正是当年食堂之所在。我又问这位老师另一棵桐树是何时所种。这位老师告诉我,这棵较小的桐树和这棵大桐树是同一年同一天所栽,当时树苗大小也一样。这又使我产生了疑惑。学校的前院也种了几棵桐树,栽种时间和中院的这两棵大致相同。前院的桐树虽不及中院的大桐树粗壮高大,但远远高大于中院的这棵小桐树。这又是为什么?事后的几天,我一有空闲就思考上面的问题。忽然有一天,我有了答案。有句话这样说:宁可人下做人,不可树下做树。大树长起来后,根系发达,侵入了小树的领地,抢走了小树的部分水和肥。大树的主干渐渐高大,枝叶也越来越繁盛,挡住了小树的部分阳光。树虽无言,但这种侵占和掠夺时时都在发生。就这样,大树越长越快,小树越长越慢,以至于小树连正常的发展水平都达不到了。

在日常生活里,我喜欢思考,经常去探究一些事物的来龙去脉,这是习惯使然,也有有意锻炼自己思考力的目的。在解决一些学业上的问题时,我总能攻坚克难,这与我平时喜欢思考有关。在养育孩子时,我们可以有意识地培养孩子喜欢思考的习惯,以此开发孩子的智力。这个做法,最好从孩子小时候做起。当孩子还是婴儿时,他已经会思考了。我们照看孩子时不妨做一些简单的益智活动。比如,你手里拿一个东西,展开让孩子看,然后把手握起来。这时孩子会有一些疑惑,然后会去掰你的手,当他发现被你藏起来的东西时,会开心地微笑。这个过程就伴随着孩子的思考,对孩子来说,这是一个很大的创举。你要及时给孩子欣赏和鼓励,引导孩子喜欢上思考,树立基本的自信。

孩子稍大一些,你可以加大思考的难度。比如,你可以把原本在右手的东西换到左手,然后让孩子找,这个活动伴随着更高级的思考。当孩子在你的欣赏和鼓励下一次次完成这些活动时,智力会得到有益的开发。当孩子学会行走,学会说话,学会识字,学会看书,培养孩子思考习惯的天地和时机就更广阔了。在和孩子相处时,一要引导孩子去思考,二要善于发现孩子的主动思考行为,并给予大力的欣赏和鼓励。其中后者对培养孩子思考习惯和提升孩子智力更为有效。

几年前,我领着一个五岁的孩子在乡间的道路上行走,迎面开过来一辆手扶拖拉机,车上载着满满一车玉米秆。我和孩子闪到路边,让车通行。这时,我看到孩子看着这辆车,满眼都是惊疑,就饶有兴趣地问孩子:"怎么了?"孩子说:"好神奇啊!这么小的车,拉这么多!"我鼓励孩子,说:"是呀,你觉得这是为什么?"孩子想了一会儿,说:"是不是这种车的拉力特别大?"我说:"是呀,你想得不错,这种车的拉力是很大。"看孩子还是若有所思,我就又问她,"你觉得还有什么原因?"孩子想了想说:"不知道。你能告诉我吗?"我说:"你看,这玉米秆看起来又宽又高,可中间有缝隙吗?"孩子说:

"有。"然后又问:"这有什么关系呢?"我说:"你可以再想想啊。"孩子又想了一会,高兴地说:"我知道了,这玉米秆看起来很多,可中间有空隙,实际并不重。"我微笑着看孩子思考,听孩子把话说完,给孩子竖起大拇指,夸她说:"你真棒,善于思考,能发现问题,还能通过钻研去解决问题。"孩子听了我的夸奖,自然十分开心。本来,我还想顺便给孩子讲讲有关密度的问题,又觉得不妥,就没再说什么。我提醒自己,教育孩子要适时适度,不宜过度拔高。

孩子年幼时正是认识世界的关键时期,自主的思考随时都在发生。我们陪伴孩子,关注孩子,时时地欣赏孩子思考,鼓励孩子思考,引导孩子思考,让思考成为他日常的习惯,孩子的思考能力自然就会提升。长期坚持下去,孩子的智力水平自然不会低。反之,如果漠视孩子的思考行为,甚至因为孩子的思考稚嫩而嘲笑他,或者总是直接给孩子答案,那么孩子有可能陷入没有主动思考的生活学习模式,变成一个用脑方面的懒人。长此以往,孩子的智力水平自然不会高。

行动起来,和孩子一道,让思考成为习惯,让智力步步提升。

对词游戏及其他

孩子五六岁的时候,已经掌握了相当多的词汇。在这期间及以后,适时地和孩子进行对词游戏,既有趣,又益智。先由一个人说一个词语,然后第二个人接着说一个词语,要求后一个词语开头的一个字要和前面词语的最后一个字相同或者同音。这样依次轮替。

比如,第一个词是"天空",那第二个词可以是"空气",接下来可以依次是:气球、球体、体育、育人、人民、民众、众多、多寡、寡头、头脑、脑袋、袋鼠、鼠辈、辈分、分别、别离、离开、开水等。这个活动叫词语接龙,很多人都玩过。词语接龙可以不计输赢,两人或多人合作,共同把接龙延续下去,所接词语越多越好;也可以定接不上来的一方为败,或者定所接词语的最后一个字和第一个词语的第一个字相同者为胜。词语接龙既可以巩固和增加孩子的词汇量,又可以锻炼孩子的思维能力,特别是锻炼孩子的发散思维能力。

如果把思维能力比喻成智力的王冠，那么发散思维就是这颗王冠上的一颗耀眼明珠。在和孩子进行词语接龙游戏时，我发现它有两个局限性：一是不易让孩子保持长久的热情，这是因为孩子掌握的词汇量相对较少，和成人进行词语接龙常处于劣势；二是这个游戏限制了词语用字，让思路受到限制，对发散思维的培养不够充分。后来，一个偶然的机会，我在词语接龙的基础上创制了对词游戏。其规则是这样的：第一个人依据自己的心境或眼前的景物随意说一个词语，第二个人接着说一个词语，然后依次轮替。所接词语只要和前一个词语有关联即可，词语的用字不受任何限制。另有一个规则，后面的词语不能与前面说过的任何一个词语重复。比如，以"蓝天"起，接下来可以依次是：白云、太阳、温暖、春天、小草、花朵、小心、道路、房屋、窗户、门、凳子、客人、做饭、鸡蛋、鸭蛋、鹅蛋、鹌鹑蛋、恐龙蛋、古代、遥远、未来、现在、饥饿、火腿、牛奶、边吃边说、开心、快乐、愉快、高兴、喜悦、笑口常开、得意扬扬、得意忘形、乐极生悲、大哭、痛苦、亲情、友情、爱情、长大、结婚、婚礼、美丽、秀外慧中、表里如一、言行一致、谎言、欺骗、上当、警惕、派出所、公安局、手铐、逮捕、审讯、妈妈、伤心等等。再比如，以"电扇"起，接下来可以依次是：电灯、电棒、电热器、空调、凉爽、睡觉、床单、被子、褥子、枕头、枕巾、枕套、床板、床垫、床头、靠背、沙发、茶几等等。对词游戏相对于词语接龙，有两个优点：一是可以让孩子和家长站在同一起跑线上，更为公平，因此更能激起孩子参与的积极性；二是可以让孩子敞开了想，这对培养孩子的想象能力和发散思维能力更为有利。当然，词语接龙游戏也有自身的特点，不能被对词游戏完全替代。

在和孩子相处的时候，无论静坐还是行走，无论白天还是黑夜，无论在车上还是在家中，稍有闲暇，就可以和孩子来一段词语接龙或者对词游戏，不用任何道具。这个过程，既能带来乐趣，又能开发智力，何乐而不为？培养孩子发散思维能力的方法有很多，比如和孩子一道思考一张纸有什么作用；一块砖头有什么作用；家里的锁打不开了，有几种解决方法；公园里一个人也没有，这是为什么；等等。对于每一个问题，都鼓励孩子想出更多的答案，既为孩子找到一个新答案而喜悦，又为孩子凝眉思考而欢心。培养孩子的智力不是什么难事，只要你肯用心。玩词语接龙、对词游戏等，看似云淡风轻,却不知不觉地把孩子送到了智力一流的彼岸。

压了二十年的话

二十年前,有人讽刺让孩子做一些脱离生活的数学思考题的社会现象。他举了一个例子,说一个蓄水池,进水管开着,排水管也开着,问何时能注满一池水。他的意思大致是这种情形生活中根本不会有,让孩子做这种题是在为难孩子,没有实际意义。

我对他的这段话有不同意见,担心他的观点引起人们对智力开发的不良认知。只是当时社会上确实有不少人对数学思考题有畏难情绪和非议,而自己又人微言轻,就把想说的话压在了心底。有些数学题贴近生活,有些数学题非常抽象,这很正常,因为数学是反映客观现实的一门科学,具体是数学的一个特征,抽象也是数学的一个特征。关键在于,让孩子们做数学思考题,主要是锻炼孩子们的思考能力,提升孩子们的智力水平,并非让孩子们在生活中解决同样的问题。这好比让孩子们练习拉单杠是为了锻炼孩子们的臂力,并不是生活中有很多实际的问题需要用拉单杠的方式来解决。又好比让孩子们学习古文是为了启迪孩子们的思想和智慧,锻炼孩子们的阅读和表达能力,并不是生活中有很多事需要读古文来解决。当然,有相当多的人对做数学思考题有畏难情绪和非议是有客观原因的:一是有些人急于求成,对孩子要求过高,给孩子的题目过难;二是有些人舍本逐末,不注重孩子思考的过程,而是给孩子大量的公式套路和方法,只求孩子把题目做出来。前者容易使孩子对数学思考题产生畏难情绪,甚至造成心理阴影,使孩子终身畏惧数学,害怕思考,其危害显而易见。后者的危害虽然不是十分明显,但更为严重。用背记公式、题型的方法让孩子去做数学思考题,可以使一些孩子攻克一些高精尖的难题,让他们在各类考试和竞赛中攻城拔寨,取得优异的成绩。但实际上,这些孩子由于缺乏追根究底、独立思考的过程,其思维能力的提升很有限,特别是创新思维能力的开发更为不足。有些孩子上学时期考试能力很强,而搞科研却少有建树,往往就是上述原因造成的。这也是社会上有些人诟病孩子们做数学思考题的深层原因。其实,做数学思考题对于提升孩子们的智力是非常有用的。它对孩子们的分析概括能力、逻辑思维能力、联想和假设能力、发散思维能力，以及意志力、专注力、思维的精准度，都会有较大的提升。可以说，做数学思考题是提升智力的绝佳妙方，只是不要急于求成，不要给孩子太多的公式套路，而是要给孩子充足的时间，让孩子自己去思考，去钻研，去感悟。一定要明白，我们要的不是题目的答案，而是孩子的思考过程。

孩子在小学高年级和初中低年级，学习任务不多，可以给孩子买一本对应学段的数学思考题集。习题集的题目要尽量有趣，原则上让孩子一天做一道题。如果孩子一天做不出来，可以用两天三天，不要把做题时间限制死。孩子如果实在想不起来，要允许孩子看答案。家长需要做的，就是关注、欣赏和鼓励。如果有可能，可以听孩子分享解题的思路，也可以和孩子一道思考。

当孩子自主做出的题目一天天增多的时候，他的智力水平和思考能力就会有长足的进步。这样的孩子到了初中高年级和高中，对于理科学科的规则、公式和方法的理解会更快捷、更深刻、更透彻，运用起来也会更熟练、更灵活。不仅如此，思考习惯的形成、智力水平的提升，对一个人的正面影响是深远的。给孩子一本课外数学思考题集，引导孩子喜欢上它，这是一件非常有意义的事。这就是我要说的话。

附录一　小明的爸爸

小明,男,1970 年出生,十八岁中师毕业,中学数学高级教师,地级市优秀教师,师德标兵。小明的爸爸,1942 年出生,七年当兵经历,煤矿工人。"小明的爸爸"是系列家教文章的总称,包含四十六篇小文章。文章所记,均为小明记忆中爸爸教育自己的生活片段,意在为大家提供一些家教实例和研究素材。原本计划把文章分成智力篇、能力篇、思想篇、品德篇、亲情篇、身教篇六类,后又觉得很多事往往交织着多种思想情感,并不能截然划分开,故不再分类。文章中的事件按小明的回忆随心排列,无时间顺序。如果大家能从中感悟到一些家教心得,不胜欢喜。是为本附录之序。

一斤棉花和一斤铁

小明有一天放学回家,发现爸爸回来了。爸爸开口就问:"一斤棉花重还是一斤铁重?"小明不假思索地回答:"一斤铁重。"爸爸说:"都是一斤,咋会是铁重呢?"小明想了想说:"一样重。"事过多年,在初中二年级物理课上学到"密度"一章时,小明回想起了当年爸爸问的问题。

神奇的魔术

一天饭后,爸爸给小明演示了一个神奇的魔术。爸爸先写一个三位数,然后让小明任意写一个三位数。爸爸很快跟着写下一个数,让小明再任意写一个三位数。爸爸又飞快地写下一个数。接下来,爸爸让小明把这五个数加起来,得到一个数。这时,爸爸从一个地方拿出一张纸,纸上写着一个数。这个数正好是小明刚刚算出的五个数之和。这让小明觉得很神奇。爸爸让小明想想这是咋回事。接着,爸爸又演示了几遍,小明搞明白了其中的道理,学会了这个魔术。当着爸爸的面,小明把这个魔术演示了一遍。后来,小明在学校多次给同学们表演这个魔术,同学们都觉得很神奇。

神童的故事

一个夏天的中午,小明正在池塘边玩,爸爸从煤矿回来了,把小明叫回了家。爸爸告诉小明,报纸上登载了一件事,说有一个地方出了一个神童,不用梯子就能测出古塔的高度。接着,爸爸又详细介绍了神童的情况,让小明想想是咋回事。这个神童的村子里有一个古塔,年久失修,又没有台阶。神童竖起了一米高的竹竿,量出了竹竿影子的长度,又量出了古塔影子的长度,然后就算出了古塔的高度。小明想了一会说:"竹竿的影子是竹竿长度的几倍,那古塔的影子就是古塔高度的几倍。"爸爸听了小明的话,就给小明了几组数据,让小明算一算。小明经过演算,得出了正确的答案。看着爸爸微笑的面容,小明自己也很兴奋。

《有趣的数学》

小明九岁的时候,爸爸给他买了一本书——《有趣的数学》。这本书给小明带来了无限的乐趣。小明每天都要做一道书上的题。思考的过程让他废寝忘食,难题的解决让他欢天喜地。有时,小明一天能解四道题。等小明上小学五年级的时候,已经拥有了四本这样的数学书。有一次,小明把书带到学校,和班里其他三位学习成绩好的同学分享。他这样做有帮助同学的目的,也有几分"独孤求败"的意思。

飞快的自行车

有一天,爸爸骑自行车带小明去煤矿。一路上,爸爸把自行车骑得飞快,小明感觉路边的树纷纷向后边退去。这种现象让小明感到非常奇怪,他和小伙伴以前从没有见过。小明问爸爸这是咋回事。爸爸笑而不答,让小明自己想。小明明白,爸爸就是为了让他见识一下这种现象才把自行车骑得飞快的。至于这种现象啥原理,小明当时也没有明确的答案。四五年以后,小明上了初二。物理老师讲到坐在汽车上的人看到路边的树向后退去的时候,小明想到当年的往事,很快就明白了。

校长办公室里的爸爸

小明上小学四年级时,有一天晚上,在学校上晚自习。这时,有人叫小明去校长办公室。小明掀开帘子一看,发现爸爸在里面,和校长坐在一起,看着他微笑。原来爸爸和校长是同学,那天去学校是和校长聊聊小明的情况。这件事对小明影响不小。因为在他心目中,爸爸不爱和人说话,更不爱和生人打交道。小明没想到,爸爸竟然和威严的校长是同学,并且还和校长坐在一起说话。从那以后,小明觉得校长对他格外重视,他也感到校长格外亲切。

重点中学

小明刚上小学五年级的时候,爸爸骑自行车带着他路过一个地方。那地方有两扇蓝色的铁皮大门,大门两边是红砖砌成的两层小楼。爸爸指着其中的一栋楼,对小明说:"这是猴山中学,乡里的重点中学。将来你要到这里来上学。"小明听了爸爸的话,看着这个神秘的学校,充满了向往。从此小明学习更努力了。五年级下学期时,爸爸生病住院,妈妈去照顾爸爸,家里由各位亲戚轮流照料。那个时期,小明思想压力很大,但没有放松学习。小明心里清楚,考上重点中学是爸爸的期望,也是自己的梦想。那年夏天,小明如愿收到了重点中学的录取通知书。

奶奶叫小明

有一年夏天,奶奶在家门口坐着,叫小明过去。小明待在爸爸身边,没有过去。爸爸说:"奶奶叫你,赶紧过去。"小明说:"奶奶叫我是让我吃好东西。我不吃,让奶奶吃,所以就不过去。"爸爸和蔼地说:"奶奶叫你过去,你就过去,不管是什么事。你不吃,你当面给奶奶说。"小明听了爸爸的话,赶紧走到了奶奶那里。这件事让小明感受到了爸爸对奶奶的敬重,也加深了自己对爸爸的敬重。

爸爸叫小明

小明的爸爸在1982年的春季中风住院,工友们及时把他送到了医院。在医院里,他经过好多天才苏醒过来。爸爸醒过来后,半身不遂,不会说话。他积极锻炼,努力恢复各种功能。经过了三个多月,他终于能够开口说话了。据当时在场的妈妈讲,爸爸开口说的是"小明,小明"。这件事让小明感受到了自己在爸爸心目中的分量。小明心想:"不知爸爸在心里默念了多少遍自己的名字,这里面一定包含了许多希望和寄托。"后来,小明周末去医院看爸爸时,爸爸看着他,叫:"小明,小明。"声音是那么轻,又是那么清晰。那一刻,小明感觉自己的身心被注入了满满的能量,足够受用一生。

爸爸的一句话

小明刚懂事的时候,爸爸告诉小明一句话:处处留心皆学问。小明把这句话看得特别重。有一次,小明路过一个街口,那时小明上小学一年级。小明看到同村的三个初中生在讨论问题,就认真地听起来。这三个初中生刚考完试,其中一个人说:"X等于1。"小明听了很高兴,因为他又学到了一个新知识。小明到了学校,问同学们:"X等于几?"同学们都不知道。小明高兴地说:"X等于1。"这件事虽然像一个笑话,但小明仍然对"处处留心皆学问"这个道理深信不疑。

擒拿术

小明的爸爸有空就教小明武术。爸爸告诉小明:"如果有人从后面搂住了你的脖子,你不要急于向后看。你可以猛抬脚,用脚后跟踩他的脚尖。同时用胳膊肘猛击他的肚子,随后再猛回头抓他的头发。"爸爸说完,让小明反复练习这些动作。爸爸还教小明,与人打斗,一手要攻,一手要防。拳和脚蜷起来才有力量。爸爸准备教小明擒拿术。他找来了一幅挂图,上面画着三十六式擒拿术的招式。在正式学擒拿术以前,爸爸让小明先练功:一是扎马步,二是用手扭木棍,三是用拳头击打挂在墙上的书。在一次练习的过程中,小明急于求成,一拳下去,手肿了一个大包。爸爸见此情景,就让小明先缓一缓再练。后来,小明的爸爸生病住院,小明练武的事就慢慢搁置了。练武的经历让小明记住了爸爸的两句话:一句是练武不练功,到老一场空;另一句是拳头蜷回来才有力量。

教打架

有一天黄昏,爸爸让小明和村里一个大孩子打架。爸爸先是让小明和那个孩子打拳,然后让小明和那个孩子摔跤。小明原本认为爸爸不喜欢自己和人打架,平常对那个大孩子也有些怯意。可当时小明见爸爸笑眯眯地看着他们,就大胆地打了起来。那一次打架,小明略处下风。当然,那时的打架并不伤害友谊,而是类似有规则的比武。后来,小明就经常和村里的男孩子打架玩,力气和勇气不断增长,和那个大孩子战成了平手。那个大孩子拳头硬,小明给他起名叫"金刚拳"。小明腿长脚快,小明给自己起名叫"飞毛腿"。

为难小明

有一天傍晚,天已经黑了,妈妈让小明去沟边摘一些枣树叶喂家里养的兔子。村边的沟很深,旁边还有许多窑洞,晚上没有一个人。小明特别怕黑,不想去,就求助于爸爸,想让爸爸帮他。爸爸见小明怕,就非让小明去,意思是摘不摘枣树叶不重要,可胆小不行。小明见爸爸的态度那样坚决,就硬着头皮去了。从那以后,小明的胆量又增长了一分。

一本书

有一天,小明见到家里的桌子上有一本书——《中国古代寓言故事》。爸爸在书上用钢笔写了不少字,可能是读书的体会。小明心里清楚,这是爸爸买给自己的书。这本书,小明读了很多遍。书中的故事对小明产生了极深的影响。有一个故事是《曾子杀猪》。曾子的妻子骗自己的孩子说,只要他不闹人,自己出门回来就杀猪给他吃。结果,曾子果真把自己家的一头小猪给杀了。这件事让曾子的妻子很吃惊,因为在那个年代,无论是猪,还是肉,对一个家庭都很重要。曾子杀猪的故事对年幼的小明刺激很大,让他意识到话可不能随便说,因为诚信对于一个人来说很重要。

理发

小明小的时候,农村没有理发店。其他同学的头发是怎样理的,小明不知道,小明的头发是爸爸理的。小明的家里有一部推剪。爸爸往推剪上一抹油,就开始给小明理发。可能是怕碎头发掉进脖子里,爸爸一直让小明低着头。理发的过程中,爸爸不断给小明下指令,左扭,右扭,下巴向上抬,再抬一点儿,头偏一点儿,再偏一点儿。每次理发,小明觉得自己的头就像爸爸的道具。有时推剪会夹一下头发,小明喊疼,爸爸说小明不够坚强。后来,小明大了,到县城去上学。在理发店理发时,小明总是有意地配合理发师,可理发师却总是自己变换着各种姿势,告诉小明说:"不用动,不用动。"尽管理发师给小明理发让小明感觉很受用,但小明还是时常怀念爸爸给自己理发的情形。爸爸给自己理发的经历让小明培养了配合别人的意识和习惯,这是让小明更受用的事。

阴阳头

有一年暑假的一天,爸爸给小明理发。刚理了一半,有同学来通知说,校长让同学们马上到学校去,有重要的事情。小明一听,便要求爸爸先不要理发,自己要赶到学校去。爸爸没有阻拦,停下了理发,让小明去了。到了学校,校长看着小明的头,盯了好一会儿。然后问了问情况,笑了笑,也没有说什么。孩子都有认真做事的时候,要想让孩子形成认真的习惯,父母需要认可和支持孩子的认真。小明做事认真,爸爸对小明的认真很支持。

一个笔记本

小明上小学的时候,家里的抽屉里放着一个笔记本。爸爸说这个笔记本让小明长大的时候用。小明平时没事的时候,会去打开抽屉,看看它,摸摸它。这是一本崭新的笔记本,有一个绿色的塑料皮,包装很精美。笔记本的封面上画着一幅画,画上有一个身着工装的女子。那女子登着一架高梯,手持一根长杆,跨进了云里。这幅画上还写了四个字:壮志凌云。这四个字连同这一幅画,印在了小明的脑海里。

一首诗

有一天,小明的爸爸从煤矿回来,告诉了小明一首诗,让小明记住。
诗的内容是这样的:
    从小读书不用功,
    不知书内有黄金。

早知书内黄金贵,

高照明灯下苦心。

又过了几天,爸爸告诉小明,要把诗中的"黄金"变为"知识"。整首诗变为如下内容:

从小读书不用功,

不知书内知识深。

早知书内知识贵,

高照明灯下苦心。

后来,又经过了较长一段时间,爸爸告诉小明,那首诗还按原来的内容记。经过这样反复的过程,小明牢牢地记住了这首诗。

这件事发生在 20 世纪 70 年代末 80 年代初。

爸爸的日记本

小明的爸爸有好几个笔记本,上面有的写着一些名言警句,有的写着《朱子家训》里的治家格言,有的写着日记。有一页纸上还写着几个亲戚借钱的情况,有五十元、三十元、二十元,很详细。小明小时候曾多次翻看爸爸的笔记本,记住了上面的一些话,如"一丝一缕恒念物力维艰,一粥一饭当思来之不易",又如"见人只说三分话,未可全抛一片心"。这些话小明当时不太懂,但是引发了小明长长的思考。小明的爸爸经常对小明说"好记性不如烂笔头",这句话,小明懂了。

一个精致的布袋

小明的爸爸有一个精致的小布袋,用绳子束着口,里面装着很多钢笔的配件,有笔杆,有笔帽,有笔尖,有皮囊,各种式样,各种颜色。小明上小学三年级的时候就开始用钢笔,钢笔时常会坏。每当小明的钢笔损坏的时候,爸爸就会拿出那个布袋,用里面的配件给小明修钢笔。钢笔有时能修好,有时配件不足,修不好。修不好就买新的,这一点小明不用担心。小明感兴趣的是爸爸那个精致的布袋。那个布袋虽然已经很旧了,但爸爸却十分珍视它。多年以后,小明感觉到,那个布袋里面装的一定是爸爸从上学到工作所用过的所有钢笔。

写字的姿势

小明上学了,开始写字了,爸爸给小明做了一番要求:手离笔尖一寸,胸离桌子一拳,眼离书本一尺。爸爸告诉小明,人的眼睛对人的一生都非常重要。

学推自行车

小明小时候,村子里的自行车很少。小明的爸爸有一辆自行车,飞鸽牌的。有一天,爸爸让小明学推自行车。推自行车容易,小明一会儿就学会了。小明原本想着爸爸该教自己骑自行车了,可爸爸还是让小明推自行车。就这样,小明在村头把自行车推来推去,推了很长时间,陆陆续续有一个多月。在小明学推自行车好多天以后,爸爸让小明学跨自行车。跨自行车就是单脚踩自行车滑行,这一练又是好多天。直到小明的爸爸生病住院,小明也没有跟着爸爸学骑自行车。小明十七岁那年,有一天,和几个同学去洛阳。有个同学借给小明一辆自行车,小明一上车,骑上就走了。从县城到洛阳几十公里的路程,小明第一次骑自行车,就骑了一个来回。这件事让小明这样想:打好基础很管用,很重要。

教小明学走路

小明七八岁的时候,有一天,爸爸把他叫过去说,人要坐有坐姿,站有站姿,走路有走路的姿势。爸爸接下来就教小明如何坐,如何站,如何走。小明原本想这些很简单,谁知爸爸一教,他觉得做好这些还真不容易。坐要稳,坐如钟,手脚不能乱动。站要直,站如松,提臀,收腹,挺胸,收颌,抬头,标准的军姿。这两项还好说,走好更不容易。走要抬头挺胸,双手协调摆动,脚尖朝前,目不斜视。这让小明很为难。在爸爸的注视下走路,小明觉得很不自在。在院子里走了七八圈,小明感觉自己的手、脚、头、眼都很别扭,不知道该往哪里放。小明不想练了,爸爸不允许,让小明继续走,继续练。这时小明的妈妈也来帮腔,和爸爸一起看小明走路,小明只好硬着头皮走下去,又走了好几圈才算过关。练习结束以后,爸爸要求小明以后都要把路走好。四十年后的今天,小明仍然保持着挺拔的走路姿势。

两张地图

爸爸在小明的住室里贴了两张地图,一张中国地图,一张世界地图。小明有空闲的时候会去看地图。地图上的经纬线、比例尺、各国之间不同的边界线,小明似懂非懂。地图上有些地方写着不毛之地,好像不属于任何一个国家,这让小明充满了疑惑和想象。有时小明看着地图会想,世界这么大,有机会一定要去看看。

爸爸的奖状

小明自记事起,就看到屋里的墙上贴着不少奖状。这些奖状都是爸爸的,有先进工作者,有掘进百日竞赛奖,有安全生产标兵等。这些奖状的印刷都很精美,中间的字是毛笔写的。后来,小明上了小学,也开始得奖状。小明让妈妈把自己的奖状也贴到墙上。过了几年,小明的奖状和爸爸的奖状几乎各占一半。

讲故事

冬天里,小明让爸爸给他讲一讲当兵时的故事,爸爸就慢悠悠地给他讲了三个故事。这三个故事有关纪律、责任、生命、伦理,既惊心动魄又入情入理。

收音机

20世纪70年代及80年代初期,农村有收音机的家庭不多。小明家有一部收音机,是爸爸买的,大部分时间都是小明一人听。收音机的电池用没电了就买新的,一点都没有限制。小明在收音机里听评书。收音机里有一个既神奇又广阔的世界,深深地吸引了小明,深深地影响着小明。小明白天上学,听收音机的时间大都在晚上。有好多次,小明都是听着广播进入了梦乡。

秋天的沙梨

小明家有一个用藤条编成的筐,方形的,非常方正。秋天,爸爸会在这个筐里放一筐沙梨。沙梨这种果实,不大,刚摘下来的时候很涩很硬,小明不喜欢吃。等到放置一段时间,沙梨会变得又软又甜。虽不能带皮全吃,但里面的甜汁吮吸起来还是很可口的。爸爸告诉小明,吃沙梨对喉咙很有好处,可以预防咳嗽。小明每年都能吃到这种放置很久的沙梨。

正月十五的起火

正月十五提灯笼,这让小明和同伴们非常高兴。更让小明愉快的是爸爸总会买一些起火在门前放。每年正月十五的夜晚,那起火被爸爸一点,"嗖"的一声飞上了天,在空中炸开,耀眼夺目,吸引了不少大人和小孩。有几年,爸爸还自制了礼花来放。金光耀眼的火星从铁桶里源源不断地发出,好像一棵金碧辉煌的树。这些给乡村的夜晚添了不少节日的喜气,也给小明的童年记忆添加了绚丽的色彩。

一场讯问

小明隐约记事的时候,家里发生了一件事。一张十元钱不见了,可能是一个大孩子让小明从家里拿出来,骗走了。也可能不是,因为小明当时以及现在对事情的经过都不记得了。爸爸让小明认真地想一想,究竟拿了没有,给谁了。爸爸还告诉小明,那钱很多,可以买一簸箩兰花根。兰花根是小明爱吃的食品,爸爸曾买过几次。小明当时很迷糊,怎么也想不起来。爸爸还是不断地提醒小明,让小明回忆。这次讯问持续了一个小时,爸爸的态度一直很和气,很平静。最后,爸爸见小明什么也回忆不起来,就不再问了。这件事过去以后,爸爸再也没有提起过。

三唱机

奶奶去世的那一年,全家人都很悲痛。为了缓解家人的痛苦,提振大家的精神,小明的爸爸买回一个三唱机。三唱机能当收音机用,能放唱片,能连接大喇叭扬声扩音,价值九十元,当时在农村乃至县城都算是奢侈品。小明在三唱机里听过《陈三两爬堂》《百鸟朝凤》《南阳关》《大祭桩》,后来也听过英语。

印字

有一天,小明的爸爸带回几个小方块,像是用蜡制成的,说是可以把书上的字印下来。具体的做法是,用其中的一个小方块把一张白纸涂抹一遍,然后把它压在一页纸上,再用一个又硬又平的东西在纸上反复刮擦,最后把纸从书页上揭下来。这样书上的字就印到纸上了。爸爸给小明演示了一遍,然后让小明试着做。小明觉得这件事挺有意思。

小明的心思

有一年麦收季节,小明挑着十几捆麦子从沟东过,自我感觉很好,认为自己已经成为一个小小的男子汉了。他在走到半坡时,看到一个叫老康的成年人挑着一个极大的担子,这副担子足足有一百七八十斤。老康人瘦个小,和挑着的大担子形成了鲜明的对比。看着老康气定神闲的样子,小明出了神,满眼都是羡慕。这个情景刚好被爸爸看到,他明白了小明的心思。走在路上,爸爸对小明说:"你觉得他挑的担子很多吗?他挑的担子不过二百斤,我当年挑担子,能挑二百八十斤,全村没一个人能超过我。"这些话让小明感受到了爸爸昂扬向上的精气神,也给小明注入了勇争上游、永不服输的生命动力。

沉重的担子

小明的爸爸中风脱离危险以后,落下了半身不遂的毛病。他没有给单位添麻烦,而是回到了家,和小明的妈妈一起,从事农业劳动。20世纪80年代初,农户家里还没有安装自来水,一家人吃水需要从村头水塔处挑。小明十三四岁时,每到节假日和星期天,就承担起了挑水的任务。小明挑水的铁桶比别人家稍小些,这让小明减少了很多畏惧情绪。最初,小明还没有学会换肩,挑水的中途需要放下担子歇歇。每次放担子的时候,小明总是尽量很轻很轻,一是怕洒了水,二是怕砸坏了桶。爸爸看到小明放担子,总是说小明放得太重。小明很委屈,认为自己已经够小心,放得够轻了。可既然爸爸说,那就再轻点、再轻点,尽量不发出一点声音。有道是,没有最轻,只有更轻。后来,小明学会了换肩,中途放担子的情况就没有了。人的毅力和韧劲从哪里来?从磨炼中来。

父子间的交流（一）

小明的爸爸是一个不爱说闲话的人。小明小时候也很怕说话，特别是面对长辈和陌生人。小明喜欢和爸爸说话，因为爸爸特别善于倾听。爸爸那明亮的眼睛，那微笑的神情，让小明感受到了极大的鼓励。小明给爸爸说自己的见闻、自己接触的人、自己的思想动向、自己的理想追求、自己的人生观点、自己对爸爸的希望和要求等等。爸爸总是听着，很少插话，只是用温和的目光表达着赞许或思考。小明十七岁那年，有一天，对爸爸说，他感觉班里有一个女孩对他很有好感，他对她的感觉也很好。爸爸微笑着听着，没有用具体的语言回复小明。小明从爸爸的微笑里读到了认可和鼓励。

父子间的交流（二）

小明十二岁外出上学，后来上班。他平时从星期一到星期六都在学校，只有星期日在家。在家这一天，父子间一定会有长时间的交流。每次交流，一般是小明说话多，爸爸说话少。爸爸说的内容有的是村里的趣事，有的是从收音机里听到的一些有用信息。有一次，爸爸告诉小明，村里有个人承包了一项活，用土填一个圆形的废旧池塘。这个旧池塘中间用砖砌了一个小的圆形池塘，只用土把圆环部分填上就行了。结果这个活赔钱了，原本计划只用三天就可以干完的活，实际用了十天。小明认为爸爸说的这件事就是生活中的数学，很兴奋地和爸爸一道探究了其中的道理。后来，他利用这个事例编了一道数学题，讲给了自己的学生。又有一次，爸爸告诉小明，他在收音机里听到一个信息，说是有个研究所，能用仪器测出土壤里的养料成分，以便针对性地施肥或是种植适合的庄稼。爸爸觉得这个技术很有用，很有前景。这两件事都发生在20世纪80年代。

父子对弈

小明的爸爸因病回家务农后,在村里参加的娱乐活动就是下棋。爸爸下棋的对象一般是村里的几个同龄人,有时也和村里的几个青年下。下棋的时间一般是农闲时节、节假日或阴雨天。星期天,如果家务事不多,小明就会和爸爸下棋,有时是小明找爸爸,有时是爸爸找小明。有一年春节期间的一天,小明和爸爸在村东头自家窑洞前的空地上下棋。当时,阳光和煦,环境清幽。父子两人斗智较力,又将胜败置之度外。有几个乡邻走过,却无人叨扰。有一天,爸爸对小明说,村里几个老人说,别人家的父子平时连说话都难,你们父子还下棋哩,真是少见,真是难得。爸爸说这话时,显得很高兴。小明听了爸爸的话,也很高兴。

小明三十岁

小明三十岁的那一天,爸爸在病床上已近半年了,身不能动,口不能言。小明坐在爸爸床前的一个小凳子上,对爸爸说:"爹,今天是我生日,你知道我多大了吗?"爸爸用慈祥的目光看着小明,坚定地伸出了三个指头。小明连忙点了点头,然后又给爸爸谈了谈自己的工作近况和打算。在爸爸坚定地伸出三个指头的那一刻,小明的心灵被一种莫名的情绪击中了。这情绪里有幸福,有感动,还有悔恨,还有悲伤,更多的是对爸爸的崇敬和仰望。小明感觉自己仿佛是一个稚嫩的羔羊,被父亲慈祥温暖的大手轻轻地抚摸着。这种情绪迅速催生出了小明的泪水,但小明当时没让眼泪流下来。他知道自己要坚强,这是爸爸用自己的人生经历告诉他的,也是他自己的人生体会。事过多年,每想到那一刻,小明的泪水就会被催生出来,然后被忍回去。这种情绪最终都被转化成了一种强大的力量——爱的力量。

深夜的烟头

小明十七岁那年,还在县城上学。有一天回家秋收,吃过晚饭后,天已经黑了。爸爸让小明把犁地的牛送到山南边二姨家,然后连夜回来,趁早把犁地的犁和耙用架子车送到十几里外的二舅家,要赶上天亮舅舅家犁地。小明那时胆子还很小,怕黑,怕生路。去二姨家的山路一个来回少说也有二十里,还是小明从没单独走过的路。可当时正值农忙时节,爸爸的安排是抢赶农时的最佳选择。小明也明白自己已是将成年的男子汉,这种事自然不能推脱。小明硬着头皮上路了。那一夜,小明的经历非常曲折,一路上有很多时候都是战战兢兢,提心吊胆的。最后,小明还是战胜了恐惧,顺利返程。当小明走到村口时,时辰已经接近五更,天很黑。小明远远看到自家门口一个红色的烟头,在沉沉的夜色里一闪一闪。他立马明白,爸爸在门口守了足足一个晚上。多年以后,小明的爸爸不在了。父子两人阴阳相隔,在茫茫的宇宙里再难相见。然而,那夜的烟头深深地印在了小明的心里,让小明时时都能感受到父亲的爱就在身边。有一天,小明在本子上写下了这样一句话:宇宙有多厚?一根烟头就能穿透。

没被摔坏的碗

小明的爸爸有病回家务农以后,正值农村实行土地联产承包责任制。家家户户都忙了起来,地里有干不完的活,家里有鸡,有猪,有牛,饲养起来也很费功夫,再加上一日三餐,这让人们的劳动强度大大增加。当然,收获也多了,人们累并喜悦着。小明家的活大多是妈妈干,爸爸由于身体不好,只是做一些辅助性的工作。可能是太忙太累的缘故,妈妈平时好唠叨,主要是说各项活都干不到前头,有些活还落在了别人的后头。有一天黄昏,天已经黑了。一家人正在吃饭,妈妈因一件事唠叨起来。突然,爸爸把碗往桌子上一顿,起身出了家门,向村东头走去。小明一下子愣住了,他看看桌子上的碗,倒也没有摔烂。爸爸的饭已经吃完,也没饭洒出来。那一刻,小明的心里很害怕,他担心爸爸,也担心妈妈。他想去追爸爸,又怕妈妈在家伤心。这时,小明的妈妈对小明说:"赶紧去看看你爸爸。"小明见妈妈没事,就急忙去追爸爸。走到村口,小明发现爸爸正站在村头的沟边上,就急忙上前拉住爸爸的手,心里担心极了,又不知说什么好。黑夜里,他看不清爸爸的脸,不知道爸爸是平静还是难过。这时,爸爸轻轻地说了一句话:"碗摔扁了没?"听到爸爸这样说,小明放松了下来,连忙说:"没有。"借着微微的星光,小明感受到了爸爸的微笑。随后,小明和爸爸一同回到了家。这是小明记忆中爸爸和妈妈唯一的一次冲突。这件事让小明明白,爸爸和妈妈都深爱着这个家,深爱着这艰难但有意义的生活。

捆麦个

在使用收割机以前,割麦是一项累活。天热不说,麦收时间往往很紧,割麦时还要一直弯着腰。麦割下来,还要用架子车运走。为了一次装车装得多,也为了便于卸车,便于保存,便于移动,要把割下来的麦子捆成一个一个的麦个。捆麦个具体的操作过程是这样的:割麦时,先割下来一捆麦,分成两份,把麦穗攒在一起,扭成一个结,使这两份麦的麦秆形成一个平角,然后把它们平铺在地面上。这个过程叫放要子。接下来把割的麦横放在要子上。等到要子上的麦堆满时,用两只手分别拿住要子的两头,把上面的麦拦起来,勒紧,捆住,这就形成了一个麦个。大部分人割麦,都是先割,把割下来的麦先散放在要子上。等割完一块地以后,再统一捆成麦个。人们一般不想放一堆捆一个,放一堆捆一个,这样做费时间,太慢。然而,当一块地割下来,割麦人往往又累又热,这时还要去捆满满一地的麦个,也着实不美。有一年麦天,小明和妈妈去割麦,爸爸去坡上放牛。等到快晌午的时候,小明的爸爸放牛回来,去地里帮忙,负责捆麦个。小明的爸爸捆麦个捆得既好又快。一亩二分地,近二百个麦个,他用了不到一个小时就捆好了,捆成的麦个,个个整齐、结实、不易散。等到小明和妈妈把最后一把麦割完的时候,爸爸正好开始捆最后一个麦个。这让小明和妈妈省了不少力气。小明当时的感觉是,既感动,又服气。事过多年,小明还记得当年爸爸捆麦个的姿势。

他一条腿曲着,压着麦堆的一头,不让麦移动,用一只胳膊揽住麦堆的另一头,把麦堆整理好,然后移动腿的位置,把麦堆压实。系要子的时候,他用一只手把要子的一头拿起来,然后用嘴咬住,再腾出手去拿要子的另一头,最后用手和嘴把要子系起来。艰难的人生际遇本身并不具有教育意义,但在艰难的生活里所持有的乐观的人生态度以及自主能动的精神绝对是很棒的教育素材。

放牛的长绳子

小明的爸爸原在县办煤矿上班。中风住院后,落下了半身不遂的毛病。他不愿拖累单位,就回到家和小明的妈妈一起务农。当时,村里家家户户都养牛。小明爸爸的主要工作就是放牛。由于腿脚不灵便,他不经常把牛赶到山上,而是在山脚下放牛。在山脚下放牛,有一个好处,草多,也有一个问题,牛容易跑到庄稼地里去。为了解决这个问题,小明的爸爸就用一根绳子牵住牛,控制牛,不让牛往地里跑。一般的牵牛绳有一丈多长,牛吃草,吃着走着,人就得不停地挪动,非常费劲。这让身体健康的人都难以坚持,何况是一个腿脚不灵便的人呢?小明的爸爸为了解决这个新问题,就用了一根长绳子牵牛,这根绳子足有三四丈长。这样把牛牵到山脚下,他就可以停下来,或是坐下来,让牛去吃草。由于牵牛的绳子长,牛的活动范围就大,放牛的人就不用时时移动,还可以控制牛。这种放牛的方法,既高效,又省劲。

走路的姿势

半身不遂的人走路非常困难,往往是一条腿迈过去,另一条腿被拖着跟上。小明的爸爸走路不是这样的,他总是用腰部和大腿的力量把病腿向前甩出去,然后另一条腿随之迈步跟上,就像迈大步一样。其速度比正常人一点儿都不慢。小明的爸爸走路时,总是昂着头,有病的胳膊向上端着。在小明的心目中,爸爸就像一个威武的士兵。

割鸡眼

有一年放暑假,小明的脚上长了几个鸡眼,在家休息。有一天,爸爸去西口孜村赶会,小明和妈妈在家。忽然,村里来了两个人,找到小明家。他们告诉小明,说是小明的爸爸让他们来给小明割鸡眼。小明听他们说话很真,就让他们割。那次手术很不成功,把小明的脚割得鲜血直流。割鸡眼的手术正在进行时,小明的爸爸匆忙赶了回来。他看到那两个人和他们正在进行的手术,面带威严而不语。那两个人似乎有些羞愧,说了一些解释的话。接下来,小明的爸爸态度温和了些。他看着那两个人给小明处理了伤口,给了他们约定的五元钱费用,让他们走了。原来,小明的爸爸在会上见这两个人竖着治鸡眼的牌子,就上前询问。他给那两个人说了小明的情况,又了解了治疗鸡眼的方法、疗效及费用,然后约定,等他到会上转一圈后,他们一起去小明家给小明治鸡眼。谁知,小明的爸爸在会上转了一圈后,却不见了那两个人。他凭直觉判断,他们已经擅自去了自己家。小明的爸爸担心其中有诈,就急忙往回赶,一口气走了七八里。等他走到家中,看到了小明被割鸡眼的情形。小明知道事情的原委后,心里直佩服爸爸的判断力和做事的果断,脚底的疼痛似乎也减轻了许多。

抓住"鬼难捉"

小明的爸爸五十六岁那年,有一次和小明闲谈,说了这样一件事。村里有一个人,非常精明,同时又很幽默。他说去东地,可能就去了西地;他说今年这块地种棉花,可能就种了红薯;他说去西口孜村赶会,可能就去了参店村赶集。由于他的话让人捉摸不定,人送外号"鬼难捉"。这个人比小明的爸爸大一二十岁,平时爱和小明的爸爸开玩笑。有一次,小明的爸爸和"鬼难捉"在路上相遇,还没等"鬼难捉"开口,就走上前去,一把抓住了他的手,说:"今天可捉住你了。"那老人愣了一下,然后和小明的爸爸一起哈哈大笑起来。幽默的人总会享受到幽默给人生带来的福利。这是小明所想到的。

气枪打气球

20世纪80年代中期,农村的集会上出现了一些新生意,有一种生意叫气枪打气球。有一次,小明的爸爸到集会上,见到有人在摆摊,做气枪打气球的生意。这个生意的规矩是两元钱可以打五枪。如果五枪全部打中气球,可以再打五枪。小明的爸爸见到有枪可打,来了兴致,就问那个生意人:"能不能试着打一枪?"那人说行。小明的爸爸打了一枪,没有打中。虽然没有打中,可他发现了摊主气枪的秘密。原来,摊主把气枪的准星用钢锉磨低了一些,让瞄准的人打不准。小明的爸爸不但知道了准星被磨低了,还目测到了其造成误差的准确距离。接下来,小明的爸爸给摊主两元钱,说是打五枪。结果,五枪全中。摊主看着眼前这个单臂持枪的中年人,惊呆了。小明的爸爸又打了五枪,结果仍是全中。这时,摊主回过神来,赔着笑脸对小明的爸爸说,两元钱全退,不要再打了,再打就赔钱了。小明的爸爸微笑着接过了两元钱,走开了。小明的爸爸给小明说这件事时,神情很平静,但小明能感受到爸爸的骄傲,小明也很为爸爸骄傲。小明的爸爸曾告诉小明一句话,"人不可有傲气,但不可无傲骨"。小明觉得,自己的爸爸就是这样的人。

附录二 写给二十岁的女儿

致二十岁的女儿

　　我在二十岁的时候,准备把我的人生感悟写成短文字作为送给自己的生日礼物,当时的想法没有付诸实施。在你二十岁生日前,我又产生了写作的冲动,因事务繁忙没能如愿。如今,我辞去了烦琐的事务性工作,在你二十一岁生日前完成了这些文章,作为送给你二十岁的礼物。岁月流转,有些内容已模糊,但你可以通过它来了解我,也希望这些内容可以给你的人生做些参考。

爱你的父亲
2017 年 10 月 2 日

红蜻蜓

　　小时候,我经常捉蜻蜓。我捉蜻蜓的水平非常高,可以用棍敲,可以空手抓,每次都有不错的收获。如果用酸枣刺摔,一会儿就收获一大把。常见的蜻蜓是黄色的,也有蓝色的和绿色的。蓝色的常在池塘上空飞,我赤脚下水去捉它。绿色的个头大,常在黄昏时分飞来,速度快,飞行周期长。我在它必经的路上设伏,几个来回后,打落了它。如此几次,它在我心中的神秘感消失了。

　　有一种红色蜻蜓,非常红,远远地飞过来,落在了地面上,让人惊羡不已、心跳不已。我小心翼翼地走过去,它倏忽一下,无声地高高飞起。不要说捉了,样子都没有看清。它在我的心目中留下了极重的印象,神秘又美好。

　　有时,我想,红蜻蜓真的很好,无瑕疵吗？我觉得它很好是不是只是因为我没看清它,没得到它而已？有一年冬天,我到南坡地里干活,看到二十米远的地边有一个红得耀眼的东西。它在冬天萧瑟的环境里格外引人注目。它是一朵花,还是一颗宝石？它甚至比花和宝石还美。但理性地分析过后,我觉得不可能是花或宝石。在冬天里,不会有花,在这荒僻的山村,也不会有遗落的宝石。

　　我提醒自己,不要去走近它,让它在心中保留美好,以免走近看见了它本来的面目而失望。可我还是走近了它,发现它是一根窄窄的红布条,可能是被车带到了这里。我发现了真相,倒也平静,因为这个结果在我的预期当中。那个时刻,我又想起了红蜻蜓,红蜻蜓果真完美吗？或是,或不是,都有可能。

　　生活中有一个你认为美好的事物,与你关系不大,不妨远远地欣赏,保留这份美好;如果与你切身相关,你要好好了解它。有的人和事物,你与其相处久了,仍感觉很好,请格外珍惜。

灰灰菜和麦莲子

　　童年时期我有一个玩伴,和我近邻。有一次,我们一起去地里给自家的兔子拔草。那次拔的草有两种,一种是灰灰菜,一种是麦莲子。

　　回到家,妈妈说我家的兔子非常爱吃灰灰菜。第二天,我们又一起去拔草,我对我的伙伴说,我拔的麦莲子给他,他拔的灰灰菜给我。他答应了,我很高兴。在玉米地里,我一会儿把自己拔的麦莲子给他,他一会儿把自己拔的灰灰菜给我,当时我的感觉好极了,兴奋又愉快。没过多久,我们的篮子都满了。看着那一大一小两个篮子,我产生了好奇心,就随手拨动了他那个大篮子里的草,发现在麦莲子下面,盖着一些灰灰菜。那一瞬间,我被一种异样的东西击中了心灵。他也很尴尬,又往我篮子里放了一些灰灰菜。随后,我们就匆匆回家了。从此,我们俩再也没能做朋友。

　　多年以后,我想,我认为应该给他我全部的麦莲子,而他认为给我部分灰灰菜就行了,我们俩不在同一个频道上。其实,最初我就不应该一厢情愿地搞那个约定。至于约定,有的人认为约了就一定要执行,不执行心里不舒服;有的人认为约是约了,执行不执行看情况,可以灵活对待。

我常常告诫自己,你付出的,是你情愿的,莫要强求对方。如果你觉得对方和自己的付出不相称,就客气地离开。

一天(人生三篇之一)

少年时期,我很留意周围人的生活状态,也从师长和书本那里了解了其他一些人的生活状态和人生经历。有的人像雄鹰一样时刻守护着自己的家和家人;有的人势单力薄却不卑不亢,不畏权贵,知书达理;有的人凭自己的才学从农村走到了城市,受人尊重却过着艰辛的生活;有的人终身干着单调乏味的工作,默默无闻。还有很多人,他们都有着各自独特的人生。

为此,我产生了一个想法,把人的一生比作一天,这一天很快就会过去,不可逆转。早晨起来,有的人想造舟渡海,一天忙碌着伐木造舟的事;有的人一整天都在麦秸垛边躺着晒太阳;有的人在树下研究蚂蚁;等等。各色各样的人,谁也不比谁更高尚,谁也不比谁更有意义,关键是不后悔。

到了中午,造船的人灰心了,觉得自己白费了半天劲;晒太阳的人发现自己错过了一场好看的戏;研究蚂蚁的人觉得自己太无聊,虚度了光阴。这是悲哀的事,不过尚可挽回,更悲哀的是等到黑夜降临的时候才后悔。

为了减少后悔的可能性,早晨我们不妨对一天的计划考虑得周全些。如果能从前人一天的经历中吸取一些经验教训,可能会考虑得更周全。

黑夜降临(人生三篇之二)

十八岁那年的某一天下午,我骑自行车从教书的岳滩镇回家。到了府店,黑夜降临。南往的人,北去的人,骑车的人,步行的人,乘公交车的人,连同道路及路边的树都淹没在了黑暗之中。

当时的情景让我想起一个寓言故事。一个伐木工被预言家告知,只要不停地砍树,就可以逃避死神的追赶。因此,他不停地砍树,毫不停歇。当他砍到第一百年的时候,看到一个赶着马车的人走过来,车上放着许多鞋子。他好奇地问这个人:"你是谁?干什么?"那个人回答说:"我是死神,为了赶上你,我已穿破了许多鞋子。"听完这话,这位伐木工倒地而死。

那时,我想,死亡就像黑夜一样,总会悄悄来临,谁也躲不过,无论你是谁,无论你干什么。我们能做的,就是在面临黑夜或者死亡时,勇敢些,从容些,不妨把它们看作一场休息。

从另一个层面想,人生而平等,都要面对黑夜,谁也无须自卑,谁也无须胆怯。

坟(人生三篇之三)

小时候,步子小,视野也小,很少走出村子。在沟里行走,沟前头还是沟,向坡上的地里去,地上头还是地。

在靠近山沟的土崖边,有一些荒凉的坟头,是我一个人不敢面对的,只有在大白天有人在附近干活时才敢远远地看。自记事起,我从没有见过谁在这些坟前哭,也没有见过谁在坟前烧纸。我推想这些是年代久远的坟,坟的主人已离去得太久太久。他们的后代也传了好多好多辈,现在活着的已记不得他们了。

我常常猜想这些坟的主人,想他们也曾在这片土地上生活耕耘,可能是一位老汉,在犁地的间歇,在地头休息,吸一袋烟,然后在鞋底上敲烟灰;也可能是一位农妇,年轻做姑娘时,曾穿着红色亮丽的衣服,提着饭罐,给地里犁地的父亲送饭。

有一天后半晌,我为了锻炼胆量,鼓起勇气走到少有人行的一块荒地,直视着地边的坟头。夕阳照着荒凉的草,渐渐淡去,我突然害怕,转身仓皇逃向村子。

当时对坟的思考我没有得出清晰的结论,但我明白了这一点:人活着就要幸福快乐,尽量不留遗憾。

摔瓶子的故事

十七岁那年,有一个星期天,母亲让我去南坡棉花地里捉虫。她给了我一个自制的镊子,一个空农药瓶,并在瓶口上拴了一根结实的细绳,然后又给我交代了捉虫的方法。

吃过早饭,我提着瓶子,拿着镊子,迈步向南坡走去。手中的瓶子在绳子的牵引下,随着我的手来回摆动,时时提醒着我它的存在。走了好一段路,我走到了一个叫花坡口的地方,离自家的棉花地已经很近了。这时,我脚底一滑,身子趔趄了一下,我觉得瓶子掉了,就松开了手,同时下意识地低头看。

那一刻,我眼睁睁地看到,我的手松开了绳子,瓶子落地,应声而碎。我顿时明白,在我身子趔趄的时候,瓶子落在了我手的上方,让我感觉不到它的拉力,直觉判断它已经掉了,其实它还在我的手中。只要我不松手,瓶子是不会脱手而出的。

一个瓶子不足惜,可惜的是一个错误的念头毁掉了一件即将完成的事。这个经历让我明白,做人做事到了一定时期,会有各种困难和各种压力,甚至会出现衰败的迹象。但不到最后,一切尚可把握,只要更尽心,更努力,更沉着,成功就在眼前。

这个摔瓶子的故事深深地刻在了我的脑海里,影响着我的思想和行为,我还把它讲给了许多可能用到它的人。

当你感觉困难的时候,是需要你更努力的时候。黎明前的黑暗比深夜还黑,但黎明就在前头。

拾金子的梦

或许是对富足生活的渴望,也可能是心底太希望帮助亲人摆脱因贫困带来的辛酸和无奈,我童年时期经常做拾金子的梦。

许多次,梦中拾了金子,醒来却不见了,心里空荡荡的。又有几次做梦,我生怕是梦,捂紧了口袋,可醒来后,口袋仍是空空如也,心里满是失落。

有一次,我又拾了金子,担心是梦,捂紧了口袋,直到天亮,再看口袋,金子还在,我欣喜异常,可这时,醒了,还是梦。当时,难过得想哭。从此,再没有做过类似的梦。

人生旅途中,我从没有放弃过对财富的追求,但从不相信轻巧的付出会有巨大的收获,更不相信不劳而获。拾金子的梦告诉我,财富是人人都向往的,但它绝不会无缘无故地来,绝不会。

走路的梦

少年时期,有时候会跟着家长干一些农活。由于年龄小,干活少,有几样活让我心生畏惧。比如说拾红薯片,拾了一片又一片,怎么也拾不完。眼看天黑了,还有白花花的一地。再比如说剥玉米,门过道里堆了一大堆玉米,需要一个个把苞叶剥开,理顺。剥了许久,也不见少,眼看瞌睡了,还有一大堆。还有锄地,也是这样,一锄一锄,锄了许久,没锄的地还有很长很长。

那时晚上,常做走路的梦。梦里要到一个地方去,走啊走啊,非常枯燥,非常无聊。走了很久,两条腿几乎都迈不开步了,可目的地还在很远很远的地方,似乎这一生也走不到头,每次都是没走到头就着急醒了。醒后,心里很不爽。

后来大了些,不怎么怕干活了,心里明白,再多的活也有干完的时候,何况活并不多。拾红薯片或剥玉米的时候,我会把任务分成几部分,一部分一部分去完成,时时体会到成功的快乐,倒也不觉得烦。锄地的时候,我过一会儿看看锄过的地,它们十分松软,让人赏心悦目,并且越来越多,让人很有成就感,激发了我继续锄下去的力量。有时我在前面设置一个不远的目标,一鼓作气完成,然后奖励一下自己,停一会儿,看看风景,再来。这样就不觉得太累。

人生的一个个目标自然让人向往,然而实现它的一步一步、一天一天却很单调。我们能做的,就是愉快地接受这一步步、一天天,正是这一步步、一天天把我们带到了一个个目的地。

走路的梦长大以后就没再做过,以前因走路的梦带来的不快也从心底彻底消散。

多年以后,一个远在美国的老华侨给我通了一个电话,谈话中提到一句老话:馒头一个一个吃。我立马明白了这句话的道理,并把它作为一句格言记下。

《梁祝》

少年时接触的各种各样的故事中,《梁祝》对我的影响最深。我有时觉得,在我灵魂深处,原本就住着一个《梁祝》。

大多时候,我并不痛惜梁祝之死,因为他(她)们能那样爱、那样被爱就已经足够幸运。古往今来,这样的爱情世所罕见。当然,无论何时,我都不会无谓地去死。我认为,在当今社会,真爱是不会被阻止的。

现实中,我们很难遇到《梁祝》里那样的爱情,遇到了,就一定要珍惜。

二十岁以前,我只要没有任何附加条件的爱情,意中的她对我如此,我对她的爱加一万倍。若她对我的爱有任何游移,我立马驻足不前。我不愿勉强别人,也不会勉强自己。

二十三岁以后,我寻找的是人生伴侣,彼此能吸引,能接受,能宽容,共担当,讲良心,守信用就行。然而,我对《梁祝》一样的爱情的追求从没有变过,我一直精心经营着自己和自己的家庭,希望有朝一日,自己和伴侣能像梁祝一样相爱。

世俗的世界太强大,人的各种欲望太多,精神的我能存在已实属不易,要想超凡脱俗,无所羁绊,实在是难。

庆幸的是,精神的我顽强地活着。这中间,有《梁祝》故事滋养的缘故。

一段学习经历

我小学时学习成绩非常好。到了初中,由于骄傲与调皮,和英语老师较上了劲,初一下学期到初二全年,几乎没学一点儿英语。初二升初三,我数学考了满分,英语只考了十七分,那十七分也全是猜的。

暑假放学回家,父亲很担心我,让我两个堂哥劝我好好学习,还带我去求教村里的一位英语教师,并托人去省城给我买回了英语复习资料和英语唱片。这些对我都没有起到什么实际作用,但父亲的期待和忧虑击中了我的良知,激发了我的斗志。

在那个暑假里,我按照哥哥的命令,在自家靠沟边的一个窑洞里苦学英语。从初中英语第一册书背写起,反复记忆,反复巩固。第一天就背写了七八课的内容。第二天先重复背写前面记住的所有内容,然后继续背写新的内容。第三天仍背旧记新。如此滚动,坚持了十九天,背了三册半书,然后接到了提前开学的通知。

到了学校,我的英语已达到了中等偏上的水平。问到单词,张嘴就来,虽不会发音,但会拼读字母。经过一年的初三生活,我顺利考上了中师,创了一个应届生的中考奇迹。

作为一个后进生转先进的典型人物,我的事迹被母校老师传扬了十四年,以激励学弟学妹们中的后进者。直到我回母校教书,当年的老师才不好意思拿我做例子。

这段学习经历对我的学习观起到了极大的良性影响。后来,我参加高等教育汉语言文学专业自学考试,十五天自学了四门大学课程,全部通过。

没过多久,我决定文理兼修,拿数学本科文凭。复习高中课程十五天后,我参加全国成人高考,成绩遥遥领先,在县内总分排第二名,数学九十八分,离满分只差两分。

以上这些经历不断提振着我的自信心。有一段时期,我认为,只要是自己想干的事情,就一定能干成。

多年以后,我系统学习了有关学习的理论知识,这些知识让我明白了两点:一是自己当年的学习方法恰恰符合了记忆规律,二是学习成功的关键来自"非成功不可"的信念。

五毛钱

初中时,我给自己定了一个规矩,一年不吃冰糕。那时的冰糕很诱人,又冰又甜,可我坚守规矩,一年没吃一块。有一天,老师带着我和几个同学到镇上拉书,路上老师买冰糕给我们吃,我坚决不吃,让老师觉得我很奇怪。

十五六岁上师范的时候,我拿我爱吃的花生练自制力,坚持一年一颗花生都没有吃。

记忆中有关五毛钱的事我很看重。那时也是在初中,一个星期天,父亲给了我五毛钱,让我去西口孜村赶会,自己看着买点儿东西。我拿着五毛钱,挤过了长长的街,又挤了回来。

当时临近年关,会上几乎全是好吃的东西,特别是有好几个水煎包摊,一个水煎包五分钱,那油香,那白虚虚的面,那肉馅,非常吸引人。面对美味的诱惑,我不为所动,一分钱都没花。

我当时想,五毛钱可以买更有用的东西,家里的钱并不多。不过,更深层次的原因是我想验证我的自制力。

有所为,有所不为,我一直在修炼,效果还不错。我不想成为一个没有节制的人,那样的后果太可怕。很多人认为我不同于常人,我认为,所不同的是我一直在努力做到管住自己。

妈妈的桑叶

上初二时,好多同学都喜欢上了养蚕。从那芝麻粒儿大小的蚕卵中孵化出的蚕宝宝一天天长大,一次次蜕皮,吃得越来越多,越来越快,让年少的我们喜出望外。我们利用课余时间,在学校附近采桑叶,费了许多精力,想尽了各种办法。很多同学采不到桑叶,放弃了养蚕,或将蚕送人,或送回家。

我坚持的时间最长。为寻找桑叶,我常常走到少有人行的地方去,总有更多的收获,使养蚕的游戏得以延续。这样也耽误了不少学习时间,可我仍不想放弃。

有一天回家,我对妈妈说,学校里学生物,做实验,让学生养蚕,需要桑叶,让妈妈帮我采一些。当时,我知道妈妈很忙,早上很早去地里干活,中午在地里喝点水吃点馍,下午继续干。晚上回来得很晚,回来后,还要做饭,蒸第二天吃的馍。尽管如此,我还是向妈妈提出了要桑叶的要求。

我原本这样想,妈妈在地里干活的时候,顺便采些,放到家,我星期天回家正好用上。谁知,星期三的中午,天气还很热,妈妈背着一捆桑叶送到了学校。家离学校七里地不说,妈妈在繁重的劳动间歇,特意跑到离村很远的沟里采了这一大捆桑叶,怕误我的事,立马给我送来,来回的路程恐怕有二十里。

看着妈妈满头大汗的脸,我没敢说什么。等到星期天的时候,我把蚕带回了家,告诉妈妈,老师不让在学校养蚕了。

妈妈的桑叶让我明白了什么叫亲情,什么叫真爱,也让我在内心告诫自己,不要用一些无谓的事去给别人增添负担和麻烦。

蚕送到家以后,我没再想有关养蚕的事。过了一段时间,又一个星期天,我回到家,妈妈掀开帘子让我进屋看,一把倒放的竹扫帚上,结满了蚕茧:红的、白的、黄的、姜黄的、粉红的,煞是好看。

那个时刻,一家人共享着收获的幸福和快乐。

二伯的鞭子

我刚出生时,家里有十九口人。我记事的时候,大家已分成了小家:大娘、大哥他们一家六口人;四爷、二伯、二娘他们一家八口人;奶奶、爸爸、妈妈、我、我妹妹,一家五口人。

刚分家时,大家还是住在一个院子里,奶奶是家里最受尊敬的长辈,二伯是家里最有权威的长辈。

二伯平时对孩子们很温和,但严厉起来,家里家外的人都怕他。有一次,我二哥,也就是他的亲儿子犯了错,受到了他严厉的惩罚。

二伯维护家庭的担当精神给年少的我注入了勇气和胆量。

严厉的二伯对我奶奶特别孝顺,每天晚上,我都见二伯走到奶奶的窗前,轻声细语地问:"娘,歇了没?"等听到奶奶的回声,他才慢慢地离去。这一幕深深地印在我的脑海中,成为我永远的记忆。

有一天下午,我放学后在村边玩,妈妈叫我和她一块到地里拔草,我不想去,拒绝了妈妈。正在这时,二伯走到了我们身边。他犁地回来,拿着鞭子,看到我不听妈妈的话,就立刻翻脸,举起鞭子,在空中狠狠一甩,发出一声尖利的脆响。我一下子给吓哭了,只好乖乖地上路,跟着妈妈去干活了。路上,妈妈安慰我,说二伯不该那样严厉,吓着了我。其实我心里正为有这样有担当又勇武的二伯而感动。

孝道维护了人类秩序,确实重要,但未必出自人的本能。培育孝心,一方面要挖掘人的善根,另一方面要言传身教,强力维护。

想起二伯的时候,我也常想起二伯的鞭子。

朋友

我是家里唯一的男孩,有两个妹妹。妈妈在我少年时期多次告诉我,要交几个知心朋友,好有个伴。因此,我总是主动去结交朋友,也交了不少朋友,知心的也有几个。

交朋友不能只看他是否对你好,要看他是否善良,是否善待父母,是否善待他人,是否讲道理,心中是否有国家、有集体。

朋友是否真心要看他是否敢于批评你。我有一次说话,可能潜意识里有埋怨家庭条件不好的意思,我一个朋友就立马严肃地批评了我,几乎要和我绝交。他的批评让我终身受益,我们俩也成了永远的朋友。

朋友要经得起时间的考验,有些人,有些事,是会变的。缘聚缘散,顺其自然,黄沙淘尽始见金。

有一个朋友,上学时我羡慕他的沉稳和大气,想接近他,和他做朋友,他却反应冷淡。毕业后,他竟主动和我联系,让我欣喜不已,我们最终成了朋友。

交朋友这件事,不强求,更不乞求,该来的自然会来。牵挂别人,也被别人牵挂,这是我对人生、对交朋友的理解和坚守。

一本书的影响力

小学时我订了《中国少年报》,可以了解外面的世界。我还有一个收音机,可以听《小喇叭》《星星火炬》等节目,学到了不少知识。

父亲还给我买了一本书——《中国古代寓言故事》,这本书对我的思想形成起了奠基的作用。这本书中有许多故事,比如《望洋兴叹》《自相矛盾》《曾子杀猪》《揠苗助长》《守株待兔》《惊弓之鸟》《南辕北辙》《掩耳盗铃》《邯郸学步》《杞人忧天》《鹬蚌相争》等,我一直记忆犹新。

有一些故事,我虽没有记住名字,但其中的情节和道理深深地影响着我。

有一个故事是这样的:一个人开了一个酒馆,酒好,价钱公道,店又在路边,交通便利,服务态度也好,但是生意却不好,非常冷清。为什么呢?有人指出,他店里有一条恶狗,整天对着过往的行人叫,吓得客人不敢来。可这些情况,他本人却觉察不出来。

这个故事是在提醒人们察觉团队里的小人,也是在提醒我们要警惕自身性格上的缺陷。生活中,这种情况真不少。

随着年龄增长,我觉得这些故事讲的不是儿童世界,更不是虚幻的,而是活生生的现实。它们或警醒,或鞭挞,或指引,一个个都是人生的导师和助手。

用故事来讲道理是一个管用的好办法。中国古代的思想和哲学确实是一座宝藏。

附录三　心路历程

人生不易

在过往的历程中,我听了很多话,也说了一些话。现在有许多话要说,想说给需要的人,也希望借此体现自己的价值,给那些有追求、重情义、善良却有些犹豫不决的人以激励。

生而为人实在是不容易。人有着血肉之躯,又有着丰富的情感和精神,此二者大体上和谐统一,有时却不免矛盾冲突,这是为人之难。

人都是以个体的形式存在,有着与生俱来的独立性,而生存让每一个人都不可避免地具有社会性,此二者的和谐相处需要一个艰辛的修炼过程,这也是为人之难。

一个人在生命历程中很难绕过和这些人相依相伴:你的父母,你自己,你的伴侣,你的孩子。和他们相依相伴是人生的必需、人生的温暖,同时也是对人的考验、对人的修炼。能经得起这些考验,修炼成功,需要一定的智慧、一定的定力、一定的韧性。这也是为人之难。

人生不易,我们却要快乐和幸福。如果此时此刻不快乐,也不幸福,那我们一定正在追求快乐,追求幸福。这就是生命的意义。

我不赞成及时行乐、"今朝有酒今朝醉,哪管明朝喝凉水"的人生态度。我觉得这是一种悲观绝望的人生观。人应该追求长远的恒久的幸福,为此,我们当前要吃更多的苦,受更多的累,耐更深的寂寞。其意义不仅仅在于美好的结果,其过程也很快乐。这是我的感受,也是我的认知。

说点题外话

亲爱的朋友,由于近段比较繁忙,我不能如期完成今天的家教课程,以后很可能还会有这种情况,希望大家能谅解。

同时请大家放心,我会一如既往地努力完成我的家教课程计划,给大家奉献出一份相对完整的家教课程。

我现在任教的八年级学生,个个都非常可爱,非常有前途。他们的家长也都非常重视孩子的教育,和老师配合得很好。

家长们对我这个班主任和我的几个优秀的同事给予了热切的期望,期望我们能以最好的教育让他们的孩子成人成才。他们的心情我感受得很真切,我也会竭尽全力去满足他们的期望。

现阶段,我的学生正处于发展的关键期,需要老师更多的呵护和帮助,需要老师用更多的时间去备课,去思考针对性的教育方法,这就让我每天写关于家教文章的时间不那么充足了。

由于写作能力有限,我写一篇家教文章往往需要八个小时以上,平时主要靠晚上和白天挤出的零星时间来写作,现在每天很难挤出这么多时间了,我又不愿将就,更不会放弃,因此改变了计划,不局限于一天一篇,但会尽力而为。

亲爱的朋友,人生就是用来奋斗的,奋斗的人生才会是幸福的。为了我们的家庭,为了我们自己,也为了我们的祖国,让我们一起努力奋斗吧!

王家三兄弟和珍珠果树

话说王家三兄弟有一个大表哥在外面打拼数年,衣锦还乡。王家三兄弟奉父命前去拜访表哥,一是为探望,二是为学些经验。

他们三兄弟见到大表哥,受到了热情的接待。大表哥对他们说,他在外面经过多年研发,培育出一种珍珠果树。它所结的珍珠果不仅美味可口,还能延年益寿,因此价值很高。他现在之所以能富甲一方,功成名就,主要是靠种植和培育珍珠果树,说着就拿出一些珍珠果来款待王家三兄弟。这三人品尝之后,都感觉珍珠果味道鲜美,令人心旷神怡。

王家兄弟品尝过珍珠果以后,王老大对大表哥说:"表哥,这样的美味只有我一个人品尝很不尽兴,是否可以让我带走一些,让你的弟妹和表侄也尝尝鲜?"大表哥听后满口答应,让家人给王老大装了满满一口袋珍珠果,王老大喜滋滋地回家了。王老二向来谦虚好学,他对大表哥说:"表哥,珍珠果树是否有种子或树苗?怎样培育和种植?你能不能给我一些种子或树苗,并告诉我种植的方法?"表哥一听满心高兴,就悉心向王老二传授了珍珠果树的培育技术,并给了他一些种子。王老三一向随意,他认为大表哥的成功靠的是运气,也不相信大表哥会把经验传给他们,就和大表哥客套了几句话,然后告辞回家了。

后来,王老大一家享用了一个月的美味,又去继续寻找现成的果实。王老二在大表哥的指导下,勤奋钻研珍珠果树的种植技术,成功培育出了珍珠果树和一些相关的树种,创造了巨额财富,并且带动了一方人走向了富裕。而王老三却因为总把人生际遇归结为命运,从不相信别人的经验,也不努力打拼,整年累月过着随波逐流的日子,日复一日,年复一年,渐渐穷困潦倒。

这个故事给我们的启示是:人生其实是可以把握的,只要我们谦虚好学,勇于实践,人人都可以迎来更加美好的明天。

新年献礼篇——致粗糙的生活

平时我和妻子都在寄宿制学校上班,吃住都在学校。到了星期天,我带着小女儿回家,和母亲团聚。妻子一般留在学校,处理一些家庭杂务。

母亲是一个很传统的人,固守着一些老规矩,对我、妻子,乃至我的孩子都有诸多要求。母亲表达要求的方式一般有三种,或唠叨,或斥责,或施以颜色。对于母亲的这些言行,我或顺从,或委婉地劝解,或耍小孩子脾气,向母亲叫屈诉苦,让母亲心疼我,不再生我的气。我的女儿有时听奶奶的话,有时不听。在她们双方僵持不下时,我在中间做调停人,或向着女儿,或向着母亲,往往是一边满意一边不满意,甚至是两边都不满意。妻子是个平和又有个性的人,对母亲的要求一般不太满意,但她也不明着反对,或默不作声,或勉强应对。这些应该是她不常回家的根本原因。女儿和我回家的次数多了,渐渐觉察到了其中的问题。有几次,她要求妈妈和我们一块回家,妻子总是借故推托了。

戊戌年的腊月二十三,我和妻子以及五岁的女儿一块回到了家,开启了又一次的新年家人团聚时光。对此,我既兴奋快乐,又有一些隐隐的担忧。为什么兴奋快乐自不必说,担忧的原因是怕亲人不和,我又无能为力。

在各种物品摆放完毕以后,母亲忙着给我们倒开水,我和妻子、女儿围坐在小桌子旁边。这时我的女儿说:"妈妈,你要学会适应粗糙的生活。"我和妻子听了女儿的话,都大感惊奇。我问女儿:"什么是粗糙的生活?"女儿答:"家里的生活不就是粗糙的生活吗?"我接着问:"为什么说家里的生活就是粗糙的生活呢?"女儿说:"奶奶说的话不就是粗糙的吗?"听到这,我和妻子都笑了。我接着问:"你适应了奶奶的话了吗?"女儿骄傲地说:"我早都适应了。"我想了想,问女儿:"为什么要你妈妈适应这种粗糙的生活呢?"女儿答道:"因为这是我们的家,我们只有这一个家呀。"这时,我给女儿鼓起了掌表示肯定,我的妻子也笑着跟我鼓起了掌。

不知不觉,又过了八天,时间已到除夕。这八天,我们一家三代人相处和谐,幸福无边,让我的整个身心都浸润在愉悦和兴奋之中。对于此,我深深地感恩我女儿口中这个粗糙的家,感恩我的母亲、我的妻子、我的女儿,也感恩我自己。

还有一件事让我大为惊喜。我的女儿在这几天进步很大,具体表现有:看电视很有节制,吃饭很主动,不再一直缠着父母,会在奶奶指导下做一些简单的家务,等等。我细究其中的原因,觉得这里面暗含着三代之家的幸福密码。

在三代之家中,位于中间一代的夫妻给自己的孩子演绎着做孩子的状态:被管着,也有不情愿,会讲理,会顺从,会折中,对长辈始终充满着敬畏和爱戴,一句话,就是给孩子做着怎样做孩子的榜样。这样可以让孩子在现时现地学习和模仿。而在纯粹的两代之家,父母可以给孩子做各种身份的榜样,但却不能现身说法地做做孩子的榜样。这不能不说是一种缺憾。

什么是最好的家教？好好生活就是最好的家教。生活原本是粗糙的，不可能一开始就是理想状态。我们所能做的，就是好好生活，努力去追求相对理想的状态。不经意间，生活会有一个华丽的转身，让你欣喜万分。

中考、高考的应对策略(一)

上学不是我们唯一的出路，个人的发展从根本上来说不决定于学校层次的高低。我们上学，我们追求上好的学校，是因为要给人生更多的选择，要给实现人生的选择更大的可能。如果我们之前有些事没有做好，这很正常。因为我们现在成长了，进步了，眼界高了，因此会看到过去存在的问题。这不很自然吗？

然而现在，我们要好好把握。明天的一切结果都决定于当下，昨天的经验教训我们已经了然，这就是我们要做好现在的原因和能做好现在的基础。

以下是我有关中考、高考高效考试及考前一个月高效复习策略的主要观点。

第一，中考、高考高效考试的首要原则是考生要做到心理稳定，应对有章法。

第二，中考或高考考前一个月高效复习的首要原则是考生要认真对待每一天，让每一天都有具体的收获，让每一天都有好心情。这是在为达成中考或高考高效考试的首要原则打基础。

第三，考前一个月的复习要有取舍的智慧和勇气。不攀扯过于难的，不过多关注已经烂熟的。要重点强化细节和规范，训练已会但不熟的，弄通将会但还不会的。用有限的时间做有限的事，做有效的事。

第四，为了达到观点三的目标，要花一些时间结合自己的学情制订一个简单可行的复习计划。

第五，中考或高考的目标要确定为尽量把会做的题做对。不要攀高，否则徒增烦恼。

第六，考试做题分三轮，按顺序先做熟悉会做的，做会做的题要慢、要稳、要细，力争一遍做对；第二遍做会做但有一定难度的，此时考试学科的知识体系经过第一轮做题时的回忆、思考和运用,已在头脑中活跃起来,正是做好题的大好时机,沉下心,细推敲,要一道一道拼下来;二轮过后如果还有时间,可以力拼难题,对难题要放开思维,大胆下笔,做出来是赚,做不出也不赔。

第七,客观对待老师的复习要求,内容已熟悉的再练一遍,也是温习的需要;内容过难的听一听,会则会矣,不会也不急不躁。

第八,平时模拟考的目的是查漏补缺,不要太在意分数和名次。考后重点解决那些在有限的时间内能解决的问题。

第九,计划可以尽量完善,执行却一定会有意外。复习和考试难免会有不如意的地方,但一定不要气馁。要坚持到最后一刻,不要因自己放松或放弃而留下任何遗憾。

中考、高考的应对策略(二)

考前一个月,时间很有限,要用有限的时间做有限的事,做有效的事,具体来说就是要抓住平时考试遗憾丢失的分数。

这些遗憾丢失的分数涉及一些规范和细节、类型题及知识点。其详细的情况和应对的办法如下:

第一类是规范和细节。为了避免在中考或高考中因书写差、格式不规范、细节错误造成失分,就要在平时做题或模拟考中,注意格式,把字写好,做到稳、慢、细,以把题做准做对为目标,不要贪多求快。如有错误,找出原因,及时纠正。

第二类是会但不熟的类型题。对此要集中练习,可以在中考或高考往年的真题集或模拟题集中,把这些类型的题一次找出七八道或十来道,一次或两次做完,然后对照答案,自查自纠。做后要总结得失,对相关知识点要加强理解和记忆。

第三类是将会还不会的知识点。对此要阅读课本,反复比对,找出规律,强化记忆。知识点掌握后要及时找相关模拟考题练习,在学中用,在用中学。这个过程就像攻山头,要全力以赴,坚决拿下。这样做不仅能拓展新的增分点,还能够提振信心。

中考、高考的应对策略(三)

我的母亲是一个朴实的农民,她经常给我讲一些上一辈人的故事。有一个故事,是关于我姥爷的,母亲给我讲了多次。

我姥爷家在一个偏僻的小山村。姥爷平时务农,闲时割草,然后把草挑到几十里外的集市上去卖,换一些钱贴补家用。在姥爷赶集的路上有一个小饭店,他每次卖完草返回,总要到饭店吃一碗热汤面,再走完最后十来里路程回家。

有一天,姥爷又一次卖完草回家,路过饭店时没有像往常一样走进去吃饭,而是直接回家。他当时的想法是省下吃饭的钱。结果,那一次他走在路上,脚步越来越沉重,十来里的路就像几百里一样,好像永远也走不完。走着走着,他感觉腿脚发软,浑身无力,头晕眼花。当时,他怀疑自己得了病,快要不行了。后来他终于到了家,吃了一些饭,才恢复了体力和精神。到那时他才知道,他之所以中途有那么强烈的不适感,就是因为少吃了那一碗热汤面。从那以后,姥爷每次去赶集,又和以前一样,在返程时到小饭店吃一碗热汤面,不适的感觉再也没有出现过。

姥爷把他的经历告诉了我母亲,并告诫她挑重载走远路要带上一些干粮,中途吃点东西,补充补充体能,一路走来就会非常有劲儿。后来,母亲又把这个经验告诉了我。

中考或高考十分重要,决定着能不能上一所理想的高中或大学。在中考或高考中取得理想的成绩不是一朝一夕的事,需要数年的努力和准备。

那么,考前一个月的复习能起多大的作用呢?我的答案是,一碗热汤面的作用。这碗神奇的热汤面,能调动你多年的知识储备,使你在中考或高考中精神抖擞,劲头十足,勇往直前。

这就是中考或高考中经常有人大幅度提升成绩的原因,也是我给大家介绍中考、高考的应对策略的意义所在。

朋友,初三或高三的孩子一路走来,不管现状如何,都非常辛苦,非常不容易。请再一次给他(她)安慰,给他(她)鼓励,给他(她)帮助,用你的言行告诉他(她),你爱他(她)。

加油!

母亲,母亲——致我的祖国

母亲,母亲,您那么古老,又那么年轻。在我的心目中,您就是一只凤凰。五千年的灿烂辉煌,五千年的风雨沧桑,让您无比博大,也让您无比坚韧。一次次的历练让您的翅膀更加有力,一次次的灾难来临您都能浴火重生。

公元1949年10月1日,您又一次在灾难重重的神州大地上站了起来。从那时起,四万万中国人踏上了光辉的历程;从那时起,中华人民共和国,您,就是我们中华儿女共同的母亲。

我的爸爸生于1942年4月,我的妈妈生于1947年3月,他们都是贫苦人家的孩子,是您让他们摆脱了贫穷和愚昧,是您让他们扬眉吐气,获得了新生。

我的爸爸十八岁那年成了一名解放军战士,部队这所大学校,不仅锻炼出了他强健的体魄,还锤炼出了他钢铁般的意志。爸爸从部队复员后,回村参加劳动。有一天,他在日记中写道:"不管是体力劳动还是脑力劳动,都要尽自己应有的力量去工作,这里面来不得半点虚伪。例如你在体力劳动方面,本来你能做的事情,你没有拿出全部的力量去做,使别人看到不顺眼,自己也会感到不舒服。"

我的妈妈十四岁时上了村小学,第一次考试,语文和算术两门,她考了双百分。尽管她最终只上了两年小学,但上学的经历成了她最美好的童年记忆。在我小时候,妈妈教我她小时候学过的儿歌,我一直记得特别清楚。"劈劈拍,劈劈拍,大家来打麦,麦子好,麦子多,磨面做馍馍。馍馍甜,馍馍香,吃馍不忘共产党。共产党,毛主席,我们向您来报喜。一报麦子又丰收,二报磨面用机器,三报队里添了个拖拉机。"

我,一个20世纪70年代出生的人,生在新中国,长在红旗下,我感到特别幸福,特别幸运。爸爸和妈妈的养育让我有了结实的身体和独立的精神,学校老师的栽培让我明晰了人生的航程,让我明白了要做一个怎样的人。

上小学时,冬天里的一天,我走进小学校长吴应军老师的住室兼办公室,发现他的被子叠成三折整齐地摊在床上,被子的末端用一根绳子捆着。很显然,这是吴老师应对被子短采取的保暖办法。看着吴老师寒酸的生活条件,想到吴老师平时对工作的认真、负责,我的心里生起了一种莫名的力量和感动。

在我村的小学工作时,吴老师除了正常的教学和管理工作,每天上午的课间还会在校园的小黑板上写几道数学思考题,让学有余力的学生去钻研。中午饭后到下午上课前这段时间,他会饶有兴趣地和几个爱好数学的同学探讨交流。吴老师这个教学举措,让我受益良多。

丁朝龙老师是我初中二年级的班主任兼语文老师,他是一个坚强又有激情的人。他对学生严而有爱,教学精准并且有趣味。更为可贵的是,他注重对学生的思想引领。当时,国家倡导"五讲四美三热爱"活动,他领着我们搞得扎扎实实。

有一段时间学校的机井坏了,没有水。丁老师作为一名普通教师,主动带领其他老师和部分学生到几里外的村子里去拉水。当时天阴路滑,又是半夜三更,丁老师领着拉水的队伍,一架子车一架子车地拉,硬是在天亮之前拉足了水,没有让三百多名师生的吃饭受影响。

丁老师教我们时家庭负担很重,他的父亲卧病在床,他把父亲带到学校照顾。上班教育学生,下班照顾老人,尽忠与尽孝,他都做到了,唯独苦了自己。

丁老师曾多次找我谈心,引领我战胜了一些成长中的困难和挫折,激发了我的信心和向前的勇气。在丁老师办公室的案头,我见到这样几个字:忠诚党的教育事业。从那时起,丁老师为人处世的诚心与精神,成了我一生学习的榜样。

我十五岁那年上了县里的师范学校,遇到了年近六十的李现奎老师。李老师是一位语文老师,德高望重,学识渊博,全校师生都很敬重他。

有一次,李老师把我班七八个学生叫过去,给了我们一些课外读物,让我们每周抄写一篇文章。以后每个星期天的晚上，他都会把我们召集在他家的小客厅里，让我们轮流讲解所抄写的文章，最后由他给我们指导点评。这件事持续了半年多，直到我们临近毕业才告一段落。

当时我有些困惑，不明白李老师为什么要牺牲休息时间来关心我们、栽培我们，只知道我们这些人有一个共同特点：家在山区，家庭条件不太好，学习都很勤奋。

现如今，当年一起跟着李老师学习的同学们都在教师的岗位上为社会做出了各自的贡献。可我敬爱的李老师，却从没有再见。

母亲，母亲，这真是神奇。吴应军老师，丁朝龙老师，李现奎老师，我没有给过他们一分钱，甚至都没有来得及说一声"谢谢"，可他们却为我，为他们的学生们，付出了百分之百的心血。多年以后我明白，是您哺育了他们，而他们也用一颗赤子之心回报着您。

1988年8月我参加了工作，成了一名光荣的人民教师。那时，我作为一个中师生，执教重点初中的课程，有点力不从心。好在李中振校长及时帮助了我，他不仅在生活上关心我，还想方设法促使我在教学业务上有所提高。李校长一方面向我悉心传授在教学管理上的诀窍，另一方面安排我听全校所有优秀数学老师的课，最重要的是，他总会严厉地指出我在备课和讲课上的不足。在他和其他同事的帮助下，我对自己的工作有了信心和底气。参加工作的第一学期结束，李中振校长让学校的总务主任张老师找到我，给了我一个大号的搪瓷茶缸，告诉我说："你是校级模范，这个茶缸是你的奖品。"那个时刻，我能感受到学校领导对我的关怀和激励。时至今天，这份关怀和激励还发挥着强大的力量。李中振校长在我任教两年后就退休了，我现在也调离刚参加工作的那所学校很多年。几年前，我顺利评上了中学数学高级教师。我明白，我今天的成绩有当年李中振校长栽培的功劳，心里对他充满了感激。

母亲，母亲，这又是您造就的奇迹。没有血缘，也没有好处和利益，却能对后辈无私地关心和栽培，李中振校长做到了，还有千千万万像他一样的人也做到了。

为什么会这样？因为母亲您啊。在您的观念里，一切属于人民，一切为了人民。我始终坚信,您的旗帜和精神一定会薪火相传,万代千秋,照亮整个人类。母亲,母亲,作为您的一名儿女,我享受着您的眷恋和照顾,打心眼里感激您,喜欢您,爱戴您。我常常这样想,我拿什么回报您啊,我的母亲。

作为一名光荣的人民教师,我的工作宗旨是:为了学生的成长,为了社会和国家的需要而工作。我时常用这样一句话勉励自己:作为一名教师,不仅要考虑到学生的现在,还要顾及学生的将来,总之,要给学生留下多年以后怀念你的东西。

工作至今,我已从事教学工作三十二年。这三十二年,我始终不忘初心,教书育人,爱岗敬业,勤勤恳恳。也许在平常人的眼里,我已为社会和国家做了不少的贡献。然而,我觉得我做得还很不够,我决心要用尽毕生精力,为您,为使您更加美丽和富强而奋斗!

母亲,母亲,为什么我爱您这么深,因为您是我的母亲。生身母亲养了我的身,您给了我精神,还给了我整个世界。

母亲,母亲,明天是您的生日,您的儿女都为您欢欣鼓舞,我也不例外。在今夜,我用自己的方式,写一篇深情的文章,为您高唱赞歌。

2019 年 9 月 30 日

在家学习的智慧

在家学习,采取什么方法好呢?采取自己学习,然后给父母讲,并且和父母沟通交流的方法就很好。曾有学者研究了各种学习方法的吸收率,其中,转教他人或者立即运用的吸收率最高,能达到 90%。

20 世纪 80 年代,江苏省一位民办教师曾用"先学后教,当堂训练"的理念和方法带出了一批批学习优秀的学生,又用这种方法把自己的三个基础较差的子女培养成了优等生,一个个考上了大学。后来,他把这种理念和方法推广到了全校,硬是把一个六个班两百多名学生的农村联办初中发展成了有四十七个教学班两千五百多名学生的名校。这个老师叫蔡林森,因为卓越的办学成就,他于 2005 年被评为全国中学十大明星校长。蔡林森老师的成功固然离不开他自身的努力和其他诸多因素,但核心的力量是其"先学后教,当堂训练"的理念和方法。那么,为什么这个理念有这么大的威力呢?大家会有这样的经验:心里明白的道理不一定能说出来,能说出来的道理不一定能写出来。为什么?因为后者比前者有更高的要求。如果一个人把自己学会的道理教给别人,要求就更高了。这需要这个人把所学道理真正搞明白,知道这个道理是什么,为什么是这个样子的,它有什么用,用什么方法可以掌握它。这样就会促使这个人主动、自觉、高效地学习,就像老师在备课一样。在他教别人的时候,他一方面复习巩固了刚学的知识,另一方面在讲解过程中会发现并纠正自己最初学习时所存在的偏差,还能够在和学生的互动中对所学道理有新的理解。以上这些应该是"先学后教,当堂训练"这个理念和方法有巨大威力的内在原因。有一个说法是"教一遍胜过学十遍",说的正是这个道理。

在班级教学中,教师会尽可能给学生们提供发言和讲题的机会,还会把学生分成小组,让学生们在小组里互相讲题,交流讨论。这样做可以充分调动学生学习的积极性,提高学习的效率,其原理如上所述。由于一个班级学生多,而一节课的时间又有限,不可能让每个学生每节课都有先学后教的机会,这是班级教学的一个局限,也是一个缺憾。让孩子当老师,我们当学生,尝试"先学后教"这种高效的学习方法。有的家长可能会说自己啥都不会,听不懂怎么办?这个不用担心。因为我们主要是做孩子的听众。我的一个忘年交朋友,今年已经将近八十岁了。他教子有方,三个孩子都学有所成,其中一个孩子上了清华大学。他有一个方法,就是让每个孩子放学回家给他讲在学校所学的知识,包括英语。可是他对英语一点都不懂。我后来问他这样做的意义,他说,我虽然不懂,但我可以听出来他讲得流利不流利,掌握得熟练不熟练,关键在于给了他一个实战演练的机会,让他得到了锻炼和提高。大家想一想,是不是这样?

孩子当老师,家长当学生,还可以起到互补的作用,产生神奇的力量。学生在小学和中学时期,所学科目大部分都与生活和现实息息相关。有些学生的某些科目学得好,往往是因为他在这方面有积累有兴趣;有些学生的某些科目学得不好或者学不进去,往往是因为他在这方面积累少,兴趣不足。一般情况下,孩子们的生活积累少,阅历也不够丰富,而家长们则往往有丰富的积累和阅历，只是缺少理论支持。孩子当老师，家长当学生，进行沟通交流，正好可以互通有无，对双方都是促进，何乐而不为？

我班有三个学生分别具有物理、政治、历史这三方面的特长，都曾多次考出班级单科第一名的好成绩。我经过调查了解到，他们都有回家和父母聊学习的习惯，其中他们喜欢的科目聊得最多，他们的家长也特别喜欢听。行动起来，采用高效的方法，做想做又能做的事情，这就是生活的智慧。

好的教育之我见

什么是好的教育？有人说好的教育应该是培养终生运动者、责任担当者、问题解决者和优雅生活者，给孩子健全而优秀的人格，使孩子赢得未来的幸福，造福国家社会。我认为这句话虽然立意很好，体现了立德树人的教育方针，对教育的实施和发展有一定的指导意义，但这句话表达的内容并不全面，需要有所完善和补充。我的观点是：好的教育要培养自主养生者以及终生运动者、职责分明者以及责任担当者、苟且生活应对者以及优雅生活追求者。

自主养生者是指对生命的意义和本质有理性的认识，具有身体以及心理健康常识，能自觉维护自身生命健康并使之最大限度发挥价值和力量的人。很明显，身心健康是一个人生活幸福之基石，国民身心健康也是国家富强之基石。终生运动是自主养生行为的一个重要部分，但不是全部。生活中，有不少喜欢运动者并不注意日常养生和保健的细节，以至于搞垮了身体，并且耗费了许多无谓的时间、金钱和精力。鉴于此，教育首先要培养自主养生者，并培养在此基础上的终生运动者。

职责分明者就是职位和责任界限分明的人。具体来说，就是我在什么职位，就担什么责。从长远的眼光看，职责分明更有利于个人尽职尽责，更有利于团队和集体的良性发展，更能够体现公平和正义，避免一些不良而强势者对弱势者的欺侮和压榨，以至于侵蚀社会的肌体。另一方面，为人父母者如果超越界限过度为子女担责，也会扼杀子女成长的契机，对子女造成伤害。因此，好的教育不但要培养责任担当者，还要培养职责分明者。说得再直白一些,就是要培养孩子的界限感。这个界限,既包括自己该做的,也包括自己该要的。

什么是优雅的生活?这个不好界定。但有一点是明确的,那就是优雅的生活应该是自主的、舒心的生活。这样的生活容易实现吗?不容易。大多数人都在追求优雅生活的路上,有些人终生都不能到达。教育人去追求优雅的生活是十分必要的,这样可以给整个社会和个人注入巨大的动力,同时给社会带来秩序、文明与和谐。然而,生活常常是不自主的、不舒心的,有经济条件不足带来的无奈,有境遇和时机不适合带来的无奈,有自身认识和能力的局限带来的无奈。怎么办?接受它,然后努力地、慢慢地去改善它。换句话说,人人都要学会做苟且生活的应对者。为此,我认为,教育既要培养优雅生活的追求者,还要培养苟且生活的应对者。一个幸福的人,既要能从容应对眼前的柴米油盐酱醋茶,还要能在心中装着诗和远方。

以上就是我对好的教育的个人之见。我并不固执地认为自己的观念一定就很正确,很全面,但我希望我的意见能引发更多人对教育真谛的深度思考,或者展开讨论,以期让我们的教育之路走得更健康,更高效,更有利于国家和人民。好的教育要靠谁实施?靠社会,靠学校,靠家庭,但主要靠家庭。家庭是子女教育的直接和长期受益方,家人又能够精准地实施对子女的教育。因此,家庭教育是实施好的教育的中坚力量。

面对孩子高考,家长如何做好自身的心理建设

孩子高考,需要安心、静心、专心,也需要一些适度的兴奋和紧张。这里的适度,指的是在能把控的范围之内,仅此而已。

我们在什么情况下容易丢东西、忘事情、出差错?在心中装事太多的时候,或是在某件事情给我们的压力太大的时候。由此可见,安心、静心、专心对高考很重要。

何为优质高效的高考?有时间把会做的题都做对,甚至在某几道题上比平时有所突破。当然,目标达成度百分之百固然好,百分之九十以上也不错。

孩子要调整心理状态,老师和家长可以给予指导和帮助,但主要靠孩子自己。外因要转化成内因才能起作用,这一点毋庸置疑。

到了临考的前十来天,孩子的大脑已被各科知识和应考事宜占得满满的,家长最好不要再主动给孩子教导什么新思想了,也不要再重复过去的嘱托和叮咛了。要知道,此时此刻,你的每一点要求和嘱托,都是在给孩子添加无谓的负担和压力。

上面这些说着容易,要做到并不容易,因为让一个人不说什么或是不做什么,要比让一个人说什么或是做什么还要难,尤其是在一个人说习惯或是做习惯了以后。

那么,面对孩子高考,家长应该怎么办?下面我谈谈自己的看法。

首先,家长应该做好自身的心理建设。具体做法如下:

一要处理好家庭关系,特别是夫妻关系。夫妻双方要进行一次深度的沟通交流,这个交流可以包括双方的价值观念、家庭教育理念、近期的日程计划、对相关问题的看法、对对方的希望和要求等等。交流和沟通要本着相亲相爱、求同存异的原则,达到放松心情、缓和关系的效果。

二要充分休息,规律膳食,适度运动,把身心调整到既轻松舒爽又精力充沛的状态。

三要干好日常工作,处理好与周边人的关系。同时,尽量不要去做额外的事,更不要节外生枝,以免给自己添加麻烦和负担。

做好这些是为了让自己有个轻松愉悦的心情,自己的心情好了,会不由自主地把这种好的状态传递给孩子。同时,即使孩子应考期间遭遇到一些状况,家长也会坦然地面对,而不至于让负面情绪叠加,造成言语和行动上的失当。反之,如果家长不能做好自身的心理建设,让自己的情绪很糟糕,那么,无论家长如何掩饰,也会影响到孩子。

其次,家长也可以主动有为,为孩子做一些力所能及的事。

一是做好日常的事。平时为孩子做了什么,比如接送、做饭等,这一段时间还要坚持做,让孩子能保持常态,不要为额外的事担心。

二是找一个适合的时机询问孩子,看孩子考前、考中、考后,还需要什么东西,还需要父母做什么。把这些事项记下来,一一落实。如果有办不到的事,要给孩子说明原因,共同想一个替代的办法。

三是要用心地倾听孩子。要想让孩子多说话,家长就需要少说话。无论孩子说什么,家长都要积极关注,真诚相待。能理解并认可孩子的观点,就及时地表达欣赏和肯定。

对孩子的有些话暂时不能理解和肯定的,也要用心听完,不要急于表态否定。可以告诉孩子,你很高兴能听到他的心里话,对他的话你虽然还不能充分理解,但会用心思考,用心体会。事实上,有些话,孩子只是说说,并不需要父母表态。

孩子在考前向亲爱的父母敞开心扉,倾诉衷肠,能让孩子卸下一些心理负担,轻装上阵,高效应考。

在这里我有一个建议,在孩子考试的头一天傍晚,当孩子的考试准备工作就绪以后,父亲或者母亲,可以和孩子在考场附近一块散散步。散步的时间以三四十分钟为宜,其间可以聊一些轻松愉快的话题,主要是让孩子放松心态。

另外,有两点说明如下:一是在孩子考过一门或是几门以后,无论孩子考后的情况和状态如何,都要坦然面对,无条件接纳。孩子兴奋你给他赞赏,孩子郁闷你给他鼓励。无论如何,都要给孩子以正面的影响。二是现阶段不要为孩子将来报志愿而忧心。报志愿是很重要,但高考以后再考虑报志愿的事,时间绝对够用。

一天和一年

人做事情,做判断,或是根据感觉,或是根据一定的思想意识活动,一般不会无缘无故地去爱、去恨、去投入。人的感觉和思想意识看似很随意,其实不然。每个人的感觉和意识都有对事物的深层认知和深厚的潜意识做支撑。那么,人的感觉和思想意识都是正确的,或者说都是有利于自己的吗?不是。

我发现有些人做题,如果前两三分钟没思路,做不出来,就认为自己不会做这道题,就不再做了。而实际上,很多时候他如果坚持探究下去,是有能力把这道题做出来的。我曾多次引导一些人在就要放弃的时候又坚持了一下,结果他们大都做出了自己认为不可能做出的题目,进而增强了自信,改变了某些认知。以上例子说明,人的感觉不一定就是正确的。还有一个例子,可以说明人对空间距离的感觉也存在着较大的误差。我的家乡在离县城六十多里远的偏僻农村,每次站在家乡的山坡上远眺县城的时候,我都感觉县城离我很近,好像只比我到镇上的距离远一至二倍。可我心里明白,我到镇上只有不到十里地,县城之远,至少在五倍之上。之所以有这样的感觉偏差,是因为近处的事物看得清楚,人们的判断相对准确。而远方的景物越看越小,空间和距离被叠加起来,就会被人们误认为较近。就像我们看白云和太阳。太阳比白云离我们远得多,可人们总感觉它们离我们的距离差不多。就像人们对空间距离的感觉有误差一样,人们对时间长短的感知也存在着较大的误差。人们常常会认为一天并不是那么短,一年并不是那么长,因此有时候我们会觉得度日如年。有研究表明,人们常常会高估自己一天能干的事,低估自己一年能干的事。这是怎么一回事呢?且听我慢慢道来。

一天近在眼前,要干的事情又很具体,触手可及,似乎一切都在把握之中。然而一天的时间,除了必要的休息和吃喝拉撒,能利用的时间只有十来个小时。如果再有点儿随时都有可能发生的临时事件,能利用的时间就更少了。而我们要干的事,有些看起来是件小事,比如写一篇文章,比如让孩子按时起床,比如让孩子学会叠被子,比如掌握一项小小的技能,等等。这些事看起来并不难,也并不多,可实际上却可能牵扯到很多事,比如基本功的训练,比如习惯的养成,比如思想意识的革新等。这些看似不起眼的事,却并非一天就能完成。如果在这一天里,遇到的困难比预期的难度要大一些,又造成了情绪上的焦躁,那么当天的任务就更难完成了。这些就是人们常常高估自己一天能做的事的原因。那么一年呢?人们往往会觉得一年很快,也做不了太多的事。因为人们对一年的时间,大都是按月计的,或者是按季节来计的,这样一年也没有多少个月、多少个季节。人们总感觉一晃一个月就过去了,一晃一年就过去了,也干不成多少事。岂不知,一年有三百六十五天,是一天时间的三百六十五倍。如果一天是一层楼,那一年就是十一栋三十三层的高楼,整整一个小区,比我们想象的多多了。一个数字,不管它再小,只要是正数,当它乘以三百六十五的时候,其结果比原来的数字都要大得多。

  一年里,会有一个量变到质变的过程,还伴随着个人的成长,还会有各种机遇。因此,人在一年里能干的事,往往不只是一天的三百六十五倍,甚至会更多。以上这些人们却很难感知到,这就使人们常常低估自己。需要注意的是,对空间距离的感觉误差并不会对人们的生活造成不良影响,而对时间长短的错误感觉却极大地影响着我们的生活和人生。高估自己一天能干的事,低估自己一年能干的事,使人常常会有挫败感,甚至怀疑自己的能力,以至于不敢勇于制定、实施远大的人生规划,错失人生中更好的可能性。现实世界里,这种现象比比皆是。

  两年前,我计划一天写一篇家教文章,三个月完成"家教十讲"系列写作任务。我之所以这样计划,一是我以前曾有过一天写一篇文章的经历,二是我已有了文章的主题和素材,三是我每天都能挤出四五个小时的时间。可实际上,我的写作计划进展很不顺利。事多、时间紧是一个客观原因,但不是主要原因,主要问题是语言组织困难重重。究其实,是思路不够清晰。由此带来的是情绪上的急躁,然后开始怀疑自己,认为自己的写作能力不行,认为自己的家教思想和方法不成熟不系统,最后认定自己很难完成"家教十讲"这个宏伟的写作计划。就在我为不能完成既定的写作计划灰心沮丧的时候,身边有人及时提醒了我,让我明白了人们常常高估自己一天能干的事,低估自己一年能干的事的道理。在这以后,我及时矫正了自己的认知,重新恢复了写作的勇气和决心。我想,三个月写不成我就用三年时间来写,不行就十年,再不行就在退休以后专职写,这么多的日子,只要天天坚持,我最终一定能完成。就这样,我一天写不了一篇文章就用两天,两天不行就用三天。后来,我基本上能做到一周完成两篇。在一周里,我的空闲时间比较充裕,一有闲暇,我会不自觉地思考文章的主题、思路、素材、语言组织和布局,会查阅书籍,重新学习。这中间有取舍,也有新的发现。经过两至三天的思考和准备,文章的大样就在脑海里呈现出来。等到下笔写时,几个小时就写好了。一周写两篇文章不算多,但几年积累下来却有不小的收获。

今天,"家教十讲"的写作就要完成了。此时,离开始写作有两年零八个月,九百八十多天,比我的预期还短了些。这两年多的时间里,我收获的不仅有一百多篇几十万字的原创文章,还有思想的丰富和进步,以及生命质量和幸福指数的提升。这些,有很多是我最初没有想到的。

为什么有人放弃了对孩子的培养和教育?因为他原本设想一次或一天的教育就可以见成效,三年五年就可以见分晓,岂不知对人的教育功夫要下到二十年之上甚至更长。家教的理念和方法倒简单,关键是简单的事情要坚持做,要长期坚持做。很多人因为期望培养孩子的事短期见效而不得,又不相信长期坚持的效能,因此放弃了对孩子的耐心栽培,听之任之,放任自流。这是很可悲的事。更可悲的是,这样的人多了,大家反倒认为这是很自然的事。这样造成的后果是,有一些人认为在孩子的成长中,先天和环境的因素占主要部分,而教育培养的作用微乎其微,因此自从有孩子起,他们就对孩子的教育漫不经心。细细想来,现实中有多少人因为一些错误的感知和观念蹉跎了岁月,错失了良机。

只要功夫深,铁杵磨成针。特以此文作为本书的结尾,希望大家都在教育孩子的道路上越走越顺畅,成就孩子,也遇见更好的自己。